Kersti Weiß (Hrsg.)

Die Dynamik knapper Ressourcen

Ein Praxishandbuch für Führungskräfte, Supervisor/innen
und Organisationsentwickler/innen

kassel
university
press

Bibliografische Information der Deutschen Nationalbibliothek
Die Deutsche Nationalbibliothek verzeichnet diese Publikation in der Deutschen
Nationalbibliografie; detaillierte bibliografische Daten sind im Internet über
http://dnb.d-nb.de abrufbar

ISBN 978-3-89958-380-9
URN: urn:nbn:de:0002-3801

2008, kassel university press GmbH, Kassel
www.upress.uni-kassel.de

Umschlaggestaltung: Jörg Batschi Grafik Design, Kassel
Druck und Verarbeitung: Unidruckerei der Universität Kassel
Printed in Germany

Inhalt

Geleitwort der Deutschen Gesellschaft
für Supervision e.V. (DGSv) — 5

Zu diesem Buch — 7

Wolfgang Kessler
Wider die herrschende Leere oder: Es geht auch anders
Die wirtschaftlichen Probleme in Deutschland und
unkonventionelle Lösungsansätze — 15

Wolfgang Weigand
Über das unaufgeklärte Verhältnis von Ökonomie und
helfenden Professionen — 33

Vera Blank
Zuviel ist zuviel
Grenzen der Organisationsveränderung, ihre Folgen
und ein Lösungsansatz — 55

Roland Kunkel-van Kaldenkerken
Wertlos und wertvoll
Ökonomie der Werte – Thesen und Orte der Reflexion — 75

Kersti Weiß
Beweglich und stabil auf schwankendem Boden
Was Führungskräfte gegenwärtig in der Supervision beschäftigt — 97

Gabriele Birth
Krisen begreifen
Supervision in Umbruchzeiten — 115

Gerhild Frasch
»Mir reicht's ... ?!«
Leitungsperspektiven und Supervisionsverständnis 127

Eva Szalontai und Roland Kunkel-van Kaldenkerken
»Wir waren 'mal ein Dreamteam ...«
Zur Dynamik dramatisch verknappter Ressourcen am Beispiel
einer Einrichtung der beruflichen Weiterbildung 141

Christiane Schöner
Weil nur zählt, was Geld einbringt?!
Zur Dynamik knapper Ressourcen und den Folgen:
Umbrüche in Großunternehmen. Personalentwicklung
und interne Supervision 153

Christian Rietschel
Im Strudel veränderter Arbeitsmärkte
Vom Nutzen von Begleitung in Krisenzeiten 171

Manuela Kuchenbecker
Alte Rollen – Neue Rollen
Supervision in Veränderungsprozessen 185

Kersti Weiß
Wege in und aus Krisen
Zur Sozio- und Psychodynamik bei knappen Ressourcen 195

Autorinnen und Autoren 215

Geleitwort der Deutschen Gesellschaft für Supervision e.V. (DGSv)

Der Wandel ist in aller Munde. Organisationen werden umgebaut, Unternehmen stellen sich neu auf, werden gegründet oder gehen in Konkurs, Mitarbeitende und Führungskräfte werden anders, neu oder gar nicht mehr gefordert, Berater/innen ändern ihre Konzepte, ihre Märkte und ihr Selbstverständnis. Der Wandel der Arbeitswelt ist seit Langem schon Gegenstand politischer und wissenschaftlicher Aufmerksamkeit – so weit ein erster allgemeiner, ja fast schon alltäglicher Eindruck.

Bei einem zweiten Blick auf die Veränderungen in Organisationen, Unternehmen und Arbeitswelt fällt auf, dass häufig ein »Zuwenig«, ein Mangel, eine – oftmals politisch intendierte – Verknappung Thema fachlicher und politischer Diskussionen ist – Geldmangel, Personalmangel, knappe Zeit, wenig Wertschätzung. Knappe Güter allenthalben. Und bei abnehmenden Ressourcen ein Gleiches oder ein Mehr zu produzieren, darüber wird viel geklagt, geschrieben, debattiert.

Im Rahmen der Tagung »Weil nur zählt, was Geld einbringt?! – Zur Dynamik knapper Ressourcen und den Folgen«, die das Zentrum für Organisationsentwicklung und Supervision (ZOS) der Evangelischen Kirche in Hessen und Nassau (EKHN) mit Unterstützung der DGSv im November

2006 in Friedberg/ Hessen veranstalten konnte, diskutierten Supervisor/innen, Organisationsberater/innen und Führungskräfte den Zusammenhang zwischen strukturellen, inhaltlichen und ökonomischen Aspekten des Organisationswandels mit besonderem Blick auf die Erfordernisse für eine gute Beratung eben dieses Wandels.

Mit ihren Zentren für Organisationsentwicklung und Supervision (ZOS) sowie für Seelsorge und Beratung (ZSB) und ihren Vorgängerstrukturen ist die EKHN seit Jahrzehnten dem Beratungskonzept und der Profession Supervision eng verbunden. Seit der Veränderung der Organisationsstruktur der EKHN setzt sich das ZOS in Tagungen, Weiterbildungen und Publikationen u.a. für die Weiterentwicklung der Supervision als Beratungskonzept für Organisationen und ihre Mitarbeitenden ein. ZOS und DGSv sind dabei seit Längerem eng verbunden, was seinen Ausdruck in persönlichen Mitgliedschaften, in der juristischen Mitgliedschaft des ZOS in der DGSv und eben auch in gemeinsamen Veranstaltungen findet. Das ZOS entwickelt sich so zu einem Ort des Fachdiskurses der Supervisor/innen; ohne solche mit der DGSv verbundenen, aber nicht von ihr gesteuerten Orte, wäre die fachliche Debatte zu Supervision und Beratung substanzlos.

Kersti Weiß – Studienleiterin am ZOS, federführend für das dortige Engagement zur Supervision und Herausgeberin des vorliegenden Bandes – trägt seit vielen Jahren verantwortlich und mit großem Einsatz die Kooperation zur DGSv; Engagement, Wertschätzung und Verantwortung kennzeichnen diese Zusammenarbeit, und einmal mehr hat die DGSv Anlass, sich sehr herzlich bei Kersti Weiß zu bedanken. Auch den Autor/innen und Vortragenden der Tagung ist herzlich für ihr Interesse am Thema und an der DGSv sowie konkret für ihren Einsatz im Rahmen der Tagung und der Erstellung dieses Bandes zu danken.

Die DGSv wünscht diesem Band nun zahlreiche aufmerksame, interessierte und kritische Leser/innen und sieht der Fortführung der Kooperation mit dem ZOS sehr gern entgegen.

Bernhard Lemaire
Vorsitzender der DGSv

Zu diesem Buch

Das Thema und seine Konkretisierung in den hier versammelten Beiträgen erhielt seine Impulse aus verschiedenen Quellen:

I) Aus der Wirklichkeit von Mitarbeitenden und Führungskräften in Organisationen – sowie auch der von KollegInnen, die als Supervisor/innen und Organisationsentwickler/innen beratend darin tätig sind. Sie sind mit der wachsenden Notwendigkeit konfrontiert, sich mit Veränderungsprozessen auseinanderzusetzen – und dies unter zunehmendem Zeitdruck. Wenn Geld und Zeit knapp sind oder scheinen, dann wird der Druck größer; und unter hohem Druck wird die Kreativität für gute und innovative Lösungen zur Mangelware. Wissen und Kooperation gehören zu den Ressourcen, die in solchen Situationen oftmals unter die Räder kommen. Weitere »bedrohte« Ressourcen einer Organisation und ihrer Mitarbeitenden können neben dem notwendigen Geld sein: Organisationskultur, gegenseitige Wertschätzung, Sicherheit, strategische Klarheit, Motivation der Mitarbeitenden, Klarheit der Führung, Reputation bei Kunden sowie im sozialen und professionellen Umfeld – um nur einige Wesentliche zu nennen. Die Dynamik, die durch eine Knappheit in den jeweiligen Ressourcenfeldern in Gang gesetzt wird, bewegt sich zwischen anspornend erlebter Herausforderung und erlittener Ohnmacht. Theoretische Überlegungen und praktische Erfahrungen zu möglichen Wegen in diesen Prozessen dienen selbst als Quelle, mit deren Hilfe sich in unübersichtlichen Situationen neu Überblicke gewinnen lassen.

II) aus der Beobachtung von Auswirkungen politischer Entscheidungen – soweit sie mit einer substanziellen Etatkürzung in sozialen Organisationen verbunden sind – sowie der Folgeeffekte auf die Aufgaben dieser Organisationen, auf Klientel und Kunden sowie auf Leitungskräfte und Mitarbeitende;

III) aus langjähriger Beratungserfahrung, Supervision und Organisationsentwicklung in Betrieben, die am Rande der Insolvenz standen – und in denen die knappe Ressource Geld eine destruktive Dynamik in Gang setzte;

IV) aus der Auseinandersetzung mit verschiedenen theoretischen und praktischen Strömungen der Ökonomie vom Neoliberalismus bis zur Netzwerkökonomie und ihren Folgen.

V) aus dem aktuellen Diskurs unter KollegInnen über die Notwendigkeit eines veränderten Professionsverständnisses von Supervisor/innen;

VI) aus Erfahrungen von Führungskräften, wie sie u.a. in Qualifikationsmaßnahmen artikuliert werden;

VII) und nicht zuletzt aus einer augenscheinlich (das belegt die hohe Teilnehmerzahl) den »Nerv« von Betroffenen und den sie Begleitenden treffenden Tagung für Führungskräfte, Supervisor/innen und Organisationsberater/innen zum Thema »Weil nur zählt was Geld einbringt? – Zur Dynamik knapper Ressourcen und ihren Folgen« zum Jahresende 2006. Dies war eine Kooperationsveranstaltung des Zentrums für Organisationsentwicklung und Supervision in der EKHN (ZOS) Abteilung Supervision und der Deutschen Gesellschaft für Supervision e.V. (DGSv), die die Auseinandersetzung mit den oben genannten Fragen und Impulsen zum Gegenstand hatte.

Die Referent/innen der Tagung wurden als Autor/innen des vorliegenden Bandes gewonnen: Während die Vorträge und Diskussionen dort den Charakter eines Werkstattgesprächs zwischen Führungskräften, Supervisor/innen und Organisationsentwickler/innen zum Verstehen und zur Verständigung über die Dynamik knapper Ressourcen hatten, sind in die Beiträge der Autor/innen die Ergebnisse der Diskurse sowie daraus resultierende weitere Überlegungen zum Thema aus unterschiedlichen professionellen Perspektiven mit eingeflossen.

Mit der genannten Tagung setzte organisationenübergreifend eine Zusammenarbeit von Fach- und Führungskräften und KollegInnen aus der Reflektionsbranche ein – mit der Zielperspektive, zukünftig unübersichtlich gewordene Realitäten besser zu begreifen und handlungsleitend, menschenfreundlich und ressourcenschonend destruktive Prozesse einzugrenzen und produktive Dynamiken verantwortlich zu stärken. In den nachfolgenden Beiträgen findet der angestoßene Diskurs seine Fortsetzung.

An dieser Stelle möchte ich all denen, die am Zustandekommen dieses Buches beteiligt waren, herzlich danken – allen voran den Autorinnen und Autoren, die sich bei ihrer hohen beruflichen Auslastung die notwendige Muße für konzeptionelles Denken und Schreiben genommen haben, und der DGSv und ihrem Geschäftsführer Jörg Fellermann als Kooperationspartner bei der Tagung und der Herausgabe dieses Bandes; der Lektorin Kirsten Lehmann für ihre inhaltlich prägnante, einfühlsame, professionelle Hilfe bei der Herstellung dieses Buches, den Sachbearbeiterinnen im ZOS, Corinna Latzko, Gertrud Rippert, Lila Sandberg und Andrea Theisen mit ihren vielfältigen unterstützenden Kompetenzen und nicht zuletzt meiner Familie und Freundinnen und Freunden, die mit Geduld auf manche gemeinsame Zeit verzichtet haben.

Zur Orientierung
Das Buch gliedert sich in zwei Teile: In Teil 1 geht es um Grundlagen und Wirkungen von Veränderungsprozessen in kleinen, mittleren und Großorganisationen – unter Maßgabe einer verminderten Ressourcenausstattung – die z.T. auch auf veränderte gesellschaftlicher Werte zurückgeht. Diese werden sowohl an Beispielen aus dem sozialen wie aus dem Wirtschaftsbereich verdeutlicht. Dabei werden einzelne Themen aus der Perspektive von Führungskräften und Mitarbeitenden sowie der von Super-

vision als Begleitsystem beschrieben. Vorangestellt sind Grundsatzartikel zum ökonomischen Verständnis, zur Verständigung zwischen verschiedenen Professionen und ihren jeweiligen Haltungen und Wertungen gegenüber den genannten Veränderungsprozessen sowie zur Überforderungsdynamik in Großorganisationen; sie dienen dem Ziel, die in der Praxis kaum zu durchschauenden Situationen vor dem Hintergrund theoretischer und über den Einzelfall hinausschauender Überlegungen transparent zu machen.

In den Beiträgen im Teil 2 wird die Aufgabe ausgeleuchtet, entstandene Dynamiken als Führungskraft zu steuern und als Supervisor/innen reflexiv und handlungsorientiert zu begleiten. In vielfältiger Form finden sich Praxishinweise und Handwerkzeug zur Bewältigung schwieriger Situationen.

Teil 1
Wolfgang Kessler beschreibt zunächst in seinem Artikel »Wider die herrschende Leere« Probleme der Ökonomie in Deutschland, den Marsch des Neoliberalismus durch Wirtschaft und Politik und die Folgen für die Bürger/innen. Seine verständliche Darstellung macht auch dem Laien plausibel, dass wirtschaftliches Denken kein Buch mit sieben Siegeln ist und das Verstehen ökonomischer Prozesse eine Grundlage für die lebendige Demokratie und die Gestaltung lebenswichtiger Bereiche darstellt. So kann es auch zur Reduzierung der Kluft von Gewinnern und Verlierern beitragen. Der Autor zeigt konkrete und unkonventionelle Wege des Handelns auf – gleichermaßen für Leitungskräfte, Supervisor/innen und Organisationsentwickler/innen, für Bürger/innen dieses Staates.

Wolfgang Weigand beschreibt die Spannung zwischen Ökonomie und helfenden Professionen an Hand ihrer grundlegenden Differenzen und der Bilder, die sie voneinander hegen; in der konkreten Beschreibung einer Beratung zeigt er einen »dritten Weg« der Verständigung beider Seiten auf – ohne vorschnellen Schulterschluss, der die Differenzen unbearbeitet ließe. Am Beispiel der Beratung eines Krankenhauses und der Beschreibung der unterschiedlichen Perspektiven wird der schmale Grat zwischen ökonomischen Erfordernissen und der Ökonomisierung aller Lebensbereiche sichtbar, der sich nur – so seine Schlussfolgerung – durch die Auseinandersetzung und gegenseitige Verständigung über Werte und Ziele der Organisationen finden lässt. Solcherart Verständigung wird erwirkt über die Bearbeitung von Ängsten und Widerständen auf beiden Seiten sowie über einen soliden und lang anhaltenden Vertrauensaufbau aufgrund gemeinsam durchgestandener Konflikte.

Vera Blank beschreibt aus den Erfahrungen der internen Beratung in einem weltweit operierenden IT-Konzern die Dynamik und Kosten sich überstürzender Veränderungsprozesse. Sie weist auf die im Management gängige »Gretchenfrage« – Zentralisierung vs. Dezentralisierung – hin und zeigt auf, wie auch das Management in durch Verknappung von Ressourcen verursachten Krisen überfordert ist. Einen Ausweg sieht sie in der Auseinandersetzung über die gemeinsamen Ziele und Werte – ganz im Sinne des Nobelpreisträgers Amartya Sen (Wirtschaftswissenschaftler an der Havard University): »Ohne Werte wird der Kapitalismus nicht überleben.«

Roland Kunkel-van Kaldenkerken rollt das Thema »Ökonomie« systematisch auf. Für Führungskräfte wie für Berater/innen zeigt er einen Orientierungs- und Reflexionsrahmen auf, in dem er der Raub- die Kooperationsökonomie gegenüberstellt und beide in ihren Wirkungen auf Konflikte verdeutlicht. Auf diese Weise entwirft er ein Weltbild der Nachhaltigkeit als notwendigem Leitgedanken für die Ökonomie, für Leitungskräfte, Betriebsräte und für Berater/innen im Hinblick auf ein gutes Leben im verantwortungsvollen Umgang mit knappen und knapper werdenden Ressourcen. Für eine in diesem Sinne nachhaltige, ressourcenschonende Entwicklung von Personen und Organisationen räumt der Autor insbesondere der Supervision – als einem Teil der Reflexionsbranche – einen wichtigen Beitrag ein.

Teil 2

Wie auf einem Segelschiff in stürmischer See benötigen Leitungskräfte einen flexibel-stabilen Stand auf sich kontinuierlich veränderndem Untergrund, um heutzutage gut zu leiten. Kersti Weiß zeigt zu Beginn des zweiten Teils der Beiträge auf, wie sich die Leitungsaufgaben in den letzten 20 Jahren verändert haben und widmet sich anschließend den aktuellen Anforderungen, die angesichts knapper werdender Budgets an Leitungen in sozialen Organisationen gestellt werden. Beschrieben werden die dazugehörigen Dynamiken und Struktur-, Aufgaben- und Kooperationskonflikte. Die Notwendigkeit, Veränderungen als dauerhaften Bestandteil der Lebens- und Arbeitsumstände zu akzeptieren, heißt für Führungskräfte wie für Mitarbeitende: die Kräfte so einzuteilen, dass auch bei turbulenten Veränderungsprozessen eine kontinuierliche Führung und die Arbeit im Sinne der Aufgabenstellung durchgehalten werden können. In diesem Zusammenhang werden besonders die Rolle und die sich verändernden Aufgaben von Supervision beleuchtet. Führungskräfte und Berater/innen finden hier neben theoretischen Überlegungen hilfreiche Handlungsimpulse für ihre Praxis.

Supervision in Umbruchzeiten heißt Krisen begreifen, wie Gabriele Birth aufzeigt. Die Autorin stellt die Auswirkungen heutiger Veränderungsdynamiken in Unternehmen auf die Mitglieder der Organisationen an den Anfang ihrer Betrachtungen. Dabei rückt sie Aspekte einer krisenhaften, durch Orientierungslosigkeit, Rollenverunsicherung und Widerstände geprägten Teamdynamik in den Mittelpunkt. Sie liefert ein theoretisches und praktisches Modell, wie diese Dynamik zu begreifen und den Mitgliedern eines Teams verständlich zu machen ist. Teamsupervision und Teamentwicklung haben den Effekt einer Dynamisierung – mit dem Ziel, die Handlungs- und Veränderungsfähigkeit in Teams wiederherzustellen. Die notwendigen Reflektionsprozesse und Trainingsschritte dazu werden in der beschriebenen Rollenberatung und im Rollentraining anschaulich.

Reicht es? Wird es (aus-)reichen? Ja, es reicht (Aufatmen!) Oder: Nein, es reicht! (Der Bogen der Zumutung ist überspannt.) – In dieser Spannbreite reflektiert Gerhild Frasch. Sie rückt dabei die durch Sparrunden und Kürzungen verursachten Herausforderungen in den Vordergrund, die an Leitungspersonen gestellt werden. Als Führungskraft, Supervisorin und Organisationsentwicklerin vermag sie die Wirkungen aus den unterschiedlichen Aufgaben und Rollen heraus zu beschreiben und die Konfliktfelder ebenso wie Handlungsmöglichkeiten aufzuzeigen.

Eva Szalontai schildert beispielhaft die Folgen der Verknappung in der ökonomischen Grundausstattung eines Großbetriebes der beruflichen

Weiterbildung: den Weg der Beteiligten vom einstigen »Dreamteam« zum auf die Katastrophe zusteuernden Konfliktherd. Die Rollen von Geschäftsstellenleitung, Ausbildungsleitung, Fachbereichsleitung, Lehrgangsorganisation sowie der Betriebsräte stehen im Mittelpunkt ihrer Beschreibung. Zusammen mit Roland Kunkel-van Kaldenkerken unternimmt die Autorin exemplarisch die methodische Aufarbeitung der einzelnen Schritte der Konfliktbearbeitung: Initialschritte, Konfliktanalyse, Mediationsgespräch sowie der Fortgang des Schlichtungsverfahrens.

Am Beispiel tief greifender Veränderungen in einem Warenhauskonzern berichtet Christiane Schöner von den Implikationen solcher Veränderungen für das Personal und beschreibt Möglichkeiten und Grenzen innerhalb eines Konzerns der beschriebenen Größenordung, Strukturen der Bewältigung durch gezielte Personalentwicklungsmassnahmen zu etablieren. Dabei stellt sie die produktive Rolle des Coaching (im Sinne von Supervision) heraus.

In zwei aufeinander folgenden Artikeln gelingt es dem vorliegenden Band sodann, notwendige und turbulente Veränderungsprozesse aufgrund von Veränderungen in der Politik sowie auf den Arbeitsmärkten aus der Perspektive von Kunden zu schildern und im Anschluss theoretisch und praktisch aufzuarbeiten: in den Beiträgen von Christian Rietschel und der Supervisorin und Organisationsentwicklerin Manuela Kuchenbecker, die den von Rietschel beschriebenen Prozess begleitete. Im Mittelpunkt beider stehen die Schwierigkeiten der Umorientierung und der Klärung unterschiedlicher Spannungsfelder. Die Bearbeitung verschiedener Rollenaspekte in Veränderungsprozessen, die Problematik und die Möglichkeiten beruflicher Rollenanpassungen für die Beteiligten – als Projektleitung, als Kollegen, als Supervisorin werden bildhaft deutlich.

In einem den Band beschließenden Beitrag beschreibt Kersti Weiß an Hand von Einzelbeispielen krisenhafter Entwicklungen in Kleinunternehmen – Wege in und aus Krisen heraus: Die zunehmend existenziell bedrohlichen Wirkungen auf die handelnden Personen sowie die Psycho- und Soziodynamik der beschriebenen krisenhaften Prozesse machen neue Umgangsformen und Beratungsstrategien in der supervisorischen Begleitung notwendig; diese werden theoretisch beleuchtet und in Praxisbeispielen erläutert.

Die vielfältigen Perspektiven der beruflichen Rollen und Aufgaben der Autor/innen finden Sie zusammengefasst in ihren abschließenden Kurzpräsentationen.

Aus welcher(n) Rolle(n) lesen Sie?

Allen Lesern fruchtbare Erkenntnisse bei der Lektüre sowie neugieriges Vergnügen beim Weiterentwickeln und Anwenden wünscht

Kersti Weiß
Herausgeberin

Wolfgang Kessler

Wider die herrschende Leere oder: Es geht auch anders

Die wirtschaftlichen Probleme in Deutschland und unkonventionelle Lösungsansätze[1]

Die Stimmung in der Bevölkerung könnte widersprüchlicher kaum sein. Regierungen verschiedener Couleur – bis vor Kurzem rot-grün, jetzt schwarz-rot – sprechen vom Aufschwung, davon, dass die Wirtschaft wieder wächst, die Unternehmen wieder Gewinne machen und endlich wieder investiert wird. Ganz im Gegensatz zu diesem Optimismus sagen 85 Prozent der Bürgerinnen und Bürger klar, dass es kaum jemals zuvor ungerechter zugegangen sei als derzeit.

Die Ursache für diesen Widerspruch liegt in der wirtschaftspolitischen Entwicklung der vergangenen 25 Jahre. In dieser Zeit vollzog sich ein Wechsel der ökonomischen Denkmuster mit schwerwiegenden Folgen, die der deutsche Soziologe Ralf Dahrendorf, ehemaliger FDP-Politiker und später viele Jahre Direktor der renommierten London School of Economics, erst vor Kurzem auf den Punkt brachte. Dem Kapitalismus kei-

---

1 Der vorliegende Beitrag ist eine aktualisierte Bearbeitung des gleich lautenden Vortrages auf dem 4. Forum »Supervision und Politik« der DGSv am 08.09.2006 in Hamburg.

nesfalls feindlich gesonnen, formulierte er die entscheidende Herausforderung in Zeiten der Globalisierung. Es gelte drei Ziele unter einen Hut zu bringen: Sozialstaat, Demokratie und eine international wettbewerbsfähige Wirtschaft. Betrachtet man die Entwicklung der vergangenen Jahre in einem Industrieland wie Deutschland, dann sind zwei dieser drei Ziele akut gefährdet: der Sozialstaat und die Demokratie. Gerechtigkeit, der Sozialstaat, stehen nicht mehr auf der Tagesordnung. In der Wirtschaftspolitik gelten andere Maßstäbe.

Die wirtschaftspolitische Revolution
Wir sind Zeugen einer Revolution. Ihre Vorkämpferin kam nicht wie eine Revolutionärin daher, sondern mit Kostüm und Handtasche wie zum sonntäglichen Gang in die Kirche. Ihr Name war (und ist) Margaret Thatcher. Sie wurde 1979 zur Premierministerin von Großbritannien gewählt.

Ihr Wirtschaftsrezept war so einfach wie radikal: Steuern runter, Sozialleistungen runter, Schutzvorschriften abbauen – und dafür die Unternehmensgewinne erhöhen. Konsequenter als jede andere Regierung setzte die Regierung Thatcher die so genannte »Pferde-Spatz-Theorie« in die Praxis um: Man müsse die fettesten Pferde füttern, damit auch für die Spatzen mehr Pferdeäpfel abfallen. Oder anders ausgedrückt: Erst wenn die Unternehmen so gute Kostenstrukturen vorfinden und so hohe Gewinne erzielen, dass sie wieder investieren, geht es mit der Wirtschaft aufwärts.

Der sogenannte Neoliberalismus war geboren. Er hat das Ziel, den Markt von staatlichen und anderen Beschränkungen zu befreien, damit sich die Unternehmen und mit ihnen die Marktwirtschaft besser entfalten können. Diese Wirtschaftspolitik setzte sich in den Achtzigerjahren in den Industrieländern durch. Überall wurden möglichst viele staatliche Regelungen abgeschafft, staatliche Leistungen kommerzialisiert, Sozialleistungen gekappt, Steuern gesenkt – vor allem die Steuern für die Unternehmen.

Als Ende der Achtzigerjahre der Staatskapitalismus – genannt real existierender Sozialismus – zusammenbrach, eroberte der Neoliberalismus die Welt. In den Neunzigerjahren wurden weltweit mehr Zölle, Handelsbeschränkungen und Kapitalverkehrskontrollen abgebaut als in der gesamten Menschheitsgeschichte zuvor. Die Politik ließ den Geist der neoliberalen Globalisierung aus der Flasche.

Die übergroße Mehrheit der Wirtschaftspolitiker und der Wirtschaftswissenschaftler geht von drei Annahmen aus
1. Die Privatwirtschaft ist grundsätzlich effektiver als die staatliche Wirtschaft;
2. Hohe Steuern, Abgaben, steigende Löhne und soziale Schutzvorschriften für die Beschäftigten bremsen das Wachstum der Wirtschaft;
3. Die Gewinne von heute sind die Investitionen von morgen und die Investitionen von morgen sind die Arbeitsplätze von übermorgen.

Diese Annahmen prägen seit rund zwei Jahrzehnten die Wirtschaftspolitik – und dies unter verschiedenen Regierungen.

Der neue Begriff von Reform
Nichts beschreibt diese neue Wirtschaftspolitik präziser als die Veränderungen des Begriffes »Reformpolitik«. Noch vor 20 Jahren rief der Begriff Reform bei vielen Menschen Begeisterung hervor. Er stand für neue Ideen, für mehr Kreativität, für mehr Demokratie, für mehr Gerechtigkeit.

Doch dies hat sich gründlich geändert. Heute werden viele Menschen misstrauisch, wenn sie den Begriff Reform hören. Sie identifizieren ihn mit einer harten staatlichen Sparpolitik, mit der Privatisierung öffentlicher Leistungen und mit immer mehr Eigenbeteiligung an Leistungen des Sozialstaates.

Dieses Misstrauen wird dadurch gespeist, dass die Gesellschaft in den vergangenen Jahren genau im Sinne des neuen wirtschaftspolitischen Denkens re-formiert wurde: Die Steuern wurden gesenkt, vor allem für Unternehmen; der Arbeitsmarkt wurde flexibler – zum Beispiel durch Minijobs und vielfältige Arbeitsformen; die sozialen Leistungen werden beschnitten – nicht radikal, aber scheibchenweise; die Löhne wurden jahrelang nicht erhöht, in den vergangenen 15 Jahren sind sie nach Abzug der Preissteigerungsrate gesunken. In vielen Gesellschaftsbereichen herrscht heute jener Wettbewerbsdruck, der früher der Privatwirtschaft vorbehalten war. Jede Leistung muss sich rechnen. Was sich nicht rechnet, ist nichts wert.

In den vergangenen Monaten hat dies zwar steigende Wachstumsraten, ja sogar einen Aufschwung gebracht, doch von Gerechtigkeit ist die deutsche Gesellschaft weiter entfernt denn je. Im Gegenteil. Gerade in den letzten Jahren zeigte sich, dass die Grundannahmen des neuen ökonomischen Denkens in der Wirklichkeit nicht aufgehen.

1. Wirtschaftswachstum schafft auf gesättigten Märkten kaum zusätzliche Arbeitsplätze. Der Satz des ehemaligen Bundeskanzlers Helmut Schmidt, »Die Gewinne von heute sind die Investitionen von morgen und die Investitionen von morgen sind die Arbeitsplätze von übermorgen«, trifft heute vielfach nicht mehr zu. In der Wirklichkeit sind die Gewinne von heute oft die Arbeitslosen von gestern und die Arbeitslosen von heute die Gewinne von morgen. Konkret liegt dies am technischen Fortschritt. 1993 produzierten 7,5 Millionen Beschäftigte in der Industrie einen Umsatz von knapp 1.000 Milliarden Euro, heute produzieren 6 Millionen Beschäftigte 30 Prozent mehr. Unter diesen Bedingungen bräuchte Deutschland dauerhafte Wachstumsraten von 4 oder 5 Prozent pro Jahr, um die Zahl der Arbeitsstunden nennenswert zu erhöhen und auf diese Weise durchgreifend mehr Arbeitsplätze zu schaffen. Das würde die Zahl aller Waren in 15 Jahren mehr als verdoppeln. Solche Wachstumsraten sind aber unrealistisch und angesichts endlicher Ressourcen unverantwortlich. Doch warum werden sie trotzdem gefordert? Und warum scheut die Politik jede Antwort auf die Frage, wie die künftige Wirtschaftspolitik in Einklang gebracht werden kann mit endlichen Ressourcen.

2. Die Politik der vergangenen 15 Jahre folgt den – angeblichen – Sachzwängen des globalen Weltmarktes und trat in einen harten Wettbewerb mit anderen Ländern um geringere Steuern und geringere soziale Standards. Überall senkten die Regierungen die Steuern für Unternehmen, damit diese in ihren Grenzen investieren. Überall bauten die Regierungen soziale Leistungen ab, um den Unternehmen die Kosten zu senken. Daraus resultiert ein Teufelskreis nach unten. Mit den Steuersätzen sinken die Steuereinnahmen – und dies zwingt die Politik zu

Einsparungen. Auch in Deutschland hieß es Sparen, Sparen, Sparen. Und es wurde auch viel eingespart, nämlich 1,4 Millionen Arbeitsplätze im öffentlichen Dienst seit 1991, 250.000 in den vergangenen drei Jahren. Dafür gab es einen regelrechten Steuersenkungsrausch. Die Bürgerinnen und Bürger wurden seit dem Jahr 2000 um 59 Milliarden an Steuern entlastet. Doch dem Rausch folgt der Kater. Denn der Staat hat sich aus vielen Bereichen der Gesellschaft zurückgezogen. Landauf, landab wurden Wasserversorgung, Krankenhäuser, öffentlicher Nahverkehr und jetzt auch zunehmend kommunale Wohnungen privatisiert – mit allen Folgen für die, die sich diese privaten Leistungen nicht leisten können. Bereits heute zeigen Erscheinungen wie die Jugendkriminalität, was es bedeutet, wenn sich der Staat aus kommunalen Aufgaben zurückzieht.
3. Viele Großunternehmen schwimmen im Geld. Doch sie investieren nicht mehr als früher – ein immer größerer Teil ihrer Gewinne fließt auf die Finanzmärkte. Einige DAX-Unternehmen sind über ihre Gewinne sogar so verzweifelt, dass sie in den vergangenen Jahren ihre eigenen Aktien gekauft haben, auf dass dadurch die Kurse steigen. Während die Gewinne steigen, stagnieren die Löhne oder sinken – die Masseneinkommen werden zudem durch Niedriglöhne, Minijobs, Teilzeitjobs und ärmere Selbstständige gedrückt. Der Unterschied zwischen Reich und Arm wird immer größer. Die Senkung der Lohnkosten – auch durch die Hartz-Gesetze – hat zwar die Konkurrenzfähigkeit gestärkt, doch, was 25 Prozent der Wirtschaft nutzt, nämlich geringere Lohnkosten, schwächt 75 Prozent der Wirtschaft, nämlich den Binnenmarkt, der auf Kaufkraft angewiesen ist.
4. In Deutschland werden zunehmend Arbeitsplätze den Renditen geopfert. Sie fallen nicht deshalb weg, weil sie rote Zahlen schreiben, sondern weil sie nicht genügend Rendite für die Finanzmärkte abwerfen. Seit jährlich riesige Milliardenbeträge auf die Finanzmärkte fließen, wachsen dort die Rendite-Erwartungen. Große Beteiligungsfonds – wie Hedgefonds oder Private Equity Firms – versprechen ihren Anlegern Renditen bis zu 25 Prozent auf das eingesetzte Kapital. Mit dieser Zielsetzung steigen sie in Unternehmen ein, um diese nach einer Sanie-

rungsphase zu hohen Gewinnen zu verkaufen (seit der rot-grünen Regierung ist der Verkauf von Unternehmensanteilen steuerfrei). Diese Zielsetzung sorgt jedoch auch dafür, dass sich andere Aktiengesellschaften an solch hohen Renditen messen lassen müssten – mit schwerwiegenden Folgen. Zum Beispiel: Die Deutsche Bank hat Anfang 2005 klargemacht, dass sie sich nicht mehr mit 17 Prozent Eigenkapitalrendite begnügen wird – sie will 25 Prozent. Ende 2005 hat sie diese Rendite erreicht, aber 1.900 Beschäftigte haben ihren Arbeitsplatz verloren. Ähnlich ergeht es vielen Beschäftigten landauf landab. Sie erleben, dass sie schwarze Zahlen erwirtschaften, die aber ihren Eigentümern oder Finanzinvestoren nicht hoch genug sind. Deshalb werden ihre Arbeitsplätze vernichtet.

5. Seit Jahren wächst der Einfluss mächtiger Interessengruppen auf die Politik. Man könnte die Sitzungen der Gesundheitsreform-Kommission unter Kanzler Gerhard Schröder erwähnen. Bei Recherchen für Publik-Forum erlebten wir einen uns namentlich bekannten Teilnehmer dieser Sitzungen, der sich überrascht davon zeigte, dass auf manchen Plätzen faktisch Drehbücher der Pharmaindustrie für die Gesundheitsreform lagen. Und so verwundert es nicht, dass die Pharmaindustrie von dieser Gesundheitsreform, bei der angeblich alle sparen mussten, relativ unbehelligt blieb. Weil sich die Politik vor mächtigen Interessengruppen fürchtet, schneidet sie auch in der Rentenversicherung von einer kleiner werdenden Wurst immer wieder einige Scheiben ab – und nennt dies Reform. Dies gefährdet die gesetzlichen Renten für alle unter 50 Jahren – und dies auf eine Weise, die auch durch private Vorsorge von vielen nicht ausgeglichen werden kann.

So spaltet sich die deutsche Gesellschaft immer tiefer in Verlierer und Gewinner. Dies hat Konsequenzen: Viel stärker als durch die demografische Entwicklung ist mit diesen Veränderungen auch der Sozialstaat bedroht, der vor allem an sozialversicherungspflichtigen Arbeitsplätzen hängt. Die Folgen davon zeigen sich ebenfalls seit Jahren: Eine Reformpolitik, die zwischen Sozialabbau und sinnlosem Aktivismus hin- und herpendelt. Die Leistungen der Rentenversicherung werden ständig nach unten re-formiert. Die derzeitige Durchschnittsrente von rund 1.100 Euro pro Monat nach 45 Arbeitsjahren wird in den kommenden Jahrzehnten sinken – und immer weniger Ältere werden sie bekommen. Das ist der Marsch in eine wachsende Altersarmut.

In der Gesundheitspolitik droht eine ähnliche bürokratische Umwälzung. Ein Gesundheitsfonds soll es richten. Doch der wird nach Ansicht fast aller Fachleute zu höheren Beiträgen führen und nicht zu einer besseren Betreuung für die Patienten. Und im gesamten Pflegebereich reicht das Geld oft nur noch zu einer Satt, Sauber, Still-Pflege. Viele Pflegerinnen und Pfleger haben immer seltener die Möglichkeit, die Kranken zu trösten oder mal ihre Hand zu halten.

Und so läuft die Wirtschaftspolitik seit Jahren ins Leere – sieht man von gelegentlichen Strohfeuern ab. Die Kluft zwischen Gewinnern und Verlierern wird größer, die Politik ist ratlos, die Menschen haben Angst.

Alternativen zur herrschenden Leere
Bleibt die Frage: Gibt es Alternativen, um den Dreiklang von Ralf Dahrendorf – Demokratie, Sozialstaat und wirtschaftliche Konkurrenzfähigkeit – wieder in ein Gleichgewicht zu bringen. Die Antwort lautet: Es gibt Alternativen, wenn man die traditionellen wirtschaftlichen Pfade verlässt, die entweder nur auf den Markt oder nur auf den Staat setzen. Stattdessen gilt es, auf die neuen Herausforderungen der globalen Konkurrenz mit neuen Mitteln zu reagieren: mit einer Kombination aus Innovation, unternehmerischer Kreativität, einer gerechten Teilhabe aller an den Erträgen und einer breiten sozialen Absicherung aller Menschen. Sechs Schritte könnten eine neue Entwicklung einleiten:

1. In die Zukunft investieren
Es ist eine Binsenweisheit, die heute oft genug verschwiegen wird, weil sie nicht in die Lehre vom allmächtigen freien Markt passt: Leistungen, die der Markt nicht oder noch nicht bereitstellt, weil sie sich (noch) nicht rentieren, müssen von einem aktiven Staat bereitgestellt oder zumindest angestoßen werden. In den vergangenen Jahren wurden die Leistungen des Staates jedoch ständig zurückgefahren, weil die Regierungen die Steuern

senkten. Diese Politik der Steuersenkungen hat keine Zukunft, weil sie Zukunftsinvestitionen durch den Staat nicht möglich macht. In dem Augenblick, in dem die Steuereinnahmen durch eine konsequente Politik wieder steigen, kann die Politik wieder mehr investieren. Dabei geht es nicht um ein einmaliges Strohfeuer von staatlichen Investitionen, das kurz und kräftig aufflammt, um dann wieder in sich zusammenzusinken. Es geht stattdessen um Investitionen in die Zukunft. Und dabei vor allem in zwei entscheidende Bereiche: In die technologische Forschung und Innovation sowie in Bildung und Ausbildung.

Wenn alte Märkte gesättigt sind, helfen nur Investitionen in neue Produkte weiter. Was hier möglich ist, zeigt die Förderung erneuerbarer Energietechniken in den vergangenen vier Jahren: Sie hat in Deutschland 130.000 neue Arbeitsplätze geschaffen. Die Kosten hielten sich mit einem zusätzlichen Euro pro Monat auf der Stromrechnung eines Durchschnittshaushaltes in Grenzen. Ein ähnlicher Investitionsboom könnten auch andere Technologien auslösen, wenn sie entsprechend gefördert würden: Das Drei-Liter-Auto, Niedrig-Energie-Häuser, Energie aus Biomasse, Blockheizkraftwerke, energiesparende Werkstoffe, nachwachsende Rohstoffe, Erdgasautos und viele andere mehr. All diese Produkte eröffnen neue Märkte und schaffen viele zusätzliche Arbeitsplätze – und dies nicht in erster Linie in der Industrie, sondern auch in Handwerk und Landwirtschaft.

Diese Chancen können jedoch nur genutzt werden, wenn Kinder und Jugendliche so gut wie möglich ausgebildet werden. Angesichts der wachsenden Schwierigkeiten in vielen Familien erfordert dies mehr Ganztagesbetreuung in Kindergärten und Schulen. Nur so können Kinder und Jugendliche aus prekären Familien bestmöglichst gefördert und auf die Arbeitsmärkte der Zukunft vorbereitet werden. Die demografische Entwicklung, durch die immer mehr Ältere immer weniger Jüngeren gegenüberstehen, bietet kurzfristig die große Chance, die Jugendarbeitslosigkeit konsequent zu bekämpfen. Doch diese Chancen können nur Länder nutzen, die die Jugendlichen ausbilden. Und nicht nur die Jugendlichen: In Irland konnten sich in den vergangenen Jahren 39 Prozent aller Langzeitarbeitslosen durch Qualifikation, sozialpsychologische Betreuung und einen schrittweisen Einstieg über Teilzeitarbeit wieder in den Arbeitsmarkt integrieren. Die Zukunft von Wirtschaft und Gesellschaft hängt deshalb von der Qualität der Ausbildung ab: Der renommierte Sozialstaatsforscher Diether Döring von der Universität Frankfurt hat europaweit nachgewiesen, dass die Arbeitslosigkeit dort am geringsten ist, wo die Investitionen in Bildung am höchsten sind.

Voraussetzung für aktive Zukunftsinvestitionen ist eine offensive Steuerpolitik. Es ist durchaus richtig, die Steuern so unbürokratisch wie möglich zu erheben. Generell müssen jedoch alle Einkommen – von Löhnen über Gehälter bis zu Gewinnen, Zinsen, Börsenerträgen, Erbschaften und Vermögen – fair, aber konsequent besteuert werden, damit der Staat in die Bewältigung der Herausforderungen der Zukunft investieren kann. Schließlich können sich nur die Reichen einen armen Staat leisten.

2. Neue unternehmerische Kreativität

Die globale Konkurrenz ist eine große Herausforderung für die Volkswirtschaften der Industrieländer. Allerdings betrifft dieser Konkurrenzkampf in erster Linie die großen Massenmärkte. In vielen Bereichen reißen die massiven Umwälzungen jedoch Lücken in den Markt, die von kreativen Kleinunternehmen genutzt werden können. Man denke nur an die Vielzahl technischer Reparatur- oder Serviceleistungen, an soziale Dienste im Haushalt, im Gesundheitswesen, in der Betreuung älterer Menschen oder im Transport und Verkehr sowie an die vielen Möglichkeiten der Informations-Gesellschaft. Diese Chancen können von flexiblen kleinen Unternehmen genutzt werden, die Marktlücken mit ihrer Fantasie besetzen. Solche Unternehmen gilt es zu fördern – und dies in möglichst breiter Form. Würde man die Besteuerung neuer Unternehmen in den ersten fünf Jahren auf die Maßstäbe einer einfachen Einnahmen-Ausgaben-Rechnung beschränken und neuen Betrieben auf Wunsch eine ständige Supervision anbieten, dann würden mehr Menschen den Schritt in die Selbstständigkeit wagen. Und mindestens so wichtig ist es, dass sie Kredite erhalten, die ihnen die Banken heute beständig verweigern. Dazu kommt die Förderung kreativer Unternehmensformen: In Deutschland gründen Arbeitslose Genossenschaften, um gemeinsam ihren Lebensunterhalt zu sichern – oft mit Erfolg, weil alle an den Erträgen beteiligt sind und deshalb großes Engagement zeigen.

Äußerst erfolgreich sind auch sogenannte Dienstleistungszentren in Dänemark. Sie beschäftigen im ganzen Land 30.000 Mitarbeiter. Diese können von Familien gegen eine Gebühr für stundenweise Dienstleistungen im Haushalt abgerufen werden. Der Vorteil: Was in Deutschland durch Schwarzarbeit erledigt wird, schafft in Dänemark reguläre Arbeitsplätze.

Mehr unternehmerische Kreativität könnte auch den Arbeitslosen helfen. Warum erhalten sie nicht auf Wunsch einen Lohngutschein für ein halbes oder für ein Jahr und können sich in einem Betrieb ihrer Wahl eine Stelle schaffen. Viele von ihnen würden wieder entlassen, wenn das Arbeitsamt ihren Lohn nicht mehr bezahlt. Doch Experimente in Skandinavien haben gezeigt, dass manche Betriebe während der Arbeit plötzlich die Qualität von Arbeitslosen entdecken und sie behalten.

Solche Initiativen betreten Neuland, doch es sind Investitionen in die Zukunft, weil sie auf die Kreativität der Menschen setzen.

3. Neue Ziele für das Geld

»Wir haben etwas Schlimmeres als Kapitalismus, nämlich einen primitiv-vulgären Geldökonomismus«, schreibt der Unternehmensberater Fredmund Malik, Professor an der Wirtschaftshochschule St. Gallen. Er meint damit eine Geldwirtschaft, die sich fast ausschließlich an einem Ziel orientiert: an einer möglichst hohen Rendite. Dieser »Geldökonomismus« bedroht die Wirtschaft. Denn viele wichtige Unternehmungen werden nicht gefördert, weil sie nicht genügend Rendite abwerfen. Wie es anders geht, zeigen engagierte Bürger. In vielen Regionen in Österreich, in Deutschland und in der Schweiz fördern regionale Währungen, die nur in lokalen Geschäften, nicht aber bei großen Konzernen einlösbar sind, die Wirtschaft vor Ort: In Österreich gibt es den Waldviertler, in Deutschland Chiemgauer, Sterntaler und viele andere und in der Schweiz die WIR-Währung. Sie funktionieren alle nach dem gleichen Prinzip: Verbraucher und Unternehmen, die einem Verein wie dem Waldviertler angehören, können einen Euro in einen Waldviertler umtauschen – und damit bei Unternehmen bezahlen, die ebenfalls diesem Verein angehören. Wenn solche Projekte gut laufen wie der Chiemgauer e.V. rund um Rosenheim, dann machen die lokalen Geschäfte mehr Umsatz, weil Discounter und ausländische Konzerne diese Regionalwährungen nicht annehmen. In der Schweiz gehören etwa 60.000 Betriebe der WIR-Genossenschaft an, rund ein Viertel aller kleineren Unternehmen, und nutzen die WIR-Währung. Seit 70 Jahren bindet der WIR Kaufkraft, die nicht auswandern kann. Davon profitieren vor allem Handwerker, kleine Selbstständige und Unternehmen, die ihren Markt ausschließlich im Inland haben. In der Schweiz, wie auch in Deutschland, schaffen sie die Mehrzahl der Arbeitsplätze. Der WIR ist eine Selbsthilfe kleiner Unternehmen.

Doch auch Banken, ja sogar die Börsen können mit Geld anders umgehen, als es nur nach dem Ziel einer größtmöglichen Rendite zu investieren. Mehr als eine Milliarde Mark haben deutsche Sparer bei den sogenannten Alternativ-Banken angelegt – dazu zählen vor allem die *GLS-Gemeinschaftsbank* in Bochum und die *Umweltbank* in Nürnberg. Diese Banken investieren das Geld ihrer Kunden in Schulen, Kindergärten, Biohöfe. erneuerbare Energiequellen, Umweltschutzprojekte, kleine Betriebe, aber auch in Kultur- und Sozialinitiativen. Allein GLS-Gemeinschaftsbank und Umweltbank fördern derzeit mehr als 10.000 Projekte mit zigtausend Arbeitsplätzen.

Doch selbst die Börsen könnten nach anderen Kriterien arbeiten, als nach der höchst möglichen Rendite. So gibt es mehr als 80 ethische Aktien- und Rentenfonds, die prinzipiell von allen Banken angeboten werden könnten. Diese Fonds investieren die Gelder ihrer Anleger nur in Unternehmen oder in Institutionen, wenn diese bestimmte soziale und ökologische Bedingungen erfüllen. Mehr als zehn Milliarden Euro sind nach diesen Kriterien angelegt. Und man stelle sich vor, 10 bis 20 Prozent des gesamten Sparvermögens würden nach ethischen Bedingungen investiert. Dann würde sich das Banken- und Börsensystem verstärkt an sozialen und ökologischen Zielsetzungen orientieren. Das Geld würde den Menschen dienen und nicht umgekehrt.

4. Gerechte Teilhabe der Beschäftigten

Debatten über die Arbeitslosigkeit verbeißen sich immer wieder in die angeblich zu hohen Lohnkosten. Und dies blieb nicht ohne Wirkung. Während Unternehmen oft gut verdienen, schließen in den Städten Einzelhandelsgeschäfte, weil die Menschen weniger Geld haben, um einzukaufen. Unternehmer Wolfgang Grupp, Eigentümer der Textilfirma Trigema, bestätigt dies: »Von den Arbeitslosen kann ich nicht erwarten, dass sie noch meine Produkte kaufen.«

Deshalb ist es oberstes Gebot in den Industrieländern, die Löhne im Einklang mit der steigenden Produktivität ständig zu erhöhen und Geringverdiener durch Mindestlöhne abzusichern.

Doch Lohnpolitik alleine genügt nicht, um die Stellung der Beschäftigten in der Wirtschaft zu stärken. Denn die globale Konkurrenz macht die Beschäftigten in den Unternehmen oft zum Spielball von Konzernstrategien. Dass sich die Beschäftigten jedoch auch dagegen wehren können, bewiesen 560 Mitarbeiter der Flachglas Wernberg GmbH in der nordbayerischen Oberpfalz vor acht Jahren. Damals sollte die Tochtergesellschaft eines britischen Glaskonzerns verkauft werden – mit der Gefahr, dass der kaufende Konzern das Werk schließt oder aber nur wenige Beschäftigte übernimmt. Da entschlossen sich die Beschäftigten unter Führung des Betriebsrates zu einem einmaligen Schritt. Unter Einsatz von Lohnanteilen und Weihnachtsgeld erwarben sie 51 Prozent des Unternehmens. Dieser Aufsehen erregende Schritt hat sich ausgezahlt. Die Beschäftigten konnten auf diese Weise ihre Arbeitsplätze retten und freuen sich inzwischen jedes Jahr auf ihren Gewinnanteil.

Allerdings erlebten die Beschäftigten der Flachglas Wernberg AG in dieser Zeit auch die Hindernisse, die Unternehmenskäufen durch die Belegschaft entgegenstehen: Sie mussten ihre Lohnanteile, die ins Unternehmen flossen, versteuern. Weder vom Staat noch von Banken erhielten sie Kredite. Will die Politik die Stellung der Beschäftigten in den Unternehmen in Zukunft verbessern, dann stellen sich deshalb völlig neue Fragen: Warum erhalten Unternehmen nicht Steuervorteile, wenn sie ihre Beschäftigten am Gewinn beteiligen? Oder noch mehr: Warum erhalten nicht Unternehmen Steuervorteile, wenn sie ihre Beschäftigten am Kapital beteiligen? Und warum sorgen die Gesetzgeber nicht dafür, dass jene zigtausende Betriebe, die jährlich zum Verkauf stehen, von den Belegschaften erworben werden können? Dazu bräuchten sie günstige Kredite, unternehmerische Beratung und Steuervorteile. Das würde die Wirtschaft langfristig auf völlig neue Beine stellen, weil die Geschäftsführung nun ihren Belegschaften verantwortlich wäre. Und Belegschaften retten lieber ihre Arbeitsplätze als dass sie ihre Gewinne maximieren. Die Chancen für spekulative Finanzinvestoren – die sogenannten Heuschrecken – wären geringer, jene für die Arbeitsplätze größer.

5. Kreative Arbeitszeitverkürzungen

Trotz aller Chancen von Zukunftsinvestitionen, neuer unternehmerischer und finanzieller Kreativität und einer gerechteren Verteilung der Erträge sind die wirtschaftlichen und sozialen Probleme durch Wachstum alleine nicht zu lösen. Denn: Wenn immer weniger Menschen in weniger Zeit mit besserer Technik immer mehr produzieren können, braucht es ungeheuer hohe Zuwachsraten, damit überhaupt genügend neue Arbeitsplätze durch Wachstum entstehen. Doch solch hohe Wachstumsraten sind ökologisch nicht wünschenswert. Die Alternative sind kürzere Arbeitszeiten. Dabei geht es allerdings nicht um pauschale Strategien, wie die Verkürzung der Wochenarbeitszeit für alle mit vollem Lohnausgleich. Diese Strategien sind allenfalls auf Großbetriebe, nicht jedoch auf die flexiblen Bedürfnisse von kleineren und mittleren Unternehmen zugeschnitten. Außerdem passen sie auch nicht zu den flexiblen Bedürfnissen moderner Beschäftigter. Betriebe und Beschäftigte wollen selbst entscheiden, in welcher Situation sie ihre Arbeitszeit wie lange verkürzen. Andere Länder haben dafür günstige Rahmenbedingungen geschaffen. In Schweden und Dänemark gehören Sabbatjahre – ein Jahr bezahlter Urlaub nach sieben Jahren Arbeit – und die Job-Rotation – die Beschäftigten bilden sich regelmäßig weiter und werden in dieser Zeit durch Arbeitslose ersetzt – zum Arbeitsalltag. Auch Elternteilzeit zur Kindererziehung ist beliebt. Staatlich gefördert, erleichtert sie es jungen Familien, Erwerbs- und Familienarbeit zu teilen. Auch die Mode, Milliarden Überstunden anzuhäufen, ohne neue Stellen zu schaffen, muss die Politik nicht akzeptieren: Wenn

Unternehmen für alle Beschäftigten Arbeitszeitkonten führen und Überstunden nur noch in Freizeit ausgleichen müssen – dann werden Überstunden ab einer bestimmten Menge erschwert. Dann würden wenigstens einige Hunderttausend der heute 1,1 Millionen Vollzeitarbeitsplätze geschaffen, die die jährlich 1,6 Milliarden Überstunden zum Beispiel in Deutschland rechnerisch ergeben. Es gibt also zahlreiche Möglichkeiten, die vorhandene Arbeit gerechter zu teilen: unter Jüngeren und Älteren, Frauen und Männern, zwischen Familie und Beruf.

Da die Unternehmen derzeit jedoch von längeren Arbeitszeiten träumen, um die Lohnkosten pro Stunde zu senken, sind Anreize und soziale Rahmenbedingungen für eine moderne Arbeitszeitpolitik gefordert. Warum erhalten Betriebe nicht für eine begrenzte Zeit Zuschüsse für alle Arbeitslosen, die sie einstellen, weil sie Überstunden abgebaut, Teilzeit oder Sabbatjahre eingeführt haben? Das kostet nicht viel, weil die Arbeitslosen ohnehin bezahlt werden müssten. Und: Warum verhindert nicht überall eine Mindestrente, dass Teilzeitbeschäftigte im Alter durch eine geringe Rente bestraft werden?

6. Eine nachhaltige Wirtschaftspolitik

Mindestens so groß wie die sozialen Herausforderungen in Zukunft sind die ökologischen. Schon heute ist die Umwelt durch die Wachstumswirtschaft ungeheuer belastet. Davon zeugen alleine die Erwärmung des Erdklimas und ihre Folgen. Zudem werden die Preise für Rohstoffe, allen voran Öl und Gas, in den kommenden Jahrzehnten stark steigen. Diese Entwicklungen werden die Bedingungen der globalen Konkurrenz verändern. Wettbewerbsfähig werden in Zukunft nur Volkswirtschaften und Unternehmen sein, die mit möglichst wenig teuren und begrenzten Ressourcen auskommen und dafür möglichst viele technologische Alternativen zu diesen begrenzten Ressourcen herstellen. Gewinnen werden jene Länder, deren Regierungen diese Herausforderungen schnell und effektiv angehen.

Notwendig ist deshalb die Umsteuerung einer rein quantitativ orientierten Marktwirtschaft auf eine qualitativ und nachhaltig wirtschaftende Marktwirtschaft. Dies erfordert ökologische Rahmenbedingungen und

Anreize für Unternehmen und Konsumenten. Einer der Anreize, die in Österreich oder Deutschland mit Erfolg eingesetzt wurden, ist die Förderung von erneuerbaren Energiequellen. Doch es braucht mehr: Europaweit müssen Verordnungen Hersteller von technischen Geräten zwingen, diese nach Gebrauch zurückzunehmen und so weit wie möglich wiederzuverwerten. Grenzwerte müssen den Energieverbrauch von Geräten und Autos (für europäische Produkte und für Importe) drastisch verringern – und die Verbraucher durch Warenzeichen über den Energieverbrauch eines Produktes informieren. Anreizsysteme wie eine Kraftfahrzeugsteuer, die mit Treibstoffverbrauch und Schadstoffemission steigt, sollten Verbraucher belohnen, die ein umweltverträgliches Fahrzeug kaufen.

Die wichtigste Bedingung für den nachhaltigen Umbau der Wirtschaft ist jedoch die Weiterentwicklung ökologischer Abgaben. In vielen Ländern ist die Diskussion festgefahren, weil sich die Regierungen nicht mehr trauen, über höhere Belastungen zu diskutieren. Dabei zeigt die Schweizer Stadt Basel, wie eine Ökoabgabe so eingeführt werden könnte, dass sie Verschwendung bestraft – und die Einsparung von Ressourcen im Geldbeutel belohnt. In Basel verweigerte die Stadtverwaltung im Jahre 1999 eine anstehende Strompreissenkung von 18 bis 28 Prozent, um keine Anreize für Verschwendung zu liefern. Stattdessen fließen die Mehreinnahmen, die statt der Preissenkung nun anfallen, in einen Stromsparfonds. Von dort werden sie – und dies ist wirklich neu – an die Bürger zurückgegeben und zwar unabhängig von deren Stromverbrauch. Dieses System enthält eine klare Botschaft: Wer wenig Strom verbraucht, zahlt weniger, erhält aber gleich viel zurück wie sein verschwenderischer Nachbar. Stromsparen wird belohnt.

Dieses System haben inzwischen auch Visionäre entdeckt. Zum Beispiel Wolf von Fabeck, der Geschäftsführer des Solarenergie-Fördervereins Deutschland. Er fordert eine Energiesteuer auf den Energieverbrauch, die von Jahr zu Jahr steigt. Zwei Drittel der Einnahmen sollen die Beiträge zur Sozialversicherung senken. So wird Energie verteuert, die Arbeitskraft aber verbilligt. Ein Drittel der Einnahmen aus der Energiesteuer wird als Energiegeld an die Bevölkerung ausbezahlt, Kinder eingeschlossen. Dieses System einer Energiebesteuerung hätte einen großen Vorteil:

Die gesamte Bevölkerung profitiert von einer höheren Energiesteuer: Arbeitgeber und Arbeitnehmer durch sinkende Sozialversicherungsbeiträge und alle Menschen zusammen durch ein monatliches Energiegeld. Die Botschaft wäre klar: Je mehr Energie jemand einspart, desto größer wirkt der Gewinn aus dem Energiegeld. Denn Verschwender und Sparer erhalten den gleichen Betrag.

Ein derartiges System von Energieabgaben könnte jene Dynamik einleiten, die die Volkswirtschaft in den kommenden Jahren auf einen nachhaltigen Wirtschaftspfad einschwenken lässt. Es wäre ein Versuch, Arbeit zu verbilligen und die Menschen gegen die Teuerung durch eine Energieabgabe abzusichern. Im Übrigen wirkt sich eine nachhaltige Wirtschaftsweise keineswegs negativ auf den Arbeitsmarkt aus. Statt Wegwerfprodukte in durchrationalisierter Massenproduktion mit wenigen Arbeitsplätzen herzustellen, wird die Wirtschaft bei einem verteuerten Energieverbrauch nun kleinteiliger und langlebiger produzieren. Und dies stärker auf regionaler Ebene. Dienstleistungen, Service und Reparaturarbeiten gewinnen stark an Bedeutung, da langlebige Techniken gewartet werden müssen, während kurzlebige Produkte weggeworfen werden. So wird der Weg von einer fossilen Industriegesellschaft zu einer solaren Dienstleistungsgesellschaft frei, der auch künftigen Generationen ein würdiges Leben böte.

Viele Menschen fragen sich, ob ein Land alleine diesen Weg überhaupt einschlagen kann. Doch die Gegenfrage lautet: Kann es sich ein Land leisten, diesen Weg nicht einzuschlagen. Denn: Die globale Wirtschaftsentwicklung wird dafür sorgen, dass diese Wege beschritten werden. Der Bedarf an Alternativen wird wachsen. Und dann werden jene Länder globale Handelsvorteile haben, die die Technologien für den öffentlichen Verkehr, für die Einsparung von Energien und für erneuerbare Energien bereits frühzeitig gefördert haben. Die Globalisierung wird dafür sorgen, dass die Letzten die Hunde beißen.

Strategien der Veränderung

Es gibt sie also doch, die Alternativen. Doch: Wie lassen sich solche weitreichenden Veränderungen durchsetzen? Die Antwort: Drei Strategien sind notwendig: Besonders dringlich ist, dass die Menschen ihre Rolle als

Wirtschaftspolitiker aktiv wahrnehmen. Sie sind es, die einkaufen, die Geld anlegen und investieren, die Dienstleistungen, Produkte oder ihre Arbeitskraft anbieten. Während die Bundesregierung jedes Jahr 280 Milliarden Euro ausgibt, kaufen die Menschen für 1.300 Milliarden Euro ein, haben sie fast 5.000 Milliarden Euro auf ihren Sparkonten. So könnten die Menschen viel bewegen, wenn nur ein beträchtlicher Teil zum sozial und ökologisch bewussten Konsum und zur sozial und ökologisch bewussten Geldanlage umsteigen würde. Und immer mehr Menschen tun das.

Zweitens erfordern Veränderungen in Deutschland ein inneres Widerstandspotenzial – gegen das Kosten-Nutzen-Denken in den Köpfen. Ändern wird sich nur etwas, wenn sich mehr Menschen dem reinen Kosten-Nutzen-Denken verweigern: dem Geiz ist geil; der ständigen Kostensenkung im Betrieb, dem ewigen Versuch, Arbeitnehmer zu Kostenfaktoren auf zwei Beinen zu erklären und dem ewigen Anreiz, des »je billiger, desto mehr«.

Allerdings sind nicht alle Probleme durch die Bürger alleine zu lösen. Es braucht politische Veränderungen. Allerdings wird sich die Politik so lange an mächtigen Interessengruppen orientieren, wie die Bürger nicht aktiv werden. Wenn diese jedoch aktiv werden, dann verändert sich die Politik. Die Friedensbewegung hat die Politik in Bewegung gebracht und die Umweltbewegung ebenso. Jetzt braucht Deutschland eine Sozialbewegung. Erst wenn kirchliche Verbände, Gewerkschaften, Frauenbewegungen ohne Berührungsängste mit neuen sozialen Gruppen wie attac, Weltläden oder Ökologen gemeinsam vor Ort und bundesweit soziale Gerechtigkeit einfordern und die Politik unter Druck setzen, wird sich auch die Politik verändern. Das wäre das Ende der herrschenden Leere.

Wolfgang Weigand

Über das unaufgeklärte Verhältnis von Ökonomie und helfenden Professionen

Fragestellung

Das Verhältnis von Ökonomie und den Professionen, die sich mit Therapie, sozialer Arbeit, Gesundheit, Bildung, Theologie und Beratung beschäftigen, steht im Mittelpunkt der nachfolgenden Überlegungen. Bereits in ihrem Einsetzen fällt auf, dass eine umfassende Bezeichnung der Disziplinen schwerfällt, welche die helfenden und erziehenden Berufe der Ökonomie gegenüberstellen könnten. Die Gegenüberstellung von Profit- und Nonprofit-Organisationen etwa verliert an Relevanz, da die Unterscheidung am Profit sich nicht mehr aussagekräftig und differenzierend für die heterogene Organisationslandschaft durchführen lässt. Die Grenzlinie zwischen einer Organisation, deren erklärtes Ziel die Profitmaximierung ist und einer anderen, die auf profitablen Gewinn zugunsten anderer, meist ideeller Zielsetzungen verzichtet, wird zunehmend unscharf und ist in vielen Fällen nicht mehr eindeutig zu ziehen.

Gleichwohl – und gerade deswegen – wächst das Spannungsverhältnis zwischen der Ökonomie und den helfenden Professionen (mit dieser Umschreibung möchte ich mir in dem hier erörterten Zusammenhang behelfen); es wird ideologisiert oder verdeckt agiert.

Die verwendeten Beispiele stammen aus klinischen Einrichtungen. Die Problemstellungen, um die es geht, sind jedoch leicht auf andere Praxisfelder, in denen Ökonomen und helfende Berufe (Seelsorger, Erzieher, Sozialarbeiter usw.) zusammenarbeiten, übertragbar. [1]

Szenario in drei Aufzügen
Beginnen wir mit der Beschreibung eines Szenarios in drei Aufzügen, deren Hauptdarsteller in unserem Fall auf der einen Seite die Ökonomen und auf der anderen Seite die professionellen Helfer sind:

Zunächst ist da die Angst um den Verlust von Anerkennung und Wertschätzung: Beide Seiten beklagen sich über einander, werfen sich gegenseitig vor, sie würden von der jeweils anderen Seite nicht wahrgenommen oder wertgeschätzt, unterstellen dem jeweiligen Gegenüber Machtmotive, mangelnde Sensibilität, einen Wert- oder gar Realitätsverlust, entwickeln daraus problematische Fremdbilder und Klischees, die sich in Resignation, Rückzug, Drohgebärden oder überzogenen Befürchtungen konkretisieren und versuchen in subtilen Auseinandersetzungen den eigenen Einflussbereich zu vergrößern und die Macht der Gegenseite zu schmälern. Das ist die erste Version des von grundlegenden Konflikten geprägten Verhältnisses zwischen Ökonomie und helfenden Professionen, die durch zwei weitere ergänzt wird:

— Die Angst vor Spannung und Konflikt: Man versichert sich gegenseitigen Respekts im Wissen um die Bedeutung des jeweils anderen. Des-

---

[1] Die diesem Band vorangegangene Tagung hat dem Verfasser wichtige Impulse bei der Anfertigung dieses Beitrags geliefert. Der Fragebogen im Anhang wie die Zusammenfassung standen als Arbeitsmaterialien den Teilnehmern einer Arbeitsgruppe mit dem Titel »Wertschöpfung bei knappen Ressourcen?« zur Verfügung.
Bedanken möchte ich mich besonders bei den Therapeuten, dem Geschäftsführer und dem Chefarzt der Soteria-Klinik Leipzig, die den Konflikt zwischen Ökonomie und Therapie nicht nur leben und aushalten, sondern in beeindruckender Weise immer wieder zu lösen versuchen. Weil ich von ihnen viel lernen konnte, möchte ich ihnen in herzlicher Verbundenheit diesen Artikel widmen.

sen Vorgaben zur Lösung anstehender Organisationsaufgaben werden erfragt, sogar gefordert. Man vermeidet Spannungen und Konflikte und versucht über Kompromissbildungen, die Koordination der beiden gegensätzlichen professionellen Kulturen zu erreichen und die Kooperation im Sinne des »Ich gebe Dir etwas und Du gibst mir etwas« zu gestalten. Die wechselseitigen Ressentiments, Vorbehalte und Affekte werden dabei verdeckt gehalten, die jeweiligen Kränkungen verschwiegen. Durch geschickte Moderation wird versucht, ein Gleichgewicht der Kräfte zu erzielen, das so lange herstellbar ist, wie die Gegensätze und Widersprüche im Rahmen bleiben – d.h. beispielsweise aus ökonomischer Sicht, dass sie noch finanzierbar sind und aus Helfersicht, dass sie sich professionell eben noch vertreten lassen. Beide Seiten gehen aber damit bereits an ihre Grenzen und glauben jeweils, den größeren Beitrag zur Kompromissfindung geleistet zu haben.
— Hierarchiespiele: Das Spannungsverhältnis soll durch die Aufhebung unterschiedlicher personeller und institutioneller Repräsentanzen, also ökonomischer und professioneller Helferrollen und Fachbereiche minimiert werden. Konkret bedeutet das etwa: Der Chefarzt wird gleichzeitig Geschäftsführer, assistiert durch einen Kaufmann; der Geschäftsführer entscheidet über Therapie oder Pädagogik, assistiert durch einen Pädagogen oder Mediziner. Die zweite Variante dieses Spiels besteht in der Wiederbelebung des traditionellen Über- und Unterordnungs-Modells: Dabei wird der kaufmännische Geschäftsführer dem Chefarzt übergeordnet, oder – in kirchlicher Tradition – der Pastor bleibt Vorstandsvorsitzender.

Ein dritter Weg
Im Folgenden soll ein mögliches drittes Modell beschrieben werden, das
— die Ökonomie als unabdingbare und selbstverständliche Funktion gesellschaftlicher Systeme in kritischer Affinität betrachtet,
— die notwendigen und andersartigen Rahmenbedingungen des Helfens und Heilens gegenüber der Ökonomie formuliert,
— den heterogenen professionellen und organisatorischen Interessenslagen und Interessenskonflikten gerecht wird,

— die Schwierigkeiten der Kommunikation und Kooperation zwischen unterschiedlichen gesellschaftlichen Subsystemen (Ökonomie und helfende/heilende Professionen) ernst nimmt und zu bearbeiten versucht,
— den untergründigen, verdrängten und verschobenen Affekten Raum gibt,
— den schmalen Grat zwischen ökonomischen Erfordernissen und Ökonomisierung aller Lebensbereiche mit Augenmaß zu gehen versucht,
— sich vom Ansatz her ideologischen Auseinandersetzungen zu entziehen trachtet,
— von der spezifischen Historie einer konkreten Organisation und ihrer meist über einen längeren Zeitraum ausgebildeten Wert-, Verhaltens- und Handlungsmuster ausgeht und vorrangig
— zur institutionellen Zielerreichung die Einsicht in die Notwendigkeit der Vermittlung und Integration beider Kulturen postuliert.

Die Formulierung der Prämissen dieses Modells lässt seinen postulativen Charakter unmittelbar erkennen und verdeutlicht, wieviel theoretische und praktische Arbeit zu seiner Realisierung nötig sein wird. So verstehen sich diese Überlegungen eher als Aufriss eines Arbeitskonzepts oder – noch bescheidener – als Formulierung notwendiger Fragestellungen; denn Antworten und Lösungen benötigen nicht zuletzt Zeit und Geduld.

Warum nimmt das Trennende zwischen Ökonomie und helfenden Professionen weitaus mehr Raum ein als das Gemeinsame?

Die assoziative Annäherung an diese Frage führt zunächst zu den äußerst konträr ausgerichteten Handlungen des Ökonomen und denen eines professionellen Helfers. Geht es dem Erstgenannten um die Sicherung der materiellen Existenz, will der zweite dieses Leben gesund, zufrieden, produktiv und sinnvoll gestalten. Bertolt Brecht's Einsicht vom Fressen, das vor der Moral kommt, trifft gewiss zu und damit sind bereits mehrere Fragen implizit gestellt: Was und wieviel braucht der Mensch zur Sicherung seiner Existenz? Wieviel Einkommen benötigt er, um wirtschaftlich auszukommen? Kommt er wirtschaftlich aus, ist er noch lange nicht zufrieden und glücklich; es bedarf also mehr als Geld. Dass Geld allein nicht glücklich macht, ist so neu für den lebenserfahrenen Beobachter nicht. Was aber braucht der Mensch noch? Das interessiert inzwischen bemerkenswerterweise auch Ökonomen (siehe u.a. Bruno S. Frey, Zürich; Ruut Veenhoven, Rotterdam; Daniel Kahneman, Princeton), die diese Fragen zu beantworten suchen und Glücksforschung betreiben; sie stellen fest, dass die Zufriedenheit sich weniger über Dinge und Besitz (wie Geld, Auto, Haus oder auch Wetter) als vielmehr durch Aktivitäten wie Beziehung, Partnerschaft, Freundschaft, vereinsmäßige und religiöse Aktivitäten und vor allem durch Arbeit herstellt; bei dieser kommt es nicht in erster Linie auf die Höhe des Verdienstes an, sondern vor allem auf die Tatsache der Selbstverwirklichung in der Arbeit; deshalb wird in Sachen Zufriedenheit auch der Teilhabe an den Entscheidungen im Arbeitsprozess ein großer Stellenwert eingeräumt.

So gegensätzlich also die Funktionen der wirtschaftlichen Existenzsicherung und der glückenden und zufriedenstellenden Lebensgestaltung zunächst erscheinen mögen – sie gehören doch in der Intention zusammen, die der irische Schriftsteller G.B. Shaw (1856–1950) als das Ziel der Ökonomie beschrieb – nämlich »die Kunst, das Beste aus seinem Leben zu machen«. Wird also im Zuge der arbeitsteiligen und immer neue Komplexitäten produzierenden Gesellschaft ein Zusammenhang übersehen, der sowohl für die Ökonomie wie auch für die Heil- und Sinnstifter unaufgebbar ist? Die Fähigkeit, sein Leben gelingen zu lassen, ist – wie das Leben selbst – nur durch die Integration aller Lebensvollzüge und deren systemischer Vernetzung zu erreichen, nicht aber durch Auf- und Abspaltungen und den daraus resultierenden Entfremdungen.

Mit diesen Entfremdungen gilt es, sich auseinanderzusetzen, um über das Verstehen neue Möglichkeiten ihrer Integration zu finden.

Ein kurzer Exkurs über Geld und Wert und Wertschöpfung

Geld wird üblicherweise in Form einer Zahl ausgedrückt, die den Umfang, die Bedeutung und Tiefe eines Wertes angibt. Wer das Geld als Instrument von seinem mit ihm zu erreichenden Wert und Nutzen trennt, handelt im negativen Sinne des Wortes kapitalistisch. Nicht das Geld ist der Verursacher von Konflikten, sondern der dahinterliegende strittige Wert. Eine Wertedeformation oder ein Werteverlust zeigt sich aber am entsprechenden Einsatz des Geldes.

Ökonomen und professionelle Helfer haben es mit Blick auf die Organisation und ihre Klienten mit ähnlichen, nur bedingt unvereinbaren Werten zu tun. Dies ermöglicht eine Abwägung der Werte und einen möglichen Wertausgleich.

In Wertschöpfungsprozessen angesichts knapper Ressourcen zeigt sich die professionelle Leistung am eindrucksvollsten: Geld zählt nicht, sondern vielmehr der anzustrebende Wert. Mit viel Geld kann Wertloses, mit wenig Geld Wertvolles geschaffen werden. Wirkliche Kundenorientierung ist beispielsweise ökonomisch weit günstiger als eine unüberlegte, aber scheinbar notwendige technische Innovation. Mit knappen Ressourcen das angestrebte Ziel, den dahinterstehenden Wert zu realisieren, demonstriert gleichzeitig wirtschaftliche und unternehmerische Kompetenz. Ressourcenknappheit und damit der Streit ums Geld legt Widersprüche, verdeckte Konflikte und Ziel- bzw. Strategiedifferenzen im Management und in der Organisation offen. Knappe Ressourcen zwingen zur Überprüfung professioneller Konzepte ebenso wie zum Überdenken der Managementpraxis. Die helfende Profession und das Management sind zur Kooperation gezwungen.

Der gesellschaftliche Kontext

Der Versuch zwischen Wirtschaft und Sozialem zu vermitteln, ruft die kritische Frage hervor, warum man denn zu einem gesellschaftlichen Bereich hin vermitteln soll, der gegenwärtig für mannigfaltige Fehlentwicklungen und gesellschaftliche Deformationen verantwortlich gemacht wird. Die Dominanz der Ökonomie über die Politik und der sich daraus ergebende partikulare Universalismus eines gesellschaftlichen Subsystems über alle anderen Subsysteme, ruft emotional-affektiv zunächst einer Vermittlung und Dialog eher entgegengesetzte Reaktionen hervor. Aber gerade deswegen müssen wir uns mit diesem gesellschaftlichen Bereich auseinandersetzen, damit er reflektiert, beeinflusst und gesteuert werden kann. Denn Wirtschaften gehört ja neben Rekrutierung und Bildung,

Politik und Sinnstiftung zu den grundlegenden Funktionen jedes sozialen Systems, ist insofern also eine Wirklichkeit, von der unser Leben abhängt und der wir uns als »homo politicus« nicht straflos entziehen können. Als professionelle Helfer haben wir das in der Vergangenheit bereits zu lange getan und haben deshalb auch verantwortlich die Folgen für unsere Profession mitzutragen: Ich denke da nicht so sehr an Hartz IV, sondern vielmehr daran, dass gegenwärtig bei zahlreichen und tiefgreifenden Veränderungsprozessen in sozialen Organisationen die oben beschriebene Dominanz der Ökonomie Platz greift und die beiden Prinzipien des Wirtschaftens und Helfens nicht mehr integriert, sondern gegeneinander ausgespielt werden – oder schlimmer: Die Erzieher, Sozialarbeiter, Psychologen, Pädagogen und Ärzte sehen sich gezwungen, sich dem Diktat der Ökonomie zu beugen – nicht nur, weil das Geld fehlt, sondern, weil sie es nicht gelernt haben, einen Haushaltsplan zu lesen, Bilanzen zu verstehen, ökonomische Prozesse mitzugestalten und den Ökonomen auf den Zahn zu fühlen. Dann wird eine Beratungsfirma eingekauft, um mit der von außen geliehenen Autorität des Fremden die notwendigen Gesundschrumpfungen durchzuführen und zu legitimieren. Auf der anderen Seite der Einrichtung taucht gleichzeitig die gewerkschaftliche Interessensvertretung auf, um nicht nur berechtigte Ansprüche der Arbeitnehmer zu sichern, sondern aus ideologischen oder politischen Gründen auf die Erfüllung von Forderungen zu pochen, die den Einrichtungen das Leben kosten können.

Die andere Seite: Wenn ein Krankenhaus oder ein Pflegeheim durch privates Kapital betrieben wird, das eine Rendite abwerfen muss, ist ein Interessenskonflikt zwischen optimaler Patientenversorgung und Gewinninteressen der Eigentümer programmiert. Darüber hinaus liegt der Motor der Heilkunde im Gesundheitsbereich nicht mehr in ihrem eigenen Zentrum, sondern in den Verzinsungsinteressen des Kapitals. Natürlich wird eine Klinik als seriös geführtes Privatunternehmen auf ihren guten Ruf achten, aber der Erhalt dieses guten Rufes wird davon abhängen, inwieweit es den dort Tätigen gelingt, ökonomische Notwendigkeiten und Gewinninteressen mit den professionellen Erfordernissen der Arbeit in Einklang zu bringen.

»Weil nur zählt, was Geld einbringt« oder gibt es auch Anstand im Kapitalismus?

Das Wirtschaftsmagazin »brandeins« stellte vor einiger Zeit unter dem Titel »Ohne Rücksicht auf Verluste« die Frage nach der Vereinbarkeit von Anstand – sprich: ethischen Orientierungen – und kapitalistischem Wirtschaften und kommt zu dem Ergebnis, in einigen Jahren werde die alte Wirtschaft mit ihrer Ellenbogenmentalität ausgedient haben. »Dann geht es um Kooperation. Um Verstand und Vernunft. Bis dahin müssen universelle Prinzipien das Vakuum füllen« (brandeins Nr. 6/2007, S. 65). »‚Corporate Social Responsibility' gilt als ein solches Prinzip der sozialen Verantwortung von Unternehmen – denn Wirtschaft ist ein soziales Faktum und findet nicht im luftleeren Raum statt. In einer hochgradig vernetzten Welt können sich Unternehmen nicht mehr allein auf Gewinn maximierende Zielsetzungen beschränken. Moral, Verantwortung und Empathie – also die Fähigkeit, sich in die Lage eines anderen zu versetzen: Was wäre Anstand anderes als genau das?« (a.a.O., S. 63).

Anstand ist eine ökonomische Dimension und soziale und emotionale Intelligenz wird neben dem fachlichen Können gefordert sein. Wer in seiner Profession die Ethik vernachlässigt, scheitert. Unabhängig davon, wieweit diese Ansprüche bereits Wirklichkeit sind oder werden, zeigt die Debatte, dass eine einseitige Ökonomisierung auf Kosten der Wohlfahrt und der Zufriedenheit der Menschen selbst innerhalb der ökonomischen Zunft infrage gestellt wird: Das einstige Orchideenfach Wirtschaftsethik ist längst zum ernsthaften Gesprächspartner der Ökonomen geworden.

Die Verbündeten stehen also auch auf der anderen Seite. Man kann sie allerdings nur sehen, wenn man auf die andere Seite blickt, d.h, wenn man ökonomische Wirklichkeiten wahrnimmt, die eigenen ökonomischen Erfahrungen reflektiert, Vorurteile aufgibt und jene Offenheit aufbringt, die man beim Gegenüber so sehr vermisst.

Die Forderung, sich auf die Ökonomie einzulassen, lässt sich als Paradox verstehen. Denn es ist unmöglich, sich außerhalb ökonomischer Zusammenhänge zu bewegen. Die veränderte Denkrichtung muss vielmehr der Frage nachgehen: Wie definiert sich der professionelle Helfer als »homo oeconomicus«? Welche ökonomischen Leitbilder verfolgt er? Welchen

Wertschöpfungen gibt er den Vorzug? Welche ökonomischen Ideologien bekämpft er? Wie setzt er seine ökonomischen Wertvorstellungen im wirtschaftlichen Handeln um? Wie integriert er beispielsweise wirtschaftliches und seelsorgliches Denken und Handeln?

Die Kritik am Kapitalismus allein reicht nicht aus, sein ökonomisches Profil zu bestimmen; denn erst das eigene ökonomische Profil – konkret: der Umgang mit Geld, das Verhalten am Markt, die eigenen Prinzipien wirtschaftlichen Handelns – bilden das Fundament, von dem aus kapitalistische Auswüchse und Deformationen einer Kritik unterzogen werden können.

Der Nachholbedarf für ökonomische Bewusstseinsbildung in den Feldern der helfenden Berufe – in Schulen, Kliniken, Kirchengemeinden, Einrichtungen der Jugend- oder Altenarbeit, Beratungsstellen usw. – ist groß. Zu lange hat man sich hier mit einer Kritik der ökonomischen Missstände begnügt und die Ökonomie – insbesondere die durch sie zur Verfügung gestellten Ressourcen – als selbstverständlichen Beitrag in beruflichen und gesellschaftlichen Zusammenhängen betrachtet: Der Finanzverwalter stellte die Mittel zur Verfügung, die der Helfer und Therapeut braucht, um seine professionellen Vorstellungen zu realisieren; dieser aber ließ allzu lange die Frage außer Acht, wie diese Mittel geschaffen und erworben werden.

Im unaufgeklärten Verhältnis zwischen Ökonomen und professionellen Helfern liegt die Ursache für die zahlreichen Verwerfungen, die wir in den therapeutischen, pädagogischen und sozialen Organisationen heute wahrnehmen, wenn es um den Einsatz und die Verteilung von Mitteln geht. Die Ansprüche der Helfer an die Ökonomen sind oft unrealistisch hoch. Gleichzeitig fehlen auf ihrer Seite ökonomisches Wissen und Können, um wirtschaftliche Zusammenhänge adäquat zu beurteilen. Denn erst dann kann mit der Geschäftsführung ein produktiver Diskurs eröffnet werden, an dessen Ende solche ökonomischen, therapeutischen und organisatorischen Lösungen für die Organisation gefunden werden, die eine ebenso effektive wie sozial angemessene und ethisch gerechtfertigte Aufgaben- und Zielerfüllung ermöglichen.

Als durchaus lohnend für den hier dargestellten Zusammenhang erschiene eine eingehendere Auseinandersetzung mit den sechs zentralen Herausforderungen der sogenannten »Wiener Erklärung zur Ökonomisierung und Fachlichkeit in der sozialen Arbeit« (von Bakic, Diebäcker, Hammer am 4.6.2007), weil sie das Dilemma der Kritik an der Ökonomie deutlich machen: Wenngleich aus Platzgründen eine solche unterbleiben muss, sei ein daran anknüpfender Gedanke an dieser Stelle erlaubt: Den in der Erklärung geforderten »Vorrang für inhaltlich-fachliche Ansprüche vor ökonomischen Rationalitäten« kann man nur dann für richtig halten, wenn auch Möglichkeiten und Wege gezeigt werden, welche die Finanzierung dieser Ansprüche sichern. Inhaltlich kann man vielen Thesen zustimmen, einschließlich der Kritik an der Ökonomisierung. Was der Erklärung hingegen mangelt, ist das, worum wir uns hier bemühen: ein Verständnis von Ökonomie und eine daraus folgende Verhältnisbestimmung zur sozialen und therapeutischen Arbeit, das die Spannung zwischen beiden Feldern nicht aufhebt, aber kompatibel macht.

Subjektive Faktoren
Es sind Vorurteile und Distanz, also mangelnde Begegnung aus Angst, welche die Kooperation zwischen beiden Subsystemen erschweren. Es gibt eine Reihe möglicher Erklärungen für das Fortbestehen dieser vor allem emotional verursachten Hindernisse und Hürden. In der Trivialität des Alltags lautet das Vorurteil des Ökonomen: » Die Sozialen quatschen viel und tun nichts; sie sind unorganisiert und weltfremd; man braucht sie für das, was man nicht vermarkten kann.« Die Antwort der Helfer: » Bei denen geht es nur ums Geld; Menschen werden geopfert; sie machen nicht einmal vor Korruption und Ausbeutung halt; mit denen will ich lieber nichts zu tun haben.« Nur wenig differenzierter lassen sich die gegenseitigen Vorurteile in Zuschreibungen wiederfinden, die den einen als eher nüchternen, kalten, machtorientierten, vielleicht sogar zynischen Gewinnmaximierer charakterisieren und den anderen als zögerlichen, nicht wirklich lebenstüchtigen, eher gefühls- und traumseligen »Sozialfreak«.

Die Vorurteile beziehen sich auf die drei Bereiche Leistungsfähigkeit, Geld und Besitz, Führung und Macht. Einer auf messbare Leistung ausgerichteten Aktivität und Produktivität, welche die Konkurrenz sucht, steht eine eher rezeptive, Raum und Zeit gebende, ergebnisoffene Haltung und Einstellung gegenüber, die der Selbstfindung, Heilung und

Rehabilitation dient. Gewinn und Besitz werden Beziehung und Zuwendung gegenübergestellt; hierarchisch strukturierte Organisationen mit straffer Mitarbeiterführung stehen Arbeitsformen gegenüber, die dem Gespräch, der Gruppen- und Teamarbeit besonders großen Raum geben und die kollektive Entscheidung der individuellen Anweisung durch Autoritäten vorziehen.

Hier scheinen Spaltungsprozesse vor sich zu gehen, in denen die jeweils durch den anderen repräsentierten Wirklichkeiten und Anforderungen Angst auslösen und deshalb abgelehnt werden; gleichzeitig überhöht und idealisiert man die eigenen Einstellungen und Lebenshaltungen. Wenn solche Abwehrmechanismen am Werk sind, kommt ein aufklärender rationaler Diskurs kaum zustande. Man kann dann lange einen unnützen Streit darüber führen, ob es wichtiger ist, dass die Organisation funktioniert oder dass es den Mitarbeitern gut geht; welchen Stellenwert Führung und Autorität für die Zusammenarbeit besitzen; ob es besser ist zu kooperieren oder im Wettbewerb zu stehen, ob das Sorgen und Versorgen im Gegensatz zum Produzieren und Managen steht. Diese Spaltungsprozesse verhindern, dass

— Regression und Progression in ein angemessenes Verhältnis zueinander kommen (etwa gemäß dem im biblischen Schöpfungsbericht paradigmatisch benannten Verhältnis von Arbeit und Ruhen: Sechs Tage sollst Du arbeiten, am siebten aber sollst Du ruhen),
— sich Introspektion und Selbstreflexion mit Außengerichtetheit, Aktivität und Zielgerichtetheit paart,
— die Korrespondenz von Rationalität und Emotionalität zum Fundament für kreative und produktive Prozesse wird (und somit Raum für Einsteins Einsicht entsteht, nach der alles Wichtige intuitiv geschieht),
— sich Individualität und Solidarität bedingen,
— sich schließlich das Bewusstsein vom Unbewussten speisen lässt.

Diese Feststellungen haben zwar nur analysierenden Charakter, können uns aber weiterhelfen, wenn wir aktuelle Problemlagen in beiden Systemen verstehen und beheben wollen. Angst und Neid sind auf beiden Seiten diejenigen Faktoren, die es individuell, sozial und institutionell schwer machen, in die Begegnung, den Dialog und die am anderen interessierte Auseinandersetzung einzutreten. Die Angst vor der fremden Kultur kennen wir auch aus anderen gesellschaftlichen Bereichen: Unbekannte Werte, Normen, Handlungsmuster und Orientierungen beunruhigen und verunsichern, weil sie zu einer Infragestellung eigener Lebensentwürfe und Weltsichten führen. Die damit zusammenhängende Angst wird abgewehrt durch Abwertung des Fremden und durch Rückzug in die Idealisierung der eigenen Welt.

Ein Beispiel für die Schwierigkeiten des dritten Weges

Im Folgenden soll am Beispiel einer Klinik versucht werden, die Wirklichkeit und Anforderungen des vorgeschlagenen Modells in einigen Details zu illustrieren:

Angenommen, die Belegungszahlen sinken. Die Ursachen dafür sind nicht eindeutig zu bestimmen, und der Schluss liegt nahe, dass es sich eher um äußere durch gesellschaftliche Faktoren bedingte Ursachen handelt als um innere institutionelle Schwierigkeiten oder Defizite. Die Akquisitionsbemühungen der Leitungskräfte und Mitarbeiter sind sehr intensiv und vielfältig, aber nicht sonderlich erfolgreich. Als Konsequenz schlägt der Geschäftsführer die Festschreibung einer realistischen Belegungszahl vor, anstatt ständig irgendeiner imaginären Leistungsnorm hinterherzulaufen, die letztlich nicht erfüllt wird und daher keine zuverlässigen Planzahlen und Planungen zulässt. Die Umsetzung dieses Vorschlags bedeutet die Einleitung eines Konsolidierungsprozesses, der in Sachen Personaleinsatz, Personalkosten, Sachkosten, Investitionen und therapeutisches Angebot eine vorhersehbare kalkulierbare und vor allem steuerbare Ausgangssituation erbringen soll.

Lässt man sich auf diese Vorgabe ein, werden auf der Grundlage neuer Planzahlen (Belegungszahl) alle inhaltlichen und therapeutischen Prozesse auf den Prüfstand gestellt. Aufbau- und Ablaufstrukturen der Klinik stehen zur Disposition und sind zu überdenken und gegebenenfalls zu verändern; Rollen und Aufgaben der sozialarbeiterischen, therapeutischen und pflegerischen Mitarbeiter werden modifiziert oder sogar neu definiert. Konzept und Klinik werden damit zwar noch nicht auf den Kopf

gestellt, aber ein sogenannten Change Management ist auf allen Ebenen gefragt: hinsichtlich individuell-persönlicher Einstellungen und Haltungen ebenso wie hinsichtlich der Organisation intermediärer Arbeitsformen, des Führungsverhaltens, vor allem aber einer veränderten Verhältnisbestimmung und damit eines sich verändernden Umgangs im Zusammenspiel von Ökonomie und helfenden Professionen. Konkretisieren lässt sich dies etwa anhand der Fragen:
— Kann oder muss eine Arztstelle abgebaut werden – angesichts der aktuellen Tarifvereinbarungen mit dem Marburger-Bund, die neue finanzielle Anforderungen an die Personalkosten bringen? Kann diese Zusatzbelastung finanziert werden? Gibt es gegebenenfalls andere Wege zur Kompensation der Personalkostensteigerung? Können die therapeutischen Dienstleistungen weiterhin in der bisherigen Form erbracht werden? Welche neuen konzeptionellen Therapiekonzepte sind möglich?
— Können die drei Teambereiche mit jeweils drei therapeutischen Gruppen aufrechterhalten werden? Oder muss ein Team und damit auch eine(r) der drei Teamleiter/innen entfallen – die alle der Klinik eine große Kompetenz und langjährige Erfahrung zur Verfügung stellen? Werden gegebenenfalls andere Mitarbeiterstellen in Mitleidenschaft gezogen?
— Wie wird die Änderung der einzelnen Verantwortungsbereiche – einschließlich der Dienstpläne – von den Mitarbeitern akzeptiert werden?
— Welche Auswirkungen werden die Veränderungen auf die Identifikation der Mitarbeiter mit der Klinik und auf die Kultur der Klinik insgesamt haben?
— Wie wird sich die Belegungsnachfrage entwickeln? Wird der Ruf der Klinik durch die Veränderung leiden oder werden die Patientenzahlen wieder steigen?

Für den hier im Zentrum stehenden Zusammenhang von Ökonomie und helfenden Professionen ziehen die anstehenden Fragen der Klinik im Beispiel weitere Fragen nach sich:
— Wie gestalten sich die Problemlösungs- und Kooperationsprozesse zwischen Ökonomie und Therapie? Welche Wege der Konfliktbearbeitung werden gegangen?

— Wie dialogbereit zeigen sich beide Seiten? Wie werden die in diesen Prozessen unweigerlich entstehenden Affekte transparent, kanalisiert und bearbeitet?
— Wie begegnen sich Geschäftsführer und Chefarzt als Protagonisten des Veränderungsprozesses und gleichzeitig als Repräsentanten der unterschiedlichen Subsysteme?
— Wie werden individuelle und institutionelle Interessenslagen transparent und verhandelbar?

Anhand dreier exemplarischer Szenen möchte ich an dieser Stelle beispielhafte Probleme und neues, alternatives Interaktionsverhalten verdeutlichen:

1. Der Kaufmann »knickt« das neue Konzept
Das Leitungsteam der Klinik (Geschäftsführer, Chefarzt, Ärzte, Teamleitungen, Pflegeleitung) erarbeitet gemeinsam ein neues Konzept. Der Geschäftsführer ist von den Veränderungsideen der Verantwortlichen sehr angetan. Gegen Ende des Treffens bringt er die Frage nach einer finanziell noch nicht gesicherten Arztstelle ein. Eine Teamleiterin reagiert überrascht und erschrocken: »Wollen Sie nun das ganze Konzept wieder knicken?« Die berechtigte Frage des Geschäftsführers nach einer noch ungeklärten Finanzierung weckte bei der offenen und engagierten Teamleiterin das alte Misstrauen gegenüber dem Geschäftsführer, das sofort bis zur grundlegenden Infragestellung der gemeinsamen Arbeit und der Akzeptanz des neuen Konzeptes eskalierte. Der Wert der gemeinsam geleisteten Arbeit kann die Ressentiments gegenüber der Geschäftsführung nicht kompensieren. Ohne eine reflektierende Aufarbeitung dieser Szene mithilfe eines Dritten (z.B. eines Supervisors) hätte der Rückfall in das alte Freund-Feind-Schema nahegelegen.

2. Das Recht, Vorschläge »abzubügeln«
Über die Finanzierung der kostenaufwendigen Reparatur eines Kneipp-Beckens, das von Patienten und Therapeuten sehr geschätzt wird, entsteht ein Konflikt zwischen dem Geschäftsführer und den Ärzten. Fehlende

gegenseitige Informationen, mangelnde Wertschätzung und Kooperationsbereitschaft werden wechselseitig beklagt. Der Arzt gesteht dem Geschäftsführer durchaus zu, seine Vorschläge »abzubügeln«, wenn er diese ausreichend geprüft habe und sich objektiv keine Lösungen anbieten. Dies tue er gegenwärtig jedoch nicht. Das wechselseitige Recht (und die Formulierung), »abzubügeln« bzw. »abgebügelt zu werden«, offenbart ein Interaktionsmuster, das von Aggression und Unterwerfung, Macht- und Ohnmachtsgefühlen beherrscht ist. In der Vergangenheit war es schon mehrfach zu gegenseitigen Kränkungen gekommen, die das Kneipp-Becken nun als neuen Austragungsort des bekannten Geschäftsführer-Therapeuten-Konflikts benutzten. Arzt: »Was ist denn nun wichtiger: der Profit der Klinik oder die Gesundheit der Patienten?« - Geschäftsführer: »Ich halte das Kneipp-Becken auch für wichtig, aber ich habe kein Geld«. Die Ärzte ziehen sich beleidigt zurück, da sie sich vom Geschäftsführer »entwertet« fühlen; sie kündigen innerlich die Kooperation auf und versuchen, ihre Interessen auf eigene Faust so gut wie möglich durchzusetzen. Eigentlich geht es um fehlende gegenseitige Anerkennung und das damit zusammenhängende permanente Misstrauen, dass der jeweils andere die eigene Arbeit nicht genügend schätzt: Die Folge: Die Auseinandersetzung perpetuiert sich in ähnlicher Form, kostet immer mehr Energie und bleibt ohne Ergebnis.

Nach Bearbeitung dieses Konflikts als Symptom der fehlenden gegenseitigen Wertschätzung wurden in der Supervision Überlegungen dazu entwickelt, wie man eine Reparatur des Kneipp-Beckens mittelfristig doch noch ermöglichen könnte. Diese Wende wäre den Beteiligten gewiss nicht möglich gewesen, wenn nicht durch die zuvor erfahrene und erlebte gelungene Kooperation zwischen Geschäftsführung und Therapeuten ein Gefühl der Gegenseitigkeit und Akzeptanz entstanden wäre.

3. Beide lassen sich gegenseitig »im Regen« stehen

Der Geschäftsführer interveniert beim Vorstand, da der Chefarzt seiner Ansicht nach nicht das nötige Engagement aufbringt, die Belegungskrise der Klinik zu lösen. Der Chefarzt fühlt sich hintergangen, da der Geschäftsführer zuvor die Bereitschaft, mit ihm gemeinsam an einem neuen Konzept zu arbeiten, bekundet hatte. Daraufhin stellt sich die Frage, ob die professionelle »Ehe« nochmals gekittet werden kann. In der Bearbeitung des Konflikts in der Supervision zeigt sich, dass zwischen den Protagonisten des ökonomischen und therapeutischen Managements im Laufe der Jahre abwechselnd und wiederholt das Gefühl entstand: »Der andere lässt mich wieder einmal im Regen stehen.« Statt die Ursache für diese Beziehungsstörung in den persönlichen Eigenarten zu suchen, gilt unsere hier vorgeschlagene systemische Perspektive den strukturellen und systemischen Kontexten, die solche Interaktionsmuster hervorbringen.

Dies ist im dargestellten Fall von besonderer empirischer Aussagekraft, da der gegenwärtige bereits der dritte Geschäftsführer ist, der sich im Laufe der Jahre in diese Suchtklinik sozialisieren musste. Für die Geschäftsführer bedeutete dies stets, sich als Kaufmann und Betriebswirt in einem psychotherapeutischen Kontext zurechtzufinden und damit
— Patienten zu begegnen, deren Verhalten verunsichert, wenn nicht gar ängstigt; sich mit den eigenen Emotionen und Affekten auseinandersetzen zu müssen, ohne die Kunst der Selbstreflexion geübt zu haben;
— Therapeuten zu begegnen, deren Sprache und Verhalten, Einstellungen und Entscheidungsmuster sich nicht nur in professionellen Kontexten von denen eines Kaufmanns maßgeblich unterscheiden;
— einer institutionellen therapeutischen Kultur zu begegnen, die rational nicht auf Anhieb verstehbar, emotional schwer nachzuvollziehen und in der weitere professionelle Artgenossen kaum zu finden sind;
— die institutionelle Sandwich-Position zwischen dem beauftragenden und fordernden Vorstand der Klinik und dem mit anspruchsvollen Erwartungen besetzten therapeutischen System in isolierter und solidaritätsarmer Rolle aushalten zu müssen.

Für den Chefarzt bedeutet die Kooperation mit dem Geschäftsführer, der ihm zwar nicht vorgesetzt ist, ohne dessen Bereitschaft zur Zusammenarbeit aber die gemeinsame Leitung der Klinik nicht denkbar ist, eine Reihe von Perspektivenwechsel zu vollziehen:
— Er verabschiedet sich von seinem in der ärztlichen Sozialisation erlernten Muster der strikten hierarchischen Über- und Unterordnung; er

muss sich mit einem Kaufmann, der von Therapie nur bedingt etwas versteht, verständigen und auf gleicher Augenhöhe kooperieren. Er darf den »Heimvorteil« des therapeutischen Spielfelds, das sich in der häufig auf fragwürdige Weise herangezogenen ärztlichen Letztverantwortung konkretisiert, nicht ausspielen und muss lernen und bereit sein, die ökonomischen und organisatorischen Kompetenzen eines Professionsfremden anzuerkennen und wertzuschätzen.

— Er vollzieht einen Spagat zwischen der therapeutischen Kultur und den ökonomischen und organisatorischen Anforderungen der Klinik; die Spannung zwischen den Subsystemen kann nicht geleugnet werden; die damit verbundene Rollenambiguität muss ausgehalten, balanciert und gesteuert werden – und darf nicht als Defizit und Fehlentwicklung der einen oder anderen Seite interpretiert werden.

— Er begründet und übt seine ärztliche Managementfunktion nicht nur in der therapeutischen Arbeit aus, sondern zugleich in der Führung einer Organisation. »Halten Sie mir den organisatorischen Kram vom Hals, ich bin zum Heilen beauftragt« – diese Haltung kennzeichnete die traditionelle Einstellung von Ärzten; im modernen Klinikmanagement aber ist sie nicht länger haltbar. Gleichzeitig treten der notwendigen Umdefinition ärztlicher Managementrollen und der damit verbundenen neuen Sozialisierungen erhebliche berufsständische Widerstände entgegen.

— Gegenwärtig scheint mir die pragmatische Lösung einer wechsel- und gegenseitigen Sozialisierung beider Rollenträger vor Ort – beide lernen, ohne Angst vor Anerkennungs- und Machtverlust voneinander – der beste Einstieg zur Veränderung des Verhältnisses und der Verhältnisse zu sein. Wirksamkeit, Zugehörigkeit und Anerkennung als zentrale Faktoren institutioneller Identität dürfen gegenseitig nicht grundlos infrage gestellt werden. Dem therapeutischen Management kommt dabei – wegen des genannten Heimvorteils eine besondere Verantwortung zu.

Dieser professionelle Sozialisationsprozess wird nicht schematisch und programmierbar, konfliktfrei und mühelos, ohne Irritationen und Frustrationen (vgl. oben) verlaufen. Er bedeutet Beziehungsarbeit in Rollen, geht gelegentlich an die Grenzen der persönlichen Möglichkeiten, wird aber im Falle seines Gelingens mit einem Kooperations- und Synergiegewinn belohnt, der sich ökonomisch wie therapeutisch bezahlt macht.

Zusammenfassung

Abschließend möchte ich die aus der Reflexion meiner Beratungsarbeit gewonnenen und hier dargestellten Überlegungen in Form von wenigen Thesen zusammenfassen; sie sollen dazu dienen, den Diskurs über das unaufgeklärte Verhältnis zwischen der Ökonomie und den helfenden Berufen in Gang zu halten. Der Fragebogen im Anhang versteht sich als Einladung an den Praktiker, die ökonomischen Realitäten in seiner Organisation in den Blick zu nehmen und darüber in das Gespräch zwischen Kaufleuten, Geschäftsführern, Angestellten der Finanzabteilung und Therapeuten, Sozialarbeitern, Erziehern und Seelsorgern einzutreten.

1. Angesichts der Ökonomisierung aller Lebensbereiche wird es zunehmend schwerer den Ökonomen vorurteilsfrei und emotionslos zu begegnen, gleichzeitig wird die Macht der Ökonomie nur dadurch kontrolliert und begrenzt werden können, dass die Helfer den Ökonomen beggnen und sich mit ihnen auch identifizieren können.
2. Die Kultur der helfenden und heilenden Systeme unterscheiden sich in wesentlichen Punkten von den auf wirtschaftlichen Gewinn ausgerichteten Systemen – z.B. durch die Einstellung zu Wettbewerb und Leistung, zum Geld, zur hierarchischen Struktur der Organisation sowie zur Kontrolle.
3. Auf der interaktiven Ebene erzeugen diese Unterschiede wechselseitig Vorurteile, Misstrauen und Abwertungen. Umso wichtiger ist es, die gegenseitige Verständigung zu fördern und zu praktizieren.
4. Der Widerstand gegen ökonomisches Denken auf der einen und therapeutisches Handeln auf der anderen Seite konfiguriert sich in dreierlei Form:
   – Die Angst vor dem Verlust von Anerkennung, Zugehörigkeit und Wirksamkeit ist auf beiden Seiten vorhanden.
   – Angst vor Spannung und Konflikt: Die Unterschiede zwischen dem

eigenen Erleben, Fühlen und Handeln als professioneller Helfer und den ökonomischen Handlungslogiken werden nicht wahrgenommen bzw. geleugnet und die Unsicherheit, die durch das therapeutische Feld beim Ökonomen erzeugt wird, muss relativiert werden.

- Hierarchiespiele: Durch die Veränderung von Zuständigkeiten und Kompetenzen, von Unter- und Überordnungen – also von Macht und Kontrolle – erhofft man sich die Lösung eines Problems, das nur interaktiv und in gegenseitiger Wertschätzung zu bearbeiten ist.

5. Die Larmoyanz des Helferpersonals und die Arroganz der Ökonomen bedingen sich gegenseitig und wirken wechselseitig. Beide beruhen auf der gleichen *Angst vor Macht- oder Akzeptanzverlust* innerhalb der Organisation.
6. Die Folge sind nicht gegenseitiges Verstehen oder Streit, sondern eine *Nivellierung der Gegensätzlichkeiten* und ein Verdrängen der Konflikte.
7. Gelingt es, die *affektiv-emotionalen Vorbehalte*, Verunsicherungen, Ängste, Frustrationen und Aggressionen zur Sprache zu bringen, eröffnet sich ein neuer Raum für die Überprüfung der Wirklichkeit – die sach- und fachgerechte Abwägung beider Wertewelten – und ein produktiver Diskurs.
8. Dabei werden *Schamgefühle* sichtbar, die bei einer Relativierung rigider moralischer Ansprüche und Überforderungen den Blick auf die wirklichen Bedürfnisstrukturen freigeben.
9. Erst dann wird es möglich, die *Logik des Helfens und die Logik des Wirtschaftens* zu gegenseitiger Annäherung zu bringen, um sich entweder, im Falle unvereinbarer Werte, je nach Situation zwischen den Gegensätzen zu entscheiden oder die Integration unterschiedlicher Interessen und Bewertungen zu versuchen – oder drittens neue, konstruktivere als die traditionellen Lösungen zu finden.
10. Hilfreich kann dabei der Blick auf das Dritte – die Organisation mit ihren Zielen und Aufgaben und vor allem Klienten und ihre Probleme – sein. Die gelingende »Triangulierung« kann sich aus meiner Sicht in zahlreichen Fällen als ein zwar nicht leicht herzustellendes, aber wirksames Konfliktlösungsmodell in den Wertschöpfungsprozessen bei knappen Ressourcen erweisen.

Der Umfang und die Intensität wechselseitiger Vorurteile scheinen gegenwärtig weitaus größer zu sein als die Bereitschaft, sich unter Beibehaltung der eigenen Position und in der Wertschätzung des anderen mit dem Ziel auseinanderzusetzen, die Integration zwischen professionellen Möglichkeiten und institutionellen Begrenzungen, zwischen ökonomischen Ressourcen und professionellen Standards, zwischen Organisationslogik und Therapeutenlogik anzusteuern.

Anhang

Aspekte zur Reflexion der ökonomischen Dimension in der Organisation
— Welche Wertschöpfungen bringt Ihre Einrichtung? Wie lässt sich die jeweilige Wertschöpfung in Zahlen ausdrücken? Was kostet diese Wertschöpfung?
— Gibt es in Ihrer Einrichtung ein Forum, in dem Ökonomen und Angehörige helfender Professionen regelmäßig (auch außerhalb der Krise) zusammensitzen und über den Haushaltsplan und die monatlichen Ist-/Sollwerte ebenso wie über die fachliche Qualität und über Innovationen reden?
— Ist in Ihrer Organisation ein Angehöriger einer helfenden Profession in der Lage, die Zahlen des Kaufmanns zu kontrollieren? Wenn nein – warum nicht?
— Wie lassen sich die Inhalte Ihrer fachlichen Diskurse in Zahlen ausdrücken?
— Welche Konflikte verstecken sich hinter sinkenden Einnahmen oder steigenden Kosten?
— Gibt es in Ihrer Einrichtung wirtschaftlich ungenutzte Potenziale?
— Haben Sie Vorschläge, wie Sie in Ihrer Einrichtung zu zusätzlichen Einnahmen kommen können, ohne Ihre fachliche Qualität zu reduzieren?
— Was hindert die Angehörigen helfender Professionen in Ihrer Einrich-

tung/Organisation daran, wirtschaftlich zu denken? Was macht es den Ökonomen schwer, in psychosozialen Kategorien zu denken?
— Übernehmen Sie die Rolle des Kaufmanns in Ihrer Organisation – und entwerfen Sie einen Haushaltsplan! Worin unterscheidet sich Ihr Haushaltsplan von dem des professionellen Ökonomen?
— Wie und wo finden in Ihrer Einrichtung die nicht zu umgehenden Auseinandersetzungen zwischen der Organisation (z.B. Ökonomie) und der helfenden Profession(en) statt?

Vera Blank

Zuviel ist zuviel

Grenzen der Organisationsveränderung, ihre Folgen und ein Lösungsansatz

> Das einzig Beständige ist der Wandel.
> (Friedrich Engels, marxistischer Philosoph und Politiker, 1820–1895)

Veränderung war und ist seit Alters her ein Teil des Lebens. Doch in welche Richtung verändern sich Organisationen in unserer Zeit? Ein kurzer Blick auf die Debatten zeigt, welche typischen Veränderungsrichtungen in der Wirtschaft gegenwärtig dominieren:

Veränderungen – ein Hin und Her von Pendelbewegungen ...

- Globaler versus (vs.) lokaler Player
- Kerngeschäft versus Diversifikation
- Übernahmen und Fusionen versus Konzernaufspaltungen
- Out- versus Insourcing (Multisourcing)
- Zentralisierung versus Dezentralisierung
- Kapitalisierung und Rendite versus Humankapital
- Ergebnis- versus Menschenorientierung

Und stets folgen diese Veränderungsthemen einer Pendelbewegung: Wir entwickeln uns vom lokalen zum globalen Player, wir zentralisieren – und dezentralisieren wieder. Getrieben durch »Shareholder Value« und Analystenbewertungen schlägt das Pendel von der Menschenorientierung in den 1980er-Jahren hin zur (nahezu) ausschließlichen Ergebnis- und Renditeorientierung in jüngerer Zeit.

Betrachten wir die heutige Veränderungsdynamik und ihre Folgen auf das Individuum und die Organisation, so lassen sich Dilemmata und Paradoxien der Veränderungsarbeit erkennen – und zugleich, mit welch schwierigen Situationen Führungskräfte in Organisationen und Unternehmen in solchen Prozessen konfrontiert sind.

Nach einigen grundlegenden Überlegungen zum Thema möchte ich im Folgenden an einem Beispiel aus meiner Beratungspraxis einen Weg aufzeigen, der Führungskräfte dazu befähigt, tief greifenden Wandel im Denken und Handeln der Mitarbeiter zu unterstützen und organisationales Lernen hin zur veränderungskompetenten Organisation nachhaltig zu gestalten.

Dass komplexe Veränderungsprozesse zudem eine angemessene Art der methodischen Steuerung benötigen, die der Unternehmensleitung ermöglicht, Probleme im Multiprojektmanagement frühzeitig zu erkennen und Gegenmaßnahmen zu ergreifen, habe ich bereits andernorts ausführlich beschrieben (siehe Literaturangaben im Anhang).

1. Die Ausgangssituation

Im Folgenden sind zentrale Thesen zur heutigen Situation in Unternehmen zusammengestellt, die sich in zahlreichen Veröffentlichungen sowie in wissenschaftlichen Diskursen und öffentlichen Debatten an verschiedenen Stellen wiederfinden:

Veränderungen sind unvermeidlich und notwendig.
Sie sind zur Anpassung an die Umwelt- und Marktgegebenheiten nötig, und Häufigkeit und Ausmaß nehmen – verbunden mit der Globalisierung, der zunehmenden Bedeutung der Kapitalmärkte und der damit verbundenen Steigerung der Komplexität – permanent zu.

Unternehmen erhöhen die Veränderungsgeschwindigkeit und -komplexität ...
... und reagieren so auf die steigende Anpassungsnotwendigkeit nicht nur

nicht genau benennen und warten ab, ob sich ihr Gefühl bestätigt; anderen wird klar, dass die Lösung dieser Unklarheiten und Konflikte auf ihre Schultern »abgewälzt« wurde. Sie ahnen, dass die Ziele dieser Projekte kaum zeitgleich erreichbar sein werden, da sie zum Teil gegenläufig oder zumindest nicht aufeinander abgestimmt sind.

2. Typische Dilemmata

Aus Widersprüchen und der Diskussion um die »Richtigkeit« des Wandels entstehen die Dilemmata der heutigen Organisationstransformation. Wir erkennen einen zentralen Widerspruch zwischen einem ausgeprägten *Steuerungs- und Veränderungsoptimismus* im Hinblick auf den intendierten radikalen Wandel einerseits und der *sozialen Komplexität von Unternehmen* andererseits. Die »Machbarkeitsillusion« solchen Organisationswandels wird vielfach genährt durch die klassische Managementberatung, nach der Veränderungsvorhaben auf einen »Willensakt, eine Korrekturmaßnahme, die auf der Basis von objektivierbaren Analysen durchgeführt werden kann« reduziert werden.

Dieser Widerspruch findet seinen Ausdruck u.a. in folgenden Schwierigkeiten:

Die *Rolle des Managements* wird auf der einen Seite als zentraler Akteur und Träger der Organisationsveränderung hervorgehoben, auf der anderen Seite bedarf es oft selbst der Veränderung, um Prozesse zur Veränderung erfolgreich gestalten zu können. Die *zentralen Akteure* radikalen Wandels sind – ob sie sich dies zu eigen machen oder nicht – selbst *Teil des Transformationsprozesses*. Zudem bildet sich häufig ein Spalt im Management zwischen den Treibern des Wandels, dem Top-Management und den Durchführenden des Wandels, dem mittleren Management. Ohne Auflösung dieses Konflikts werden sich jedoch keine weiteren Veränderungsschritte wirksam umsetzen lassen.

Unterschiedliche Ansprüche an die *Zielkriterien* des Wandels bergen weitere potenzielle Dilemmata. Demnach sollte ein radikaler Organisationswandel möglichst weitgehend den Kriterien der *Schnelligkeit*, der *Fundamentalität*, der *Bestandserhaltung* bzw. Überlebensfähigkeit und der *Richtigkeit des Wandels* gleichermaßen entsprechen.

mit einzelnen Vorhaben, sondern starten umfassende Veränderungsprogramme. Verschiedene Projekte lösen unterschiedliche Veränderungen aus. Doch diese Programme zeigen selten den gewünschten Erfolg: Ziele und Orientierung gehen auf dem Weg verloren und die einzelnen Projekte gehen ins Experimentierstadium über. Es werden zu viele Veränderungen gestartet, und laufen diese zudem zeitgleich, kommt es häufig zur Überforderung der Organisation. Symptome dieser Überforderung sind operative Hektik, »Dienst nach Vorschrift« bei den Mitarbeitern, Burn-out-Syndrome in der Führungsmannschaft und damit eine insgesamt sinkende Performance – etwas, das gerade durch die angestrebten Projektziele verbessert werden sollte. So entsteht ein Teufelskreis, aus dem sich manche Unternehmen und ihre Mitarbeiter nur langsam erholen. Lösungsversuche beinhalten häufig »mehr desselben« statt Systematik und neue Wege.

Die Verunsicherung im Unternehmen steigt.
Viele Versuche experimenteller und nicht geglückter Veränderungen zeigen keinen oder wenig Erfolg. Die Gründe zur Veränderung sowie ihr Sinn bleiben den betroffenen Personen verschlossen. Soll ein Nutzen unter dem Aspekt des Shareholder Value möglichst schnell sichtbar werden, laufen viele Projekte gleichzeitig und unter höchster Priorität. Der Strategiebezug solcher Vorhaben bleibt in seiner Gesamtzielsetzung oft unklar – und nicht zuletzt Führungskräfte wundern sich, weshalb manche Vorhaben gestartet und andere wieder gestoppt werden. Der Effekt: Orientierungslosigkeit, Unsicherheit und Sinnverlust – bei gleichzeitiger Erhöhung von Anstrengung und Tempo.

Das Management bleibt außen vor und ist überfordert.
Seine Mitglieder sind nicht nur Veranlasser der Veränderungen, sondern selbst Beteiligte und Betroffene auf den unterschiedlichen Ebenen der innerbetrieblichen Hierarchie. Widersprüchliche und wechselnde Anforderungen und Ausrichtungen der Zielkorridore überfordern grundsätzlich. Schon bald fehlt es an Orientierung, und spätestens in der realen Planung und Durchführung der unterschiedlichen Projekte entwickelt sich ein »ungutes Gefühl«. Manche Führungskräfte können die Problematik noch

Hier widersprechen sich aber bereits die Kriterien »Schnelligkeit« und »Fundamentalität«: Wird ein fundamentaler Wandel angestrebt, so ist das heute nach allen Regeln der Kunst nicht mal eben »schnell« getan! Dagegen vertragen sich die Aspekete »Schnelligkeit« und »Überlebensfähigkeit« durchaus miteinander – sie sichern jedoch nicht zwingend den langfristigen Erfolg eines fundamentalen Wandels bzw. stellen die »Richtigkeit« infrage.

Der Anspruch an Erfolg und Schnelligkeit führt häufig dazu, dass bei auftretenden Schwierigkeiten weitere Projekte zur »Lösung« aufgesetzt oder Probleme personalisiert werden und daraufhin die Leitung ausgewechselt wird. Der Druck verhindert, Zeit und Ressourcen in die Analyse der Gründe des Misserfolgs zu investieren. Damit wird das Gegenteil von erfolgreichen und ressourcenschonenden Lösungen erreicht.

Die Kompetenz zur Selbststeuerung gerät zum Konfliktpotenzial, wenn Veränderungsansprüche an Führungskräfte und Mitarbeiter nicht eindeutig definiert sind. Gerade engagierte Mitarbeiter suchen in stürmischen Zeiten Sicherheit und Orientierung und kreieren ihren eigenen Stil, in dem sie Sinn und Loyalitätsverhalten »für die Sache« eigenständig definieren.

3. Wirkungen – oder: Viel nutzt nicht viel

Komplexe Veränderungsprozesse werden wie ein Breitbandantibiotikum eingesetzt, das allen Ansprüchen und Zielen gerecht werden soll. Als sei es eine akute Krise – wie im Krankheitsfall – wird damit auf alles oder möglichst vieles eingewirkt. Doch befragt niemand einen Arzt oder Apotheker nach den Nebenwirkungen. Denn bei einer solchen Vorgehensweise ergeben sich unerwünschte Nebenwirkungen zuhauf, und das Ergebnis ist nicht selten eine gelähmte, überforderte Organisation.

Im Folgenden seien anhand von zwei Beispielen einige Wechselwirkungen mit solch unerwünschten Nebenwirkungen und aus der Not geborenen »Lösungen« genannt:
— Ein Unternehmen gibt sich eine neue, zukunftsorientierte Struktur. Konkurrierende Ziele führen dazu, dass nach der Umstrukturierung die neuen Prozesse nicht mehr zur bestehenden Informationstechno-

logie passen. Die Macht der hausinternen IT-Abteilung sorgt dafür, dass am Ende mehr »Work-Arounds« und organisatorische Krücken bestehen als zuvor und der Nutzen der Umstrukturierung infrage gestellt wird.
— Die benötigten Ressourcen, um das Projekt termingerecht zu beenden, reichen nicht aus; daher werden Arbeitslasten umverteilt. Überforderung und Überlastung der Mitarbeiter führen dazu, dass die Zahl der Überstunden wächst und die Gesamtperformance sinkt. Dauert dieser Zustand lange genug an, erhöhen sich die Krankenstände. Der Versuch, diese Situation mit Motivationsveranstaltungen, Mitarbeitergesprächen oder gar mit Druck auf die Mitarbeiter (»Wir wollen mit diesem Projekt Euren Arbeitsplatz erhalten«) in den Griff zu bekommen, scheitert langfristig. Zudem sorgen solche Erfahrungen aufseiten der Mitarbeiter selten für ein gesteigertes Engagement beim nächsten Projekt.

Der viel zitierte Ansatz der Veränderungstaktik »Auftauen – Verändern – wieder Einfrieren« suggeriert, Veränderungsmanagement sei so einfach wie der Umgang mit Tiefkühlkost. Nur: Ein Eisberg lässt sich nicht durch soziale Kälte auftauen ... Und es gibt keine »Turbo-Auftau-Rezepte«, obgleich das Erzeugen von Existenzangst oft für ein solches gehalten wird. Und nicht zuletzt: Ist eine eingefrorene Organisation als Ausgangspunkt für weitere Veränderungen denn eine erstrebenswerte Wunschvorstellung?

Sehen sich Führungskräfte und Mitarbeiter mit solchen Situationen längerfristig konfrontiert, so verhalten sie sich in der Regel system-konform: Sie kündigen innerlich – oder wie die Gallup-Studie aus dem Jahr 2004 es ausdrückte: Sie werden »passiv oder aktiv unengagiert«, nicht zuletzt werden sie krank (Gallup 2004).

Nachfolgend eine Zusammenstellung der (Neben-)Wirkungen des »Zuviel and Projekten«, der resultierenden Symptome und typischer Lösungsversuche, die zum langfristigen Scheitern bestimmt sind (sog. »Fixes that fail«):

Grenzen von Organistionsveränderungen

Folgen in durch Veränderungsprojekten überforderten Organisationen

Nebenwirkungen / Folgen	Symptome	Fixes that fail (langfristig)
Konkurrierende Ziele	Nach einer Umstrukturierung passen die neuen Prozesse nicht mehr zur IT	Work arounds und organisatorische Krücken (da IT „gewinnt")
Überlastung der Organisation	Ressourcenengpässe: zu wenig Zeit, Personal...	Berater, externe Dienstleister, Urlaubssperre
Ressourcenkampf in der Linie	Mitwirkungsaufgaben werden nicht termingerecht fertig Konflikte auf Führungsebene aufgrund individueller Interpretation der Prioritäten	Boni Coaching Zeitmanagementseminare
Überforderung / Überlastung der Mitarbeiter durch Personalreduzierung Arbeitslasten werden umverteilt	Überstunden, Mehrarbeit, Qualität und Performance leiden Krankenstände erhöhen sich	Motivationsveranstaltungen Mitarbeitergespräche Druck (Arbeitsplatz)
Überlastung der Key Player (auch: Multiplikatoren, Key User oder Power User) Performance Loss	Burn-out-Syndrom Krankheitsstand Ungenügend geschultes / betreutes Personal Arbeitsrückstände	Aussichten auf Beförderung evtl. Leistungsboni „an der Ehre packen" Beschäftigung von Aushilfen

(aus: Blank 2005)

4. Auswege

Gesundheit und Engagement von Mitarbeitern

Was hält Mitarbeiter in Unternehmen gesund und aktiv engagiert?

Hier sind an erster Stelle Arbeitsfreude, Arbeitszufriedenheit und das daraus resultierende Selbstvertrauen zu nennen. Diese Gesundheitsfaktoren sind beeinflussbar durch Führung[1]; zudem sind sie messbar und haben direkten Einfluss auf wirtschaftliche Faktoren wie Umsatz, Kosten, Qualität und Leistungskennzahlen.

Was steuert einer krankmachenden Veränderung entgegen?

Wesentliche gesundheitsfördernde Elemente für die Arbeitszufriedenheit und Steigerung des Selbstvertrauens bei Mitarbeitern sind potenziell

---

[1] Vgl. z.B. die Publikationen der BGF – Gesellschaft für Betriebliche Gesundheitsförderung mbH, Berlin, unter www.bgf-berlin.de, hier vor allem die Studie »Die Rolle der Führung im Betrieblichen Gesundheitsmanagement« von G. Westermayer, 2006.

durch Führung beeinflussbar. Ihnen stehen die durch Überlastung und Angst beeinflussten Gefährdungen bei negativ empfundenen Veränderungen (auch solchen, die sinnlos erscheinen) gegenüber.

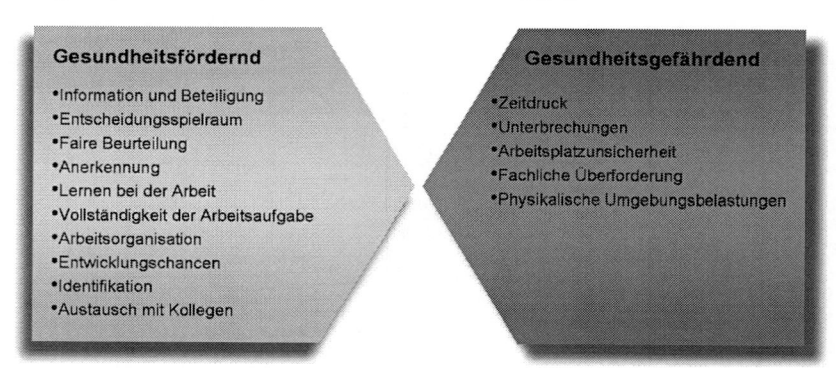

Gesundheitsfördernd
- Information und Beteiligung
- Entscheidungsspielraum
- Faire Beurteilung
- Anerkennung
- Lernen bei der Arbeit
- Vollständigkeit der Arbeitsaufgabe
- Arbeitsorganisation
- Entwicklungschancen
- Identifikation
- Austausch mit Kollegen

Gesundheitsgefährdend
- Zeitdruck
- Unterbrechungen
- Arbeitsplatzunsicherheit
- Fachliche Überforderung
- Physikalische Umgebungsbelastungen

Arbeitszufriedenheit und Selbstvertrauen bei Mitarbeitern wird durch Vertrauensaufbau und gutes Führungsverhalten gesteigert; Überlastungsgefühle und Angst werden durch subjektiv empfundene oder objektive Bedrohungen seitens des Umfeldes erzeugt. Wenn Mitarbeiter den dadurch entstehenden Stress nicht bewältigen (können), entstehen typische Symptome einer krankmachenden Situation: Mitarbeiter reagieren mit Gereiztheit, Erschöpfung und körperlichen (psychosomatischen) Beschwerden. Oft sind es dann die »Besten« – die aktiv engagierten Mitarbeiter –, die dann das Unternehmen verlassen – oder unter einem Burnout-Syndrom leiden und ausfallen.

Mitarbeiterbindung und Loyalität auch in Krisenzeiten

Wie eingangs beschrieben, wird die Macht des »sozialen Gefüges« bei intendiertem Wandel häufig unterschätzt und nicht genügend berücksichtigt: Menschen wollen sich engagieren; sie wollen leisten und ihren Arbeitsvertrag (Leistung gegen Geld) erfüllen. Menschen wünschen sich soziale und emotionale Bindung und schließen neben dem Arbeitsvertrag eine Art »Loyalitätspakt«.

Die Loyalitätsbindung von engagierten Mitarbeitern entscheidet über den Erfolg von Reorganisationen oder »Downsizing«-Projekten. Wenn durch Veränderungen von Teams das Zugehörigkeitsgefühl der Mitarbeiter gestört wird oder durch Entlassungen beim »Downsizing« der Loyalitätspakt entschieden verletzt wird, so hat dies Folgen für Produktivität, Fluktuationsrate und somit für die Wettbewerbsfähigkeit und Leistung der Organisation.

Der Loyalitätspakt als impliziter Arbeitsvertrag enthält die *unausgesprochenen Erwartungen*, Wünsche und Hoffnungen von Arbeitgeber und Mitarbeitern. Diese ergänzen den formalen Arbeitsvertrag – und zwar gleichfalls unausgesprochen.

Emotionale Bindung an eine Organisation stellt sich durch die Identifikation mit den Zielen und den gelebten Werten eines Unternehmens ein. Es entsteht eine moralische Verpflichtung, auch in Krisenzeiten einem Unternehmen die Treue zu halten. So beobachten Mitarbeiter sehr genau und bewerten, ob und wie sich die organisationskulturellen Werte und Normen im täglichen Managementhandeln widerspiegeln.

Werteorientierung und Werterfüllung

Hier liegen weitere wesentliche Möglichkeiten der Einflussnahme durch Führung. Betrachten wir zum Beispiel zwei Werte, die in Veränderungsprozessen meist eine große Rolle spielen: Stabilität und Flexibilität. Handelt es sich hierbei um Gegensätze – oder müssen Menschen und Organisationen nicht vielmehr stabil und zugleich flexibel sein, um erfolgreich zu sein? Tatsächlich sorgen Stabilität in Beziehungen, Verlässlichkeit bezüglich organisationskultureller Werthaltungen für Vertrauen, Sicherheit und auch Wahrheit. Flexibilität aber wird benötigt für die Zieleinhaltung, den Umgang mit Märkten und Kunden, den Ressourceneinsatz, usw.

Ohne Stabilität ist keine gesunde Flexibilität möglich und umgekehrt; sie bedingen einander: Stabilität allein verkommt zu Rigidität; Flexibilität ohne Stabilität führt ins Chaos.

Die Maxime heißt daher: »Flexibilität *durch* Stabilität«. Stabilität sorgt für Zugehörigkeit, emotionale Bindung und stützt Werte wie Vertrauen, Verlässlichkeit, Sicherheit, Authentizität, Wahrheit usw. Ohne Stabilität hat eine echte, »solide« Flexibilität keine langfristige Chance. Flexibilität wird gebraucht in Bezug auf Ziele, Märkte und Kunden, Regionen, Dienstleistungen und Produkte, Technologie und Methoden, Know-how und Qualifikation, Ressourcen- und Zeiteinsatz.

In Changeprojekten geht es meist um einen Zugewinn von Flexibilität; Stabilität hingegen steht selten im Zentrum von Veränderungsprozessen, und schon gar nicht als Ziel.

Der Druck auf Führungskräfte des mittleren Managements in solchen Veränderungsprozessen ist enorm. Sie kämpfen als eine Art Transformationsagenten mit ihren eigenen Identifikationsproblemen, ob sie zu »denen da oben« oder zu »denen da unten gehören«. Ihr Alltag wird von zwei wesentlichen Dilemmata bestimmt: Als Führungskräfte sollen sie die neuen Vorhaben und Ziele in die Köpfe und Herzen der Mitarbeiter »implementieren«; gleichzeitig sollen sie sich selbst als erste verändern, wenn es um neue Grundhaltungen zu ihrem Geschäft geht.

Wie aber wird es Führungskräften möglich, in einem sich verändernden Umfeld die nötige Stabilität zu erzeugen, um am Ende des Tages, der Wochen, der Monate auch die Früchte der Veränderungsarbeit ernten zu können?

5. Aus der Beratungspraxis

Die Möglichkeiten der Beratung sollen im Folgenden anhand von Erfahrungen der Begleitung eines komplexen Veränderungsprojekts aufgezeigt werden:

Der Auftraggeber, Vorstand eines weltweit agierenden Unternehmens, hatte die Einführung einiger zentraler neuer Prozesse, begleitet von einer neuen Struktur beschlossen. Innerhalb des Managements wurde im Zuge dessen eine Management-Ebene gestrichen und einige Manager wurden ersetzt. Die Wahrnehmung (Diagnose) des Vorstandes bestand darin, dass das gesamte (mittlere) Management die Veränderungen weder ernst zu nehmen schien, noch sich im Unternehmen öffentlich dafür einsetzte. Dementsprechend wurde als Beratungsauftrag formuliert, »die Köpfe des gesamten (mittleren) Managements zu drehen« und so deren Loyalität und Engagement in dem Veränderungsprozess (zurück) zu gewinnen.

Zu Beginn des Beratungsprozesses wurden zur Analyse der Ausgangssituation die Führungsdilemmata herangezogen, wie sie der Wirtschaftstheoretiker Oswald Neuberger beschrieben hat:

Dilemmata der Führung nach O. Neuberger

• Selbstorientierung	• Gruppenorientierung
• HABEN – Belohnungsorientierung	• SEIN – Werteorientierung
• Zielorientierung	• Verfahrensorientierung
• Gleichbehandlung aller	• Eingehen auf den Einzelfall
• Distanz	• Nähe
• Mittel	• Zweck
• Fremdbestimmung	• Selbstbestimmung
• Spezialisierung	• Generalisierung
• Gesamtverantwortung	• Einzelverantwortung
• Bewahrung	• Veränderung
• Konkurrenz	• Kooperation
• Aktivierung	• Zurückhaltung
• Innenorientierung/Klarheit	• Außenorientierung

Die Bearbeitung und Auswertung ergab, dass im Management unter anderem folgende Dilemmata bestanden:

1. Das Dilemma zwischen Selbstorientierung: »Wo bleibe ich im neuen Spiel?« und der Gruppenorientierung »Wie spielen wir in der neuen Managementstruktur zusammen?«
2. Das Dilemma zwischen Belohnungsorientierung: »Meine Mitarbeiter fragen sich, was sie davon haben, wenn sie sich noch mehr engagieren!« und der Werteorientierung: »Was ist eigentlich nun wirklich WICHTIG? Worin und wofür engagieren wir uns?«
3. Die Ziel- und Verfahrensorientierung im Dilemma zwischen: »Wir müssen um x Prozent schneller werden« und: »Weshalb wird unser (eigentlich) einfaches Business jetzt so kompliziert gemacht?«

Die Situation wurde wie folgt kommentiert: »Wir beschäftigen uns nur noch mit uns selbst – allen voran der Vorstand –, statt uns um den Kunden und seine Bedürfnisse zu kümmern«: das klassische Dilemma zwischen

Innen- und Außenorientierung. Ebenso wurde folgende Frage gestellt – und sogleich beantwortet: »Wer ist hier eigentlich verantwortlich für die Veränderung? – Wir als Manager; erst einmal sollte aber der Vorstand mit gutem Beispiel vorangehen und Verantwortung übernehmen!«

Gesamt- versus Einzelverantwortung

Das Fazit aus dieser Analyse: Die Verantwortung für die intendierten Veränderungen muss vom *gesamten* Management übernommen werden – und zwar von den Vorständen bis ins mittlere Management hinein.

Das Vorgehen
Arbeit mit dem Vorstand:
Start in das Projekt war ein erster Workshop mit den Vorständen und ihrem engsten Steuerungskreis. Als Basis für die Struktur des Workshops diente das Prinzip der »logischen Ebenen« (nach Dilts 1990). So entstand der rote Faden für die Veranstaltung – mit sieben Stufen zur Verände-

rung (s. Abb. unten). Ziel war es, dem Management Gelegenheit zu geben, ihre eigene Rolle und ihren eigenen Veränderungsbedarf zu erkennen, konkret zu beschreiben und für sich selbst konkrete Handlungsmöglichkeiten abzuleiten. Dies war die Voraussetzung, um im Anschluss nachhaltige Veränderungen im Denken und Handeln der Mitarbeiter zu initiieren – gemäß dem Zitat: »You have to be the change you want to see in the world« (M. Ghandi).

Zu Beginn wurden die Anforderungen an das Unternehmen vonseiten des Vorstands und des Aufsichtsrats, vonseiten der Kunden, der Mitarbeiter und der Management-Kollegen gesammelt. Im Abgleich mit der bestehenden Situation wurde das Delta der Veränderung beschrieben: Welche Kluft im Denken und Handeln müssen wir überbrücken? – Wo müssen wir hin?

Auf Basis dieses Wissens erarbeitete das Management seine Mission für die Veränderung, aus der sich dann seine konkrete Rolle, die Werthaltungen und zuletzt das konkrete Handeln ableiten ließ.

Sieben Stufen der Veränderung

Mission in der Veränderung	Was ist unsere Mission?
Identität/ Rollen	Welche Rolle(n) nehmen wir ein, um dieser Mission zu folgen?
Werte und Glauben	Was ist uns wichtig? Was glauben wir?
Fähigkeiten	Welche Fähigkeiten setzen wir dazu ein?
Verhalten	Wie verhalten wir uns – konkret?
Umfeld	Was sind unsere Kernbotschaften an die Mitarbeiter? – Und was tun wir – konkret?

Nach diesem Auftakt-Workshop erlangten die Vorstandsmitglieder und der weitere Steuerungskreis Klarheit über die eigene Rolle sowie konkrete Handlungsorientierung. Es wurden Workshops für das gesamte Management weltweit nach dem gleichen Muster vereinbart. Jeweils ein Vorstandsmitglied nahm an allen diesen Workshops teil.

Umsetzung auf die verschiedenen Managementebenen:
Die Teilnehmer waren sich durchgängig einig: Der wichtigste Schritt – und Basis für verantwortungsbewusstes Handeln in der Veränderung – war die Arbeit an den Werten und Grundhaltungen, die diese Veränderung benötigt und möglich macht. Sie bilden die Grundlage für geschlossenes und zielführendes Handeln im Führungsalltag, um die notwendigen Werte für die Rolle des Managements auch bei den Mitarbeitern als (neue) Basis für deren Handeln zu initiieren. Es wurde zur Führungsaufgabe, werteorientiertes Handeln als Vorbild und Leitlinie in die Organisation zu tragen. Das Management hatte die höchste Hürde zu ihrer eigenen Veränderung genommen: Es erkannte, dass es nicht notwendig ist, lieb gewonnenes Verhalten vollkommen aufzugeben, um eine neue Qualität zu schaffen, sondern, dass es um das Ausbalancieren der Grundhaltungen hinter dem jeweiligen Verhalten geht.

Einige Werte, die in unserem Beispielunternehmen eine wichtige Rolle als Treiber der Veränderungen erarbeitet wurden, wurden anschließend in der Reihenfolge ihrer erarbeiteten Gewichtung beschrieben: Kommunikation, Vertrauen, Commitment, Mut, Disziplin, Leistung, Erfolg, Verantwortung, Spaß, Anerkennung, Fairness, Respekt vor dem Individuum, Wertschätzung usw.

Wie kann ein Managementteam diese Werte nachhaltig und stabil in das sich verändernde Unternehmen einführen? An dieser Stelle sei daran erinnert, dass Veränderungen oft einer Pendelbewegung von einem Pol zum anderen folgen. In der intendierten, gesteuerten Verhaltensänderung gilt es jedoch, diese Gefahr auszuschließen. Mitarbeiter schätzen es wenig, wenn die Anforderungen an ihr tägliches Arbeitsverhalten einem »heute noch so –morgen komplett entgegengesetzt« erfahren. Sie misstrauen solchen Ansagen – und dies mit Recht.

Als Beispiel möge hier der Umgang mit Informationen dienen: In einem Unternehmen, das bisher den Umgang mit Informationen mit

Machtausübung verbindet, wird die Aussage, ab jetzt werde für alle transparent und allumfassend kommuniziert, nicht wirklich ernst genommen. Eine radikale Veränderung von »Information-Hiding« hin zu totaler Kommunikation ist nicht realistisch – und zudem für das System eines Unternehmens auch nicht immer funktional und sinnvoll.

In den Workshops galt es, die oben genannten Werte konkreter zu betrachten und sie auszubalancieren, um sie im Anschluss in das tägliche Handeln wirkungsvoll zu integrieren. Mithilfe des Modells des Werte- und Entwicklungsquadrats von Friedemann Schulz-von-Thun gelang dies in den Gruppen nahezu spielerisch.

Ziel dieser Arbeit ist es, den blinden Fleck in den bestehenden und den gewünschten bzw. den erforderlichen Werthaltungen und damit in der Führungs- und Arbeitskultur des Unternehmens zu erkennen. Nur das bewusste Ausbalancieren der gelebten Werteorientierung bietet die Chance einer konkreten und nachhaltigen Veränderung.

Um dieses Ausbalancieren zu verdeutlichen, betrachten wir noch einmal die bereits genannten Grundwerte Stabilität und Flexibilität. Werden diese Werte als positive Grundhaltungen für eine Organisation in der Veränderung angenommen, so ist es Aufgabe der Führung, eine gewisse Stabilität zu bewahren und die Flexibilität hinzuzugewinnen, bzw. zu integrieren. Risiken werden auf diese Weise deutlich: Wenn die Schaffung von Flexibilität das einzige Streben in einem Veränderungsprozess ist, so besteht die Gefahr, dass die Organisation und die Menschen ihre Stabilität verlieren und dadurch in Betriebsamkeit versinken und ineffizient werden. Dieser Gefahr entgegenzusteuern, heißt, bewusst darauf zu achten, welche Art von Stabilität bewahrt werden muss, sollen die Veränderungen greifen. Es geht darum, den »blinden Fleck« im Veränderungsprozess zu verdeutlichen und bewusst zu integrieren.

Aus dem konkreten Projekt hier ein Beispiel für das Integrieren eines blinden Flecks: Zu Beginn des Veränderungsprozesses wurde an die Mitarbeiter die Anforderung kommuniziert, mehr Verantwortung, unternehmerische Kompetenz und mehr Mut zu Entscheidungen zu zeigen. Man beschwerte sich im Workshop, dass dieses doch großzügige Angebot von den Mitarbeitern nicht umgesetzt wurde. In der Diskussion um dieses

Werte-Wandel:

Entdecken Sie den blinden Fleck in der Veränderungsabsicht!

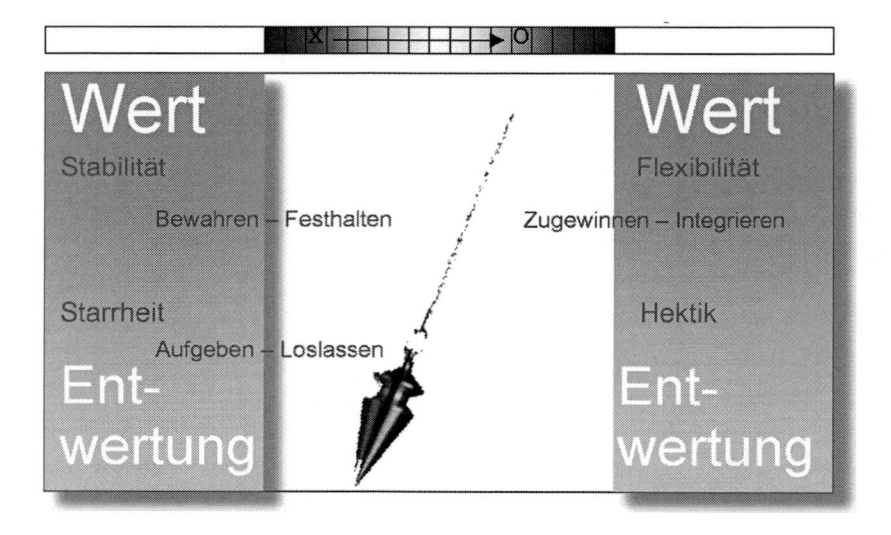

Wert	Wert
Stabilität	Flexibilität
Bewahren – Festhalten	Zugewinnen – Integrieren
Starrheit	Hektik
Aufgeben – Loslassen	
Ent-wertung	Ent-wertung

Phänomen wurden dann Stimmen laut wie »Es kann ja nicht jeder einfach machen, was er will« – oder: »Alles muss erst mal über meinen Tisch, ich halte schließlich meinen Kopf dafür hin!«

Werden solche Anforderungen bzw. Grundwerte des gelebten und des gewünschten Handelns in das Wertequadrat gestellt, wird der blinde Fleck schnell deutlich: Die Delegation von Verantwortung ist nur zielführend, wenn die Führung Zutrauen in die jeweilige Kompetenz und Fähigkeit zum selbstständigen Handeln der Mitarbeiter zeigt. Genauso verhält es sich mit dem »Mut«. Erfolgreicher Einsatz von Mut benötigt eine gesunde Portion Realismus und eine solide Informationsbasis über die möglichen Risiken. Das Management stellte fest, dass oft weder die Befähigung (Qualifikation = Können und Kompetenz = Dürfen), noch genügend Information bei den Mitarbeitern vorlag, um dieses Verhalten zeigen zu können.

Dies mag zunächst sehr naheliegend, verständlich und klar erscheinen; doch gerade solche Klarheit geht oft in der Anstrengung zur Veränderung verloren und behindert damit die Erreichung des Ziels.

Die Balance: Wert und Partnerwert
Jeder Wert ist nur dann sinnvoll, wenn er durch einen Partnerwert ergänzt und damit ausbalanciert wird. Auf dieser Grundlage wurden alle Werte in den Workshops diskutiert und die blinden Flecken, ähnlich einer Handlungsanweisung, integriert, z.B.:

Kommunikation	gepaart mit	*Fokus, Richtung und integriertem Feedback.*
Vertrauen in Verantwortlicheit	gepaart mit	*Commitment zu selektiver Kontrolle.*
Mut	gepaart mit	*Realismus und solider Informationsbasis.*
Verantwortung	gepaart mit	*Befähigung.*
Leistung	gepaart mit	*Respekt für individuelle und organisationale Grenzen.*

In weiteren Schritten wurde anschließend erarbeitet, wie diese Grundhaltungen in ihrer ausbalancierten Weise wirken sollen und wie die Führungskräfte diese Veränderungen in die Organisation und damit in die Köpfe der Mitarbeiter tragen können.

Diese unternehmensweite Arbeit auf allen Managementebenen hat sich gelohnt:

In der Organisation findet seither eine anhaltende Verständigung über die positive Dynamik von Werten statt und es entstand ein Bewusstsein über die zerstörerische Kraft eines »Zuviel-auf-einmal« und Veränderungen in nur eine Richtung. Auf diese Weise entstehen frische Energie und neues Engagement zur kontinuierlichen Erneuerung.

6. Fazit

Werte und Motive sind unsere tiefen inneren Überzeugungen. Sie üben direkten Einfluss auf unser Verhalten und Handeln aus, bestimmen unsere Einstellungen wie auch unsere Erwartungen gegenüber unserem Umfeld. Werte vermitteln Orientierung für unser Handeln. Sie sind unsere innere Instanz, an der wir alle Entscheidungen und damit unser Handeln ausrichten und messen.

Im Changemanagement wird häufig von »Management Alignment« – also einer gemeinschaftlichen Ausrichtung der Führungskräfte gesprochen. Gemeint ist damit leider vielfach nur das einzelne »Abnicken« gemeinsamer *Ziele*. Das bleibt formal und trägt nicht lange.

Wünschenswert wäre stattdessen, dass Unternehmen und Organisationen ihr Management auf gemeinsame *Werte* ausrichten, die als Grundhaltungen die gewünschte Veränderung unterstützen – denn Werte und Ziele gehören zusammen.

Besonders ans Herz sollten Organisationen zudem die beiden Werte »Leistung und Respekt für Grenzen« gelegt werden: Wenn Respekt für die Grenzen der Belastung – sowohl von Organisationen wie von Individuen – regiert, dann folgt Leistung automatisch. Bei tatsächlich überforderten Organisationen und Mitarbeitern sucht man diese Art von Respekt vergeblich.

Veränderung sollte niemals nur einen spezifischen und einzelnen Aspekt betreffen (zumal dieser in Windeseile schon wieder überholt sein wird), sondern vielmehr die grundsätzliche, gelernte Veränderungsfähigkeit. Sie ist der Weg, um immer schneller erforderliche Anpassungen (keineswegs nur im Wirtschaftssektor) flexibel und erfolgreich zu bewältigen.

Hierfür bedarf es bei aller Flexibilität und Veränderungsbewältigung zentraler Stabilitätsfaktoren für alle Beteiligten – etwa Zugehörigkeit und Loyalität sowie Werte und Grundhaltungen wie Stabilität und Flexibilität. Das Management benötigt dabei, wie es solche Faktoren in Zeiten des Wandels fördern kann, Unterstützung durch Beratung, Begleitung und Supervision.

Es geht nicht darum, eine Organisation zu verändern nach dem Motto »Auftauen, Verändern, wieder Einfrieren«, sondern es geht vielmehr darum eine Organisation auf gesunde Werthaltungen und damit auf Handlungsorientierung auszurichten. Handeln können heißt, sich anpassen, sich verändern zu können. Ein Kennzeichen solcher »Lernenden Organisationen« ist, wenn die Menschen dort in der Lage sind, neues Verhalten hinzuzugewinnen ohne durch das Dilemma des »Entweder-Oder« gelähmt zu werden und damit an Grenzen der Veränderungsfähgkeit stoßen.

Mein Appell: Befähigen Sie Ihre Organisation zur Veränderungskompetenz statt immer wieder neue Veränderungsinitiativen zu starten.

> Ohne Werte wird der Kapitalismus nicht überleben.
> (Amartya Sen, Professor der Wirtschaftswissenschaften an der Harvard University in Cambridge. Für seine Arbeiten zur Wohlfahrtsökonomie und zur Theorie der wirtschaftlichen Entwicklung und Lebensstandard erhielt er 1998 den Nobelpreis.)

Literatur

Blank, V.: Genug ist genug – Wenn die Organisation die Vielfalt an Veränderungsprojekten nicht mehr tragen kann (2005). www.cscakademie.com/ _common/file/root/Fachbeitraege/Multi_Changemanagement.pdf

Dilts, R.: Changing Belief Systems with NLP. Meta Publications (US) 1990

Gallup GmbH: Engagement Index 2004. Studie zur Messung der emotionalen Bindung von MitarbeiterInnen. Gallup GmbH, Berliner Str. 62, 14467 Potsdam, info@gallup.de, www.gallup.de

Neuberger, O.: Führen und führen lassen. Ansätze, Ergebnisse und Kritik der Führungsforschung. Stuttgart 2002

Schulz-von-Thun, F.: Miteinander Reden 2. Hamburg 1989

Roland Kunkel-van Kaldenkerken

Wertlos und wertvoll

Ökonomie der Werte – Thesen und Orte der Reflexion

>»Management mobilisiert die Ressourcen einer Gesellschaft oder lässt sie brachliegen, es macht aus Rohstoffen überhaupt erst Ressourcen und transformiert sie in ökonomische Werte.« (F. Malik, S. 50)

1. Vorwort

Soziale Organisationen leiden heute in der Mehrzahl an zu knappen Ressourcen und sinkenden Etats. Zusätzlich haben sie sich mit den Chancen und Risiken der Individualisierung und der Globalisierung auseinanderzusetzen. Seitens ihrer Mitarbeiter sind zunehmend Selbstbehauptungswillen und Veränderungskompetenz gefordert. Ein »Weltbild der Nachhaltigkeit« – wie es im Rahmen des folgenden Beitrags nachgezeichnet werden soll – sowie die Vergewisserung der eigenen Werte können dabei helfen, in dieser Situation nicht in Resignation und Lethargie zu verfallen, sondern zu versuchen, sich im Sinne dieser Werte aktiv zu engagieren.

Auch das Wissensgebiet der Ökonomie setzt sich mit Werten auseinander – sowohl auf der Mikroebene individuellen Verhaltens als auch auf der globalen Ebene der Weltgesellschaft. Vor allem die Zusammenhänge zwischen den verschiedenen gesellschaftlichen Handlungsebenen sind dabei von Interesse, da sich hier – in ihren Wechselwirkungen – unser Lebensgefühl spiegelt.

Die Skizzierung eines »Weltbildes der Nachhaltigkeit« erfolgt mit dem Ziel, die Reflexion eigener Wertmaßstäbe und Sinnbezüge zu unterstützen. Diese Bewertungskriterien sind keinesfalls beliebig oder »gleich gültig«. Spätestens an den sogenannten Konfliktkosten (vgl. Kunkel-van Kaldenkerken/van Kaldenkerken 2006, S. 288) wird immer wieder spürbar, dass wir in gesellschaftlichen Zusammenhängen leben, in denen vermeintliche Verlierer denen, die scheinbar gewinnen, den Sieg sehr teuer machen können. Aus diesem Grund stellt in Konzepten kooperativer Führung und (selbst-)reflexionsorientierter Beratung seit jeher der konstruktive Umgang mit Konflikten einen wichtigen Konsenspunkt dar. Eine wesentliche Erfahrung der vergangenen Jahre in unserer beraterischen Praxis bei *step* besteht darin, dass Menschen, die mit Veränderungs- und Steuerungsprozessen beschäftigt sind – Führungskräfte, Betriebs- und Personalräte sowie Berater/innen in den Feldern Organisations- und Personalentwicklung (intern wie extern) – die Vergewisserung, Reproduktion bzw. Aktualisierung von eigenen Sinn- und Wertebezügen in den Kämpfen des Alltags tendenziell vernachlässigen. In der Vielzahl (zeit-)diagnostischer Einschätzungen kommt es auf Unterstützung bei der Suche nach Beratungskonzepten und zusätzlichen Interventionsmöglichkeiten an, die auf verschiedenen Handlungsebenen zueinander passen und einen möglichst expliziten Wertekern enthalten. Die in diesem Beitrag vorgestellten Überlegungen und Unterscheidungen haben sich neben unserer Beratungspraxis auch in der Ausbildung von Supervisor/innen, Mediator/innen und systemischen Organisationsberater/innen bewährt.

Einleitend werden im Abschnitt »Gutes Leben« die sozialphilosophischen und ökonomischen Grundlagen unseres Ansatzes erläutert. Auf dieser Basis soll im Anschluss eine Reflexionshilfe für Führungskräfte und Berater/innen entwickelt werden. Der erste Schritt besteht dabei in der Beschreibung einer zeitgemäßen vertikalen gesellschaftlichen Arbeitsteilung, der sich eine Darstellung der Unterschiede zwischen Raub- und Kooperationsökonomie anschließt. Tabellarisch werden schließlich die Handlungsebenen der vertikalen Arbeitsteilung und die beiden ökonomischen Konzepte miteinander in Beziehung gesetzt. So entsteht ein Reflexionsrahmen, eine Matrix, mit deren Hilfe sich Konfliktsituationen besser einordnen und analysieren lassen. Die Möglichkeiten dieses Rahmens werden sodann beispielhaft für die globale wie für die individuelle Handlungsebene beleuchtet. Dabei werden

Umrisse eines Weltbildes der Nachhaltigkeit deutlich. Im Ausblick werden erste Konsequenzen aus diesen Überlegungen gezogen. Von besonderer Relevanz erscheint mir dabei, Supervision – neben ihrer Funktion als fachlicher Qualitätssicherung – auch als Ort der Vergewisserung von Werten, »gutem Leben« und damit auch guter Arbeit zu verstehen.

2. Gutes Leben

Ob etwas als wertvoll oder wertlos eingeschätzt wird, hat mit den Bezügen zu tun, innerhalb derer bewertet wird. Das gilt auch für die Beurteilung von Arbeitsprozessen – etwa als »wertschöpfend«, »verschwenderisch« oder »zerstörend«. Diese Sinn- und Werteorientierungen können zwar individuell sehr verschieden sein, sind aber keineswegs frei wählbar. Denn auch wenn in einer Zeit fortschreitender Individualisierung und Auflösung bisher gültiger Traditionsbestände jeder auf seinen Besonderheiten und einem eigenen Lebensweg besteht, ist doch ein gewisser allgemeiner Konsens essenziell: als eine Art »Sicherheitsrahmen«, in dem sich agieren lässt und in dem die eigene Individualität und gleichzeitig die des anderen respektiert wird. Darin liegt, bei aller Individualisierung, eine gewisse Gleichheit begründet.

Neben vielen anderen (vgl. etwa Beck, Neuberger oder Barber) befasste sich schon Hannah Arendt (1906–1975) in herausragender Weise mit dem Zusammenhang zwischen politischer Makroebene und Mikropolitik. Ihre Einsichten erscheinen heute aktueller denn je. Patricia Nanz fasst einen der zentralen Gedanken von Hannah Arendt prägnant zusammen: »*Politik beruht auf der Tatsache der Pluralität der Menschen, das heißt auf der Organisation des Zusammenseins von Verschiedenen. Der wahre Sinn von Politik ist die Entfaltung eines erfüllten und freien Lebens im öffentlichen Austausch mit anderen*« (Arendt/Nanz 2006, S. 65).

Das Motiv des guten Lebens klingt hier ebenso an sowie die Notwendigkeit der bürgerschaftlichen Verständigung. Die Differenzen unterschiedlicher Wertesysteme, Weltanschauungen und Haltungen sind eine Ausgangsbedingung für Hannah Arendt. Sie fragt, wie politische Kommunikation so organisiert werden kann, dass diese Unterschiede produktiv miteinander reagieren können, anstatt in Feindschaft umzuschlagen.

Damit der öffentliche Diskurs wirklich gelingen kann, müssen einige Grundüberzeugungen und -werte geteilt werden.

Auch die Ökonomie ist Teil dieses Diskurses. Hier hat sich mit der »Kooperationsökonomie« (vgl. u.a. Wieland 2000, S. 103ff.) in den letzten Jahren eine neue Strömung entwickelt. Sie bietet vor allem für Berater/innen und Führungskräfte, die sich auch dem Gemeinwohl und nicht nur der betrieblichen Rendite verpflichtet fühlen, Bedenkenswertes. Eine Grundannahme der Kooperationsökonomie besteht darin, dass jeder Markt im Rahmen der gesellschaftlichen – horizontalen wie vertikalen – Arbeitsteilung in Kooperationszusammenhänge eingebettet sein muss. *»Die Tradition der ‚embedded economy' [eingebettete Ökonomie] beinhaltet nicht nur eine lockere Verbindung mit den moralischen Zielen und Werten der Gesellschaft und ihrer Politik, sondern zudem eine latente hierarchische Priorität der ethischen Argumente in Bezug auf Fragen des ‚guten Lebens' gegenüber der ökonomischen Vernunft«* (Seifert 1997, S. 325).

Ökonomie ohne Einbindung in gesellschaftliche Zusammenhänge, sozialphilosophisches und politisches Denken ist danach unsinnig. Auch die Betriebswirtschaft hat sich längst sozialwissenschaftlichen und ökologischen Erkenntnissen geöffnet (vgl. u.a. Pfriem 2004, S. 25). Denn die Werte werden nicht von den Ökonomen bestimmt, sondern Ökonomen finden Werte vor, die sich in gesellschaftspolitischen Auseinandersetzungen auf den verschiedenen Handlungsebenen reproduzieren. Diese Grundannahme gewinnt zunehmend an Bedeutung – vor allem gegenüber solchen ökonomischen Ansätzen, die für die freie (d.h. ohne Werteorientierung erfolgende) Entfaltung von Marktkräften eintreten (wie etwa der Neoliberalismus) – und die auf ihrer Basis entwickelte Kooperationsökonomie vertritt neue Ordnungsideen, die aus meiner Sicht ein dem Leitbild »soziale Marktwirtschaft« vergleichbares Potenzial für die Zukunft beinhaltet.

3. Entwicklung eines Reflexionsrahmens
3.1 Handlungsebenen in der vertikalen Arbeitsteilung
Die bisherige Unterscheidung zwischen Makro- und Mikroebene erweist sich für das Erkenntnisinteresse dieses Beitrags als zu grob. Eine Differenzierung der vertikalen Arbeitsteilung hingegen ermöglicht eine detaillier-

te Betrachtung von Handlungsebenen, denen jeweilige Entscheidungszuständigkeiten und Handlungsspielräume zugerechnet werden können. Hierbei zeigt sich, dass einzelne Entscheidungen jeweils nur auf einer höheren oder niedrigeren Ebene beeinflussbar sind. Die Wahl der falschen Interventionsebene stellt nach meiner Erfahrung eine der Hauptursachen des Misslingens von Führung und Beratung dar.

In einer Welt, in der zeitliche und räumliche Grenzen zunehmend an Bedeutung verlieren, wird die Einhaltung von kommunikativen Grenzen bzw. Strukturen immer wichtiger. Deshalb steht am Beginn der folgenden Überlegungen eine Wertentscheidung: Es sollen zwei Prinzipien gelten, die in komplementärer Beziehung zueinander stehen; sie ergänzen sich wechselseitig und müssen immer wieder neu austariert werden:
— Subsidiarität
   Entscheidungen werden möglichst vor Ort mit der überlegenen Sachkenntnis der spezifischen Handlungsbedingungen getroffen, lokale und dezentrale Besonderheiten werden geschützt und gewürdigt (»diversity«: Vielfalt).
— Integrierbarkeit
   Dezentrale Entscheidungen bleiben koordinierbar, nach außen wird mit »einer Stimme« gesprochen, die Identität der Systemebene bleibt stets erkennbar, Ressourcen werden gebündelt im Gesamtinteresse eingesetzt.

Handlungen auf den einzelnen Systemebenen können daher nicht für sich allein verstanden und bearbeitet werden, sondern nur im Zusammenhang mit dem gesamten System. Auch wenn Handlungsbedarfe scheinbar nur kleinere Probleme, Konflikte oder Veränderungsprozesse betreffen, müssen Lösungen auf den Kontext abgestimmt werden – andernfalls sind sie nicht tragfähig.

Die verschiedenen Ebenen sind leicht zu identifizieren, wenn wir ihnen entsprechende Kommunikationsprozesse bzw. -mittel zuordnen:
— Auf der Ebene von Gesellschaften und ihren Subsystemen finden wir eine Kommunikation für spezifische Fachöffentlichkeiten, die durch Fachliteratur, Konferenzen sowie durch elektronische Medien gestützt wird.

- Auf der Ebene von Organisationen geht es vor allem um schriftliche Kommunikation zwischen Gruppen: Die Veröffentlichung von Texten und Zahlen (etwa Bilanzen oder Statistiken) ist nahezu ausschließlich für Mitglieder der Organisation gedacht.
- In Gruppen und Teams tritt neben das Gespräch inzwischen häufig die Verständigung per E-Mail.
- In Zweierbeziehungen dominiert der direkte Dialog.
- Auf individueller Ebene haben wir es mit mentalen Prozessen des Denkens in Bildern, Gefühlen und mit inneren Dialogen zu tun.

Auf jeder dieser Ebenen dominieren jeweils andere Themen. Jede besitzt ihre eigene Logik, ihre eigenen Fragestellungen und Probleme, die auch nur auf der jeweiligen Ebene gelöst werden können. In der folgenden Tabelle (Tabelle 1) werden die für den hier dargestellten Zusammenhang wichtigsten Systemebenen mit ihren jeweiligen Hauptthemen und Leitfragen dargestellt.

Tabelle 1

Gesellschaft (Welt, Region, Nation, föderale Untereinheiten)	• **Sicherheit:** Wer darf auf welcher Legitimationsbasis Gewalt anwenden? • **Grundwerte:** Wie werden die Grundfragen der Zeit reflektiert und daraus Prioritäten abgeleitet? Was versteht man – etwa in Europa – unter einem guten Leben? • **Stellenwert der Subsysteme:** Welche Bedeutung haben die gesellschaftlichen Gruppen wie Regierungen, Unternehmen, Kirchen, Gewerkschaften in Bezug zueinander? Mit welchen Ressourcen sind sie ausgestattet?
Subsystem (im Sinne gesellschaftspolitischer Handlungsfelder und Branchen)	• **Fachlichkeit:** Was kennzeichnet den aktuellen Stand im jeweiligen Wissensgebiet und Erfahrungsbereich? Welche Leitbilder gibt es? Worin bestehen ggf. anerkannte Qualitätsstandards? • **Rahmenordnung:** Welche Regeln bestehen für Wettbewerb und Kooperation sowie für den Einsatz gesellschaftlicher Ressourcen?

Organisation (Parteien, Verbände, Verwaltungen, Firmen)	• **Macht:** Wer trägt die Verantwortung für den Erfolg der Organisation? Wer folgt wem in welcher Frage wie weit? Wie belastbar und konfliktfähig ist diese Nutzenkoalition? • **Strategie:** Worin bestehen die kurz- mittel- und langfristigen Ziele der Organisation? Aus welchen Einschätzungen und Erfahrungen resultieren diese Ziele? • **Wissen:** Welches sind die wesentlichen Geschäftsprozesse, wie sind Haupt- und Nebenprozesse geregelt? • **Identität:** Welches Selbstbild, welche Philosophie bestimmt die Strategien?
Gruppenebene Team	• **Personalentwicklung:** Wie fordern und fördern Gruppenmitglieder einander in beruflichen Angelegenheiten? • **Leistung:** Wie wird innerhalb der jeweiligen Mischung aus Stärken, Schwächen und Entwicklungspotenzialen einer Gruppe optimaler Nutzen gestiftet? • **Arbeitskultur:** Wie realisiert die Gruppe das Maß an „Auszeiten" und Nähe, das notwendig ist, um leistungs- und entwicklungsfähig zu bleiben?
Familie/Peergroup	• **Persönlichkeitsentwicklung:** Wie fordern und fördern sich die Beteiligten in persönlichen Angelegenheiten? • **Versorgung:** Wie übernehmen sie Verantwortung füreinander, für Kinder und Alte? • **Lebensstil:** Wie richten sie sich in dieser zunächst einmal unwirtlichen Welt ein?
Person	• **Zukunft, Sinn, Erbe:** Wie werden persönliche Geschichte, Anlagen, Hoffnungen, berufliche und gesellschaftliche Rolle individuell integriert zu einem erfüllten Leben – was immer das sehr subjektiv auch sein mag und kann? • **Individuelle Lebensart:** Wie sorgt man für sich persönlich – hinsichtlich Essen, Trinken, Liebe, Schlaf, Leid, Genuss ...?

Von der Person zur Weltgesellschaft und umgekehrt ergibt sich ein zirkulärer Zusammenhang. Die Entwicklung des Teils ist Voraussetzung für die Entwicklung des Ganzen und die des Ganzen wiederum Voraussetzung für die Entwicklung aller Teile: Das eine ist jeweils im anderen wenigstens als Ahnung vorhanden.

Im Team spiegelt sich beispielsweise der erreichte Konsens in Sachen Personalentwicklung, Leistung und Arbeitskultur – das, was auf Teamebene in diesen Bereichen realisiert wird. Natürlich ist das Team auch abhängig vom persönlichen Entwicklungsstand seiner Mitglieder, von der Klarheit und Flexibilität im Verhalten wie vom Stand der Willensbildung innerhalb der Organisation. Versucht ein Team aber etwa, Funktionen der Familie oder eines Freundeskreises zu übernehmen, überschreitet es seine Grenzen. Das hat seinen Preis, weil damit Schleusen geöffnet werden, auch andere persönliche Angelegenheiten im Team auszutragen.

Auf der Organisationsebene können strategische Debatten mit Orientierungswert und Bindungswirkung aber erst dann erfolgreich geführt werden, wenn die beteiligten Teams repräsentiert sind und den »Kopf« dafür freihaben. Sind Gruppen dagegen zu sehr mit sich selbst beschäftigt, untergraben sie ihre Produktivität und Erfolgsvoraussetzungen, weil sie zu wenig in die Wissensstruktur, die Strategie und Nutzenkoalition investieren.

Der Entwicklungsstand von Organisationen spiegelt Aspekte der Gesellschaft wider. In der Supervision von Teams werden daher immer wieder Bezüge zur jeweiligen Branche – also zum Subsystem – hergestellt. Durch solche Verbindungen zwischen den Ebenen gewinnt auch individuelles Handeln an Sinn – durch das Sichtbarmachen und die Inbezugsetzung des individuellen Beitrags zu einem größeren Ganzen: Auf diese Weise wird erfahrbar, dass Freiheit und Solidarität keine Gegensätze sind, sondern sich gegenseitig bedingen. »*Auf jeder Ebene gelten andere Gesetzmäßigkeiten und Dynamiken der Selbstorganisation und mithin der Beeinflussung und Steuerung*« (Willke 1994, S. 52).

So wie die Dynamik einer Gruppe nicht allein als Summe der Persönlichkeitsentwicklungen erklärbar ist, lässt sich auch die Dynamik eines Handlungsfeldes – etwa einer Region oder Branche – am besten aus der Interaktion der hier vertretenen Organisationen und Institutionen verstehen. Dabei stehen die Handlungsebenen keinesfalls nur in einem hierarchischen Verhältnis zueinander, vielmehr bestehen Wechselwirkungen:

Die Ebenen stellen Kontexte füreinander dar, die nur indirekt beeinflusst werden können. Der von Hannah Arendt anvisierte Austausch über das gute Leben findet gleichzeitig auf allen Ebenen statt: sowohl im mikropolitischen Bereich von Personen und Gruppen als auch auf den Zwischenstufen – bis hin zu den globalen Verhandlungssystemen etwa zu Umwelt- und Sicherheitsfragen.

3.2 Kooperations- versus Raubökonomie

Allein die Fokussierung auf jeweils eine Handlungsebene und ihren Kontext leistet eine erhebliche Reduktion der Komplexität. Zur weiteren Vereinfachung halte ich es für sinnvoll, erneut zwischen grundsätzlichen Verhaltensoptionen zu unterscheiden. Ökonomen haben ein ziemlich skeptisches Menschenbild. Der »homo ökonomicus« ist als egoistischer Nutzenmaximierer eine gerade von anderen Sozialwissenschaften – etwa der humanistischen Psychologie – vehement kritisierte Ausgangsfigur in zahlreichen ökonomischen Modellen. Die Kooperationsökonomie schwächt diese Skepsis ab, indem sie zwischen Kooperationsverhalten und Nicht-Kooperationsverhalten unterscheidet. Gesellschaftliche Akteure haben aus ihrer Sicht die Wahl, in welchem Maße sie selbst arbeiten und zu fairen Bedingungen tauschen wollen, oder ob sie sich – mit welchen Mitteln auch immer – Arbeitsergebnisse anderer aneignen. So herrschte denn auch zu allen Zeiten der Konflikt zwischen gesellschaftlichen Akteuren, die sich im Wesentlichen am Gedanken der Kooperationsökonomie orientieren und denen einer konzeptionellen Konkurrenz, die ich zugespitzt »Raubökonomie« nennen möchte. Dieser durchaus polemische Begriff zielt auf mehr als bloße Orientierung an der Konkurrenz. »Raubökonomie« dient hier als Sammelbegriff für alle Formen des Wirtschaftens, die nicht auf die Reproduktion und Schonung der eingesetzten Ressourcen – inklusive der natürlichen und der sozialen – achten. Sie stellt eine Form von Ausbeutung dar. Assoziationen zu Themen wie dem Raubbau an der eigenen Gesundheit, dem Vernutzen sozialer Beziehungen zu ökonomischen Zwecken und der Plünderung ökologischer Ressourcen sind durchaus erwünscht.

In der Kooperationsökonomie geht es demgegenüber um Fairness, Wechselseitigkeit und Transparenz, um Verbindlichkeit und Stabilität in den Beziehungen sowie um Ordnung. Geben und Nehmen sind hier austariert; es gilt die Stärke des Rechts und nicht das Recht des Stärkeren. Konkurrenz und Kooperation werden dabei nicht als Gegensatz gedacht, sondern vielmehr als Prinzipien, die sich wechselseitig ergänzen. Der Kunstbegriff »Coopetition« (von »cooperation« und »competition«, deutsch auch: Koopkurrenz) bringt diese gewollte Synergie treffend zum Ausdruck (vgl. Nalebuff und Brandenburger 1996, S. 16).

Die »Raubökonomie« geht dagegen, mindestens faktisch, von sozialdarwinistischen Grundlagen aus. Ihre wichtigste, meist unhinterfragte Annahme besteht darin, die Ressourcen seien zu knapp und reichten nicht für alle. Fairness und Gegenseitigkeit könnten deshalb – um des eigenen Überlebens willen – keine für alle gültigen Werte abgeben. Sie gälten nur für die Gemeinschaft, der man sich selbst zurechnet. Mit den »Anderen« (vgl. hier auch: Omer, Alon, von Schlippe, 2007) könne man höchstens phasenweise kooperieren, sonst und normalerweise gälten die Gesetze des Verdrängungswettbewerbs und die des eigenen Vorteils. Nicht-Kooperation kann hierbei verschiedene Formen annehmen: Gewalt, List, Überredung aber auch Ignoranz. Wer nicht weiß, wie es anderen geht, kann sich leichter zu seinen eigenen Gunsten irren als diejenigen, die sich informieren und sich auch um die Interessen anderer kümmern.

In der Realität mischen sich die beiden Logiken der Kooperations- und Raubökonomie. Und einzelne Organisationen oder wirtschaftliche Epochen lassen sich nicht eindeutig zuordnen, häufig aber überwiegen zum Beispiel in Aufbauphasen wie dem Wirtschaftswunder der 1950er-Jahre die kooperativen Elemente. In sogenannten Blütezeiten, wie der Wiedervereinigungseuphorie der 1990er-Jahre, nehmen Korruption und Ausbeutungsstrategien vielfach zu. Ein extremes Beispiel sind Bürgerkriege. In ihnen dominieren raubökonomische Momente, sodass der Aufbau ziviler Institutionen in Bürgerkriegsregionen als ein wichtiger Beitrag zur Stärkung der innergesellschaftlichen Friedensprozesse angesehen wird.

Kooperations- und Raubökonomie funktionieren beide mit der Dynamik sich selbst erfüllender Prophezeiungen. Das Versprechen von Fairness – im Wirtschaftswunder: Wohlstand für alle – führt zu hoher Leistungsbereitschaft und zum Zurückstellen von Einzelinteressen. Bei einer hohen Wertschöpfungsdynamik gibt es allerdings auch einiges zu verteilen. Dagegen führen sich abzeichnende harte Verteilungskonflikte schon im Vorfeld zu Misstrauen und begrenztem Engagement. »*Kooperationsprojekte sind durch das gemeinsame Interesse an höheren Erträgen durch die Zusammenlegung der individuellen Ressourcen und der damit zugleich existierenden Möglichkeit, sich die Erträge der Ressourcen des Kooperationspartners kostenlos anzueignen, charakterisiert. Letztere Möglichkeit lässt sich eben nicht allein durch Kontrollmechanismen unterbinden, sondern ist angewiesen auf Merkmale personaler Identität, wie Integrität, Loyalität, Arbeitsethos und Ehrlichkeit*« (Wieland 2000, S. 111f.).

Die Leitfrage in der Kooperationsökonomie lautet deshalb: Wie kann die Zusammenarbeit wechselseitig abgesichert werden, ohne sie hierarchisch zu stark koordinieren zu müssen? Auf allen Handlungsebenen stellt sich die Vertrauensfrage: Wie ist eine stabile Ordnung möglich? Die Akteure – natürliche und juristische Personen – wollen sicher sein können,
– nicht ausgenutzt sowie
– ernst genommen zu werden,
– dass Irritationen und Missverständnisse bearbeitet werden und
– dass, wenn schon Interessen verletzt werden (müssen), ein fairer Interessenausgleich wenigstens ernsthaft versucht wird.

Ein wesentliches Denkmodell der Kooperationsökonomie, das sogenannte Gefangenendilemma, ist aus der Gruppendynamik weithin bekannt. Zur Vergewisserung sei hier eine Beschreibung der Dilemmasituation zwischen Führungs- und Fachkräften angeführt (vgl. Kunkel-van Kaldenkerken 2006, S. 156; Tabelle 2).

Sowohl das Management als auch die Belegschaft verhalten sich im Alltag natürlich »gemischt«. Vieles passiert im Stress unreflektiert und wird schlecht kommuniziert. Der entscheidende Punkt dabei ist nicht so sehr, ob etwa tatsächlich ausgebeutet wird, sondern was man vielmehr der anderen Seite unterstellt bzw. mit welchem »Filter« deren Verhalten interpretiert wird.

Alle Akteure benötigen eindeutige Sicherheiten über die jeweilige Kooperationsbereitschaft und -fähigkeit. Nur so bleiben negative Phantasien,

Tabelle 2

		Management	
		Kooperiert z.B. durch gesellschaftlich verantwortetes Handeln, echte Zielvereinbarungen, Achtung von Entscheidungsspielräumen auf den unteren Ebenen, Transparenz und strategische Reflexion	**Kooperiert nicht** z.B. durch einseitige überfordernde Zielvorgaben, alleinige Orientierung an der kurzfristigen Kapitalverwertung, persönliche Selbstherrlichkeit, schlecht kommunizierte und nicht überzeugend begründete Führungsentscheidungen
Belegschaft	**Kooperiert** z.B. durch Engagement, systematische Weiterbildung und Übernahme von Verantwortung für Qualität und Wirtschaftlichkeit	STABILES FELD einer Vertrauenskultur mit hoher Produktivität und Entwicklungsdynamik	INSTABILES FELD, da sich engagierte Fachkräfte von autoritären und ignoranten Führungskräften ausgebeutet fühlen
	Kooperiert nicht z.B. durch abhängiges Verhalten, Versuche, sich eigene Freiräume zu schaffen, Organisationsressourcen auszubeuten und verschiedenste Formen des destruktiven Widerstandes bei Veränderungsprozessen	INSTABILES FELD, da sich kooperative Führungskräfte von illoyalen Beschäftigten ausgenutzt fühlen	STABILES FELD einer Misstrauenskultur mit gegenseitigen Schuldzuweisungen; auf beiden Seiten entstehen hohe Konfliktkosten, aber auch negative Effekte für Dritte, z.B. Kunden

Misstrauen und Ängste begrenzt. Gesellschaftliche Institutionen wie Tarifverträge, fachliche Standards, aber auch berufliche Rollen entwickeln sich genau aus diesem Sicherheitsinteresse. In der beschriebenen Dilemmasituation zwischen Führungs- und Fachkräften wäre eine solche »Institution« etwa die Zielvereinbarung. Von ihrer Qualität – d.h. einem fairen Aushandlungsprozess sowie der Korrigierbarkeit und Verbindlichkeit – hängt das Vertrauen ab, das die Beteiligten gegenüber der Vereinbarung empfinden. Erfahren die Akteure sich wechselseitig als nicht kooperativ, entsteht zumindest eine subjektiv empfundene »Raubökonomie«, wodurch bereits Wertschöpfungsdynamik verloren geht.

Nun kann es nicht um ein naives und selbstverständliches Vertrauen gehen. Die Beteiligten müssen sich wechselseitig die Chance geben, Kooperation zu überprüfen und Fairness glaubhaft zu praktizieren. Das bedeutet auch, nicht jeden unfreundlichen oder auch die eigenen Interessen betonenden Akt als Ausdruck von Raubökonomie zu werten. Besonders in einer Zeit, die von vielen als Rückfall in feudale Verhaltensweisen – führungsseitig vermehrte Willkür, mitarbeiterseitig ein Übermaß an Resignation und Anpassung – erlebt wird, sollten Ansätze zur Kooperation umsichtig und sorgsam gepflegt werden.

Das Kooperationsdilemma wiederholt sich in unterschiedlichen Variationen sowohl *auf* als auch *zwischen* den einzelnen Handlungsebenen.

3.3 Verortungsmatrix von Gestaltungskonzepten

Die bisherigen Ausführungen können mithilfe der folgenden Tabelle aufeinander bezogen werden. Die freien Felder unterhalb der Kategorie »Raubökonomische« bzw. »Kooperationstendenzen« im Verhalten gilt es dabei – je nach Beispielsituation – auszufüllen. Mithilfe dieser Matrix wird es möglich, den eigenen Standpunkt genauer zu bestimmen. Vor allem Führungskräfte und Berater/innen können sich so bei komplexen Entscheidungen ihrer Handlungsbedingungen und -optionen zielgerichtet vergewissern und Veränderungsdynamiken, die sich auf unterschiedliche Ebenen auswirken, besser verstehen.

Die Demokratie als *»Idee der Selbstorganisation komplexer Sozialsysteme«* (vgl. Willke, 1995, S. 17) erlebt derzeit drastische Veränderungsprozesse, die sich auf allen Handlungsebenen auswirken. Führungskräfte, Berater/innen, aber auch Vertreter von Gewerkschaften und Kirchen sind gehalten, diese Prozesse zu verstehen, sie erklären und einordnen zu können. Voraussetzung dafür ist eine eingehende Betrachtung dieser Prozesse und ihrer Implikationen auf den verschiedenen Handlungsebenen.

Ich warne zum Beispiel sehr davor, einzelne Reformen im Gesundheitssystem oder im Bildungswesen vorschnell als Siegeszug des Neoliberalis-

Handlungs-ebene	Entscheidungs-gegenstand	Raubökonomi-sche Tendenzen	Kooperations-tendenzen
Gesellschaft	• Sicherheit • Grundwerte • Stellenwert der Subsysteme		
Subsystem	• Fachlichkeit • Ordnungsrahmen		
Organisation Abteilung	• Macht • Strategie • Wissen • Identität		
Gruppe	• Personalentwicklung • Leistung • Arbeitskultur		
Familie / Peergroup	• Persönlichkeits-entwicklung • Versorgung • Lebensstil		
Person	• Zukunft, Sinn, Erbe • individuelle Reproduktion		

mus zu bewerten. Mit dem polemischen Vorwurf der Raubökonomie oder des Rückfalls in den Feudalismus werden unter Umständen konstruktive Interventionsmöglichkeiten verschenkt. Bei allen gesellschaftlichen Reformen – ob auf regionaler, nationaler und auf EU-Ebene – geht es in der Regel nicht um die eindimensionale Verstärkung der Marktelemente innerhalb des Ordnungsrahmens, sondern um eine neue Balance zwischen Bürgergesellschaft (Netzwerke und Gemeinschaft), Markt und Staat. Wie die Ordnungsmuster austariert werden, ist Gegenstand heftiger gesellschaftspolitischer Auseinandersetzungen, in denen das Ergebnis keinesfalls von vornherein feststeht. Der alte ordnungspolitische Widerspruch zwischen Plan und Markt ist konzeptionell überwunden, die neuen Steuerungsstrukturen in Organisationen sowie in den Branchen sind wesentlich differenzierter. Deshalb sind sie bisweilen aber auch schwieriger zu verstehen, was das Aufkommen kontraproduktiver Mythen und Legenden befördert.

4. Umrisse eines Weltbildes der Nachhaltigkeit
Im Folgenden soll die zuvor vorgestellte Verortungsmatrix beispielhaft auf der globalen wie auf der individuellen Ebene genauer beleuchtet und angewendet werden. Die anderen Ebenen und entsprechenden Matrixfelder müssen im Rahmen dieser Ausführungen unberücksichtigt bleiben.

4.1 Nachhaltigkeit versus imperiale Projekte
Auf der globalen Ebene geht es im Wesentlichen um die Verteilung von Lebenschancen.

Die Hauptkonfliktlinie sehe ich hier zwischen zwei einander entgegengesetzten Leitbildern: dem der Nachhaltigkeit einerseits – Gleichrangigkeit von sozialen, ökonomischen und ökologischen Entwicklungszielen und Gerechtigkeit zwischen den Generationen – und der mindestens faktischen Leitidee von bewaffneten Wohlstandsinseln bei fortgesetzter Plünderung der ökologischen Ressourcen andererseits. Das Gemeinwohl muss bei dem erreichten Stand der Globalisierung und den damit einhergehenden weltweiten Abhängigkeiten zudem oberhalb der Nationalstaatsebene definiert werden.

Der ehemalige Chefökonom der Weltbank, Nicholas Stern (siehe spiegel online 2006), sieht die Gefahr, dass in Zukunft die Folgen des Klimawandels zwischen 5 und 20 Prozent des weltweiten Bruttoinlandsprodukts auffressen können, wenn nicht ab sofort Entscheidendes zur Gegensteuerung dieser Entwicklung getan wird. Diese Situation lässt sich mit den Auswirkungen der Weltwirtschaftskrise in den 1930er-Jahren vergleichen. Die Ökonomen um Stern mahnen daher in einem Gutachten für die britische Regierung, man müsse schon jetzt damit beginnen, rund 1 Prozent des globalen Bruttoinlandprodukts – etwa 270 Milliarden Euro jährlich – auszugeben, um dem Klimawandel – und späteren Folgekosten – entgegenzuwirken.

Der Klimawandel ist aber nur eins der globalen Probleme der Menschheit – und es wurden in den vergangenen 30 Jahren bereits riesige Schritte – von der Beschreibung dieser Probleme zur Entwicklung von umfassenden Lösungsansätze – getan. Im internationalen Diskurs zur Nachhaltigkeit[2] finden sich Best-Practice-Beispiele für Veränderungsstrategien in zahlreichen Branchen und Regionen. Nie zuvor gab es einen solchen Reichtum und solche Ressourcen für ein gutes Leben überall auf der Welt.

Diesen Chancen stehen Konzepte gegenüber, die – auch wenn dies den Akteuren nicht immer bewusst ist – von der letztendlichen Unlösbarkeit der Weltprobleme ausgehen. Aus dieser Grundannahme werden geradezu konträre Konsequenzen gezogen, die vom Ignorieren über Resignation bis zu militärischen Strategien reichen.[3]

Auf den unteren Handlungsebenen gibt es selbstverständlich die verschiedensten Spezifizierungen des »guten Lebens«. Nach obenhin verdichten diese sich jedoch zu einzelnen Lebens- und Konsumstilen und ergreifen so wenigstens faktisch Partei. Aus bestimmten Arten zu leben, resultieren zwangsweise Ausbeutungsstrategien; andere hingegen stehen eher im Einklang mit einer nachhaltigen Entwicklung. Auch als Verbraucher tragen wir schließlich Verantwortung – die mithilfe der hier vorgestellten Matrix sichtbar gemacht werden kann.

4.2 Salutogenese versus Demoralisierung

An welchen Kriterien und Werten können wir unsere individuelle Lebensführung in einer Zeit extremer globaler Veränderungsprozesse und Widersprüche aber orientieren?

Eine der überzeugendsten Antworten gab aus meiner Sicht der Medizinsoziologe Aaron Antonovsky (1923–1994). Im Gegensatz zum traditionellen medizinischen Paradigma fragte er nicht, wie Krankheiten entstehen (Pathogenese), sondern vielmehr: »Was fördert Gesundheit?« (und wurde so zum »Vater« der Salutogenese). Von zentraler Bedeutung für die körperliche und seelische Gesundheit wird aus seiner Perspektive ein

---

2 Zum deutschen Zweig vgl. etwa www.nachhaltigkeitsrat.de oder bestimmte Verlagsprogramme wie www.oekom.de

3 Herfried Münkler erläutert in seinem Buch »Imperien, die Logik der Weltherrschaft – vom alten Rom bis zu den Vereinigten Staaten« wesentliche Chancen und Risiken imperialer Strategien im Umgang mit globalen Ordnungsproblemen und Verteilungskonflikten.

Grundgefühl von Kohärenz. Heiner Keupp (Keupp 2002, S. 4) fasst das Ergebnis der Forschungen Antonovskys so zusammen:

»*Kohärenz ist das Gefühl, dass es Zusammenhang und Sinn im Leben gibt, dass das Leben nicht einem unbeeinflussbaren Schicksal unterworfen ist.*

– *Meine Welt ist verständlich, stimmig, geordnet; auch Probleme und Belastungen, die ich erlebe, kann ich in einem größeren Zusammenhang sehen (Verstehensebene).*
– *Das Leben stellt mir Aufgaben, die ich lösen kann. Ich verfüge über Ressourcen, die ich zur Meisterung meines Lebens, meiner aktuellen Probleme mobilisieren kann (Bewältigungsebene).*
– *Für meine Lebensführung ist jede Anstrengung sinnvoll. Es gibt Ziele und Projekte, für die es sich zu engagieren lohnt (Sinnebene).*
– *Der Zustand der Demoralisierung bildet den Gegenpol zum Kohärenzsinn.*«

Reflexion erweist sich als gesund, wenn die Handlungsfähigkeit damit steigt. Kooperative Strategien sind nicht nur gesellschaftlich sinnvoll und sozial erwünscht, sondern auch individuell nützlich.

Einerseits werden also Veränderungsdynamiken auf den unterschiedlichen Handlungsebenen als so massiv und undurchschaubar erlebt, dass sich viele Menschen ohnmächtig ausgeliefert fühlen. Der Veränderungsstress im Arbeitsleben kann die Selbstbehauptungsressourcen von Beteiligten überwältigen, sodass konzeptionelle und strategische Konflikte eskalieren und auf der persönlichen Ebene ausgetragen werden.[4] Einzelne Akteure fühlen sich dann als Opfer unfairer Strategien und verfallen möglicherweise selbst in nicht kooperative Verhaltensweisen, die sich zu destruktiven Mustern verstricken. So entwickelt sich neben vorsätzlichen bzw. fahrlässigen selbst- und fremdschädigenden Verhaltensweisen (sowohl gesundheitlich wie sozial) auch viel an ungewollter und tragischer Dynamik der »Raubökonomie«.

---

4 Siehe auch den Beitrag von Szalontai/Kunkel-van Kaldenkerken, S. 141 ff., in diesem Band.

Andererseits gibt es mittlerweile in den Handlungsfeldern Kultur, Gesundheit, Bildung und Beratung ein sehr differenziertes Angebot an Anregungen sich zu engagieren und Schwierigkeiten zu bewältigen.

Ein nachhaltiger persönlicher Lebensstil integriert ein verantwortliches Sozial-, Konsum- und Umweltverhalten mit Genuss und persönlicher Erfüllung. Entsprechende Vorschläge enthält etwa die Studie »Zukunftsfähiges Deutschland« (BUND/Misereor Hrsg. 1996).

5. Ausblick

Interessante Wertschöpfungspotentiale ergeben sich auf den Handlungsebenen, wenn sie Antworten auf die Frage finden: Was ist »gutes Leben« angesichts der gegebenen individuellen und globalen Rahmenbedingungen?

In diesem Kontext erscheint eines der Subsysteme besonders gefordert: die »Reflexionsbranche«. Moderne Gesellschaften zeichnen sich dadurch aus, dass sie sich selbst beobachten. Kritische Reflexion ist eine spezifische Qualität der modernen Öffentlichkeit; ihr Kernstück ist der herrschaftsfreie Diskurs (Habermas 1981). Diesem Leitbild eines Dialogs, bei dem die Beteiligten einander auf Augenhöhe begegnen, fühlen sich viele politisch Engagierte, Wissenschaftler/innen, Berater/innen, Führungskräfte, Journalist/innen, Künstler und Religionsgemeinschaften verpflichtet. In jeder Branche, in jedem Handlungsfeld finden sich Reflexionskapazitäten: Wissenschaftler/innen, die sich mit den Branchenthemen beschäftigen und Medien, die über die Branche berichten, Künstler/innen, Kulturschaffende oder auch Kirchenvertreter, die die Branche bewerten sowie Kolleg/innen aus den Bereichen Bildung und Beratung.

Im Übergang zur Informations- und Wissensgesellschaft erlebt das Handlungsfeld »Reflexion« seit einigen Jahren einen dramatischen Bedeutungszuwachs: »*Die Verstärkung selbstreflexiver und selbstregulativer Kommunikation wird zu einem Wesensmerkmal der Informationsgesellschaft*« (Giesecke 2002, S. 17).

Von welchen Standards wird nun auf den einzelnen Handlungsebenen der Reflexionsdiskurs um Werte und um ein gutes Leben geprägt? Von hochwertigen, d.h. hilfreich wertschätzenden Feedbacks? Einer möglichst sauberen Trennung von Beschreibung und Bewertung z.B. in Form von fairen Konfliktbeschreibungen? Von Dialog? – Oder etwa von strikt interessenorientierter Einbahnstraßenkommunikation und Desorientierung?

Die Qualität der Reflexion von Werte- und Sinnbezügen aller Beteiligten ist von entscheidender Bedeutung für die Steuerbarkeit von Veränderungsdynamiken. Supervision hat hier als Profession, die sich auf die Reflexion der »*latenten Steuerungsprogramme*« (Rappe-Giesecke 2003, S. 4) beruflichen Handelns spezialisiert hat, einiges anzubieten.

Auf der Ebene der Personen und Gruppen existieren bereits sehr gute Reflexionskonzepte. Über Supervisionsprogramme werden zahlreiche Einsichten aus der täglichen Beratungsarbeit schon heute für Entwicklungsprozesse und die konzeptionelle Ausrichtung von Organisationen genutzt. Supervisor/innen sind Akteure im mikropolitischen Handeln und leisten vielfach auch faktisch Strategieberatung – meiner Erfahrungen nach allerdings noch zu intuitiv. Denn für die Erfassung der feldspezifischen Veränderungsdynamiken gibt es derzeit kaum supervisorische Standards. Aber auch die Strategieberatung durch die großen Unternehmensberatergesellschaften weist deutliche Defizite auf, weil deren Fachberater das Umfeld überwiegend als Verdrängungswettbewerb modellieren; daher kann Supervision im Wettbewerb mit diesen durchaus bestehen und in diesem Feld innovativ wirken. Die Grundzüge eines Supervisionskonzepts, das der Komplexität mehrerer Handlungsebenen gerecht wird, beschreibt Kersti Weiß in ihrem Aufsatz: Über-Blicke (zurück-)gewinnen (Weiß 2007).

Die Strategieberatung böte der Supervision also eine Möglichkeit, als Profession in die gesellschaftlichen Handlungsfelder zu intervenieren. Führungskräfte werden dabei begleitet, wie sie gesellschaftliche Verantwortung übernehmen und an einem Ordnungsrahmen arbeiten, der ihnen bessere Bedingungen organisiert. Sie haben ein gesteigertes Interesse an einem überbetrieblichen Austausch und an der Reflexion ihrer strategischen Ausrichtung. Branchenstandards werden durch die Organisationen zumindest mit bestimmt – schließlich sind Organisationen den Kostenträgern nicht blind und hilflos ausgeliefert. Sie können die politischen und gesellschaftlichen Rahmenbedingungen vielmehr mitbestimmen, indem sie sich etwa miteinander vernetzen, um so auf politische Prozesse stärker Einfluss zu nehmen. Supervision könnte solche Entwicklungen anregen.

Offen bleibt für mich noch, wie die Erkenntnisse aus Supervisionsprozessen in die gesellschaftlichen Subsysteme zurückgespiegelt werden können. Supervision könnte sich aus meiner Sicht jedoch in geeigneten Netzwerken mit Politikberater/innen und beratenden Sozialwissenschaftler/innen wesentlich stärker in die Ordnungsdiskurse einzelner Felder einmischen, als sie es bis dato tut – um dort den Stand der Kunst sowie die Qualitätsmaßstäbe zu beeinflussen. Politikberatung ist nach meiner Beobachtung überwiegend »naive, unaufgeklärte« Fachberatung. In Organisationskontexten gibt es mittlerweile zwar immer mehr gelingende Kooperationen zwischen Fach- und Prozessberatung. Entsprechendes fehlt allerdings auf der Handlungsebene der gesellschaftlichen Subsysteme noch sehr. Die direkte politische Stellungnahme etwa durch die DGSv scheint mir in diesem Zusammenhang nicht ausreichend wirkungsvoll.

Hannah Arendt mahnte in ihrem Aufsatz »Wahrheit und Politik«: »*Eine manipulierte Wirklichkeit zerstöre die Grundlagen des politischen Gemeinwesens überhaupt: die Urteils- und Handlungsfähigkeit seiner Bürger.*« (Arendt/Nanz 2006, S. 73)

Die traditionelle Qualität der Reflexionsbranche wurde in der Vergangenheit durch seriöse Journalisten sowie durch erfahrene Politiker abgesichert, die dem Gemeinwohl verpflichtet sind. Diese Ressource ist äußerst knapp geworden. Können hier die reflexionsorientierten Beratungsformate mit ihrer Innovations- und Wachstumsdynamik sowie mit Organisationen, die sich zu ihrer gesellschaftlichen Verantwortung bekennen, die entstandenen Lücken möglicherweise füllen, um den Verständigungs- und Einigungsdiskurs der Bürgergesellschaft zu unterstützen?

Stünde die heute noch knappe Ressource Reflexion reichhaltiger zur Verfügung – dies scheint mir gewiss –, gewönnen wir auch in den sozialen Feldern wieder mehr Wertschöpfungsdynamik.

Literatur

Antonovsky, A./Frankel, A.: Salutogenese: zur Entmystifizierung der Gesundheit. Tübingen 1997

Arendt, H./Nanz, P.: Wahrheit und Politik. Berlin 2006

Barber, B.: starke Demokratie. Hamburg 1994

Beck, U.: Die Erfindung des Politischen. Frankfurt a.M. 1993

BUND/Misereor (Hrsg.): Zukunftsfähiges Deutschland – ein Beitrag zu einer global nachhaltigen Entwicklung. Basel 1996

Giesecke, M.: Von den Mythen der Buchkultur zu den Visionen der Informationsgesellschaft. Frankfurt 2002

Habermas, J.: Theorie des kommunikativen Handelns (Bd.1: Handlungsrationalität und gesellschaftliche Rationalisierung, Bd. 2: Zur Kritik der funktionalistischen Vernunft). Frankfurt a.M. 1981

Keupp, H.: Von der (Un-) Möglichkeit erwachsen zu werden – Welche Ressourcen brauchen Heranwachsende in der Welt von Morgen? Internet-Zeitschrift Artikel 2002: www.ibp-psychomotorik.de/ x_forum/ index_forum_home_frame. htm

Kunkel-van Kaldenkerken, R.: Betriebsräte und Konfliktpartnerschaft. In: Edding, C. und Kraus, W. (Hrsg.): Ist der Gruppe noch zu helfen? Gruppendynamik und Individualisierung. Opladen 2006

Kunkel-van Kaldenkerken, R./van Kaldenkerken, C.: Erfahrungen aus der Mediation für die Unternehmensberatung. Erschienen in: Bamberg/Schmidt/Hänel (Hrsg.): Beratung – Counseling – Consulting. Göttingen 2006

Malik, F.: Führen, Leisten, Leben. Stuttgart, 2. Auflage 2000

Münkler, H.: »Imperien, die Logik der Weltherrschaft – vom alten Rom bis zu den Vereinigten Staaten«. Berlin 2005

Nalebuff, B./Brandenburger, A.: Coopetition – kooperativ konkurrieren. Frankfurt a.M. 1996

Nanz, P.: Die Gefahr ist, dass das Politische überhaupt aus der Welt verschwindet. In: Arendt, H./Nanz, P.: Wahrheit und Politik. Berlin 2006

Neuberger, O.: Mikropolitik. Stuttgart 1995

Omer, H./Alon, N./von Schlippe, A.: Feindbilder – Psychologie der Dämonisierung. Göttingen 2007

Rappe-Giesecke, K.: Supervision für Gruppen und Teams. Berlin 2003

Pfriem, R.: Heranführung an die Betriebswirtschaftslehre. Marburg 2004

Seifert, E./Priddat, B. (Hrsg.): Neuorientierungen in der ökonomischen Theorie – zur moralischen, institutionellen und evolutorischen Dimension des Wirtschaftens. Marburg, 2. Auflage 1997

Weiß, K.: Über-Blicke (zurück-)gewinnen. In: Zeitschrift für Psychodrama und Soziometrie 2/07, VS Verlag für Sozialwissenschaften Wiesbaden 2007

Wieland, J.: Kooperationsökonomie. Die Ökonomik der Diversivität, Abhängigkeit und Atmosphäre. In: Jansen, S./Schleissing, S. (Hrsg.): Konkurrenz und Kooperation – interdisziplinäre Zugänge zur Theorie der Co-opetition. Marburg 1998

Willke, H.: Systemtheorie. Stuttgart, 3. Auflage 1991

ders.: Systemtheorie II: Interventionstheorie. Stuttgart 1994

ders.: Systemtheorie III: Steuerungstheorie, Stuttgart 1995

www.spiegel.de/wissenschaft/mensch/0,1518,445410,00.html vom 30. Oktober 2006 (stx für afp)

Kersti Weiß

Beweglich und stabil auf schwankendem Boden

Was Führungskräfte gegenwärtig in der Supervision beschäftigt[1]

Kurzer Blick zurück: Die Entwicklung sozialer Organisationen in den vergangenen Jahrzehnten

In zahlreichen sozialen Organisationen war von Anfang der 1980er-Jahre bis Mitte der 1990er-Jahre das Thema Leitung noch anrüchig. Vielfach bildeten sich neue soziale Initiativen, die sich mit dem Enthusiasmus von Pionieren auf den Weg zur Institutionalisierung machten. Vor allem in kleineren Einrichtungen wurde Teamarbeit groß geschrieben. In den großen etablierten Einrichtungen mussten sich Leitungen mit kritischem Blick befragen lassen – die Differenz zur Leitung gehörte beinahe zum fachlich guten Ton. In dieser Zeit wurde Supervision für Teams häufig nahezu selbstverständlich ohne die Leitung durchgeführt. Die Supervision von Leitungskräften hatte dementsprechend vordringlich die Spannung zwischen Führung und Mitarbeitenden zum Thema.

---

1 Dieser Aufsatz erschien in einer ersten Fassung in dem Band: Marlies Fröse Hrsg.: Management sozialer Organisationen, Beiträge aus Theorie, Forschung, Praxis – Das Darmstädter Manangement Modell, Bern 2005

Fragen zum Aufstieg – z.B. aus einem Team – in Leitungsfunktionen, zum Verständnis der Leitungsrolle sowie zum persönlichen Führungsstil waren Schwerpunkte in der Supervisionsarbeit. Konflikte mit eigenen Vorgesetzten und ehrenamtlichen Leitungsstrukturen, die eigene Geschichte der Auseinandersetzung mit Macht und Autorität und die Klärung des persönlichen Führungsstils waren ebenso Thema wie die Entwicklung von den beruflichen Aufgaben angemessenen Strukturen.

Das alles geschah in einem Feld, in dem sozialpolitische Nachdenklichkeit gesellschaftliche Konjunktur hatte, kleine, neue soziale Initiativen und Einrichtungen den großen etablierten zur Erneuerung verhalfen.

Auch wenn die wirtschaftlichen Ausstattungen nicht immer üppig waren, gab es für viele Einrichtungen relativ gesicherte langfristige Finanzierungen. Für die Alltagsrealität von Führungskräften – und dementsprechend auch für Themenprioritäten in der Supervision – bedeutete dies, dass die Sorge um die finanzielle und politische Absicherung, je nach Verantwortungsgrad in der Organisation, einen eher geringeren Stellenwert einnahm.

In den 1980er- und 1990er-Jahren – so kann zusammenfassend und verallgemeinernd festgehalten werden – lagen Themenschwerpunkte in der Supervision von Führungskräften bei Fragen des Selbstverständnisses als Leitung, der Rollenklärung und Etablierung von organisationsinternen Strukturen, der Aufgabendelegation sowie der Konfliktbewältigung mit Mitarbeitenden und der Organisation. Diese Problembereiche wurden – verknüpft mit den jeweils persönlichen Kompetenzen und Schwierigkeiten – in ihren komplexen Zusammenhängen und Auswirkungen betrachtet, mit dem Ziel, Verständnis und Handlungsperspektiven zu entwickeln.

Blick auf die Gegenwart
Entwicklungen vollziehen sich stets kontinuierlich und nicht selten in Sprüngen – dies in gesellschaftlichen ebenso wie in persönlichen Bereichen. Die Themen, die für Führungskräfte aktuell immer wieder von Bedeutung sind und daher auch in der Supervision mit ihnen als Gegenstand eine Rolle spielen, sind einerseits den oben beschriebenen ähnlich, andererseits aber vielfach auch deutlich zu unterscheiden.

Die Wirkung von Ungleichzeitigkeit

In vielen sozialen Organisationen gehört es heute zum Selbstverständnis, dass Führung und Leitung eines spezifischen Wissens, »handwerklicher Fähigkeiten« und persönlicher Kompetenz bedarf. Dabei wird bereits vielfach die Erkenntnis umgesetzt, dass es sich hierbei auch um erlernbare Fähigkeiten und zu entwickelnde bzw. erwerbbare Qualifikationen handelt. Am ehesten werden Führungskräfte auf der mittleren Leitungsebene geschult und trainiert. Die konkrete Umsetzung in den Organisationen befindet sich jedoch häufig noch in der Phase der Entwicklung. Die Ungleichzeitigkeit, das unterschiedliche Niveau und die nicht immer gleiche Aktualität von Fach- und Führungswissen, von Kenntnissen und Kompetenzen auf den verschiedenen Führungsebenen ziehen daher spezifische Themen in der Supervision nach sich. Im Folgenden werden einzelne exemplarisch beschrieben.

— Leitungskräfte kommen in strukturelle Widersprüche zu ihren Vorgesetzten: Sie geraten in Loyalitätskonflikte, äußere und innere Spannungen, wenn sie klare Vorstellungen über zur Aufgabe passende, effiziente Organisationsformen und Strategien haben, diese aber von der vorgesetzten Leitungsebene nicht gesehen oder geteilt werden.
Oder sie setzen in ihrer Abteilung, ihrem Organisationsteil Neuerungen um und geraten dabei in Konkurrenz und Konflikt mit anderen Abteilungen. Die Fragen zu Möglichkeiten und Begrenzungen der eigenen Rolle, zu Toleranz und Umgang mit Übergängen sind dann ebenso relevant wie Fragen zu den Grenzen des persönlich Ertrag- und Aushaltbaren (an Verunsicherung, Konflikten, oder auch »nur« ungewohnten Abläufen, Strukturen o.Ä.). Die erlebte und reale Abhängigkeit kann bisweilen nur schwer ertragen werden, insbesondere wenn Organisationen in existenzielle Krisen geraten, was in jüngerer Zeit immer schneller geschehen kann. Probleme werden in dieser Konstellation häufig als persönliche Konflikte erlebt und gedeutet – als individuelles Versagen oder als solche zwischen den Führungskräften. Die Beteiligten reiben sich auf, Konflikte eskalieren und nur die Trennung scheint ein Ausweg.

Das Verstehen dieser Spannungen – als wesentlich auch durch strukturelle Ungleichzeitigkeit verursacht –, die Wahrnehmung der realen Differenzen und die Erarbeitung von Rollenspielräumen sowie die Klärung des Umgangs mit Abhängigkeiten ermöglichen neue Handlungsfreiheiten und -perspektiven.

Ein Beispiel: Eine junge Führungskraft gerät immer wieder an ihre Grenze und die der Institution, wenn sie effektive Büroorganisation und langfristige inhaltliche Arbeitsplanung einführen und vor allem durchhalten will. Die gesamte Institution wurde bisher eher intuitiv und situativ geführt, langfristige Planung gab es in erster Linie nur auf dem Papier. Der Vorgesetzte der Leitungskraft ist dieser Kultur des situativen Führungsstils verpflichtet, die auch seinem eigenen Führungsverständnis entspricht. In der Supervision wird es für die junge Frau zu einer wichtigen Differenzierungsarbeit, die eigenen Ansprüche, die Einstellungen und die Wirklichkeit in dieser Organisation zunächst realistisch wahrzunehmen, angesichts der äußeren Anforderungen an die Organisation die Notwendigkeit für Veränderungen zu sehen und sie – ihrer Rolle und Einflussmöglichkeit entsprechend – kulturangepasst umzusetzen. Das eigene Engagement und die Kraft dabei nicht zu verschleudern, sondern möglichst ressourcenschonend einzusetzen, stellt sich dabei als das zu bewerkstelligende Kunststück dar.

— Ein Team, eine Abteilung, ein Firmenteil koppelt sich ab, oder wird von der Entwicklung der anderen abgekoppelt; Auslöser dafür kann z.B. die Einführung von Qualitätsmanagement und/oder Projektmanagement sein: Die Abteilung wird dabei etwa in eine selbstständige ökonomische Einheit umgewandelt, um zukünftig einen marktangepassten Ansatz der Arbeit o.Ä. zu verfolgen. Die zuständige Führungskraft hat sowohl den Wind der Veränderung und die neue Richtung zu vermitteln als auch mit den entsprechenden Hoffnungen, Verunsicherungen wie den Widerständen bei eigenen Mitarbeiter/innen umzugehen, zugleich aber auch mit den intra-institutionellen Ungleichzeitigkeiten und den daraus resultierenden Spannungen.

Ein Beispiel: Die Leitung einer Diakoniestation hat sich schon früh mit neuen internen Qualitätsentwicklungssystemen, den Dokumentationsweisen und neuen Abrechnungsmodi vertraut gemacht. Die Auseinandersetzung mit externen Geldgebern ist ihr vertraut. Die erste Phase der Mitarbeiter/innen-Schulung, der Veränderung von Arbeitsabläufen sowie der Auseinandersetzung mit den neuen Pflegestandards und den eigenen Werten gelang unter Anstrengung, aber im Großen und Ganzen gut.

Die Diakoniestation befindet sich im Gebäude einer Kirchengemeinde, die viel Wert auf Engagement, Ehrenamtlichkeit und Zuwendung für die einzelne Person legt. Gerechnet wurde bis vor Kurzem kaum. Geld und Zeit waren im Prinzip vorhanden und wurden bei Knappheit durch erhöhtes Engagement wettgemacht. Die Leitung der Diakoniestation gerät nun in der Gemeinde in den Verdacht, nur noch aufs Geld zu schauen und alle »christlichen Werte« zu verraten. Sie spürt den zunehmenden persönlichen, institutionellen und öffentlichen Druck, schließlich sind viele ihrer Kunden Gemeindemitglieder.

Die auftauchenden Schwierigkeiten als Teil gesellschaftlicher Auseinandersetzungen zu begreifen, die differenten Interessen zu erkennen und die Möglichkeiten und Grenzen der Integration der verschiedenen Sichtweisen wahrzunehmen, war ebenso Thema in der Supervision wie der Umgang mit persönlichen Kränkungen, den eigenen Werten und der Ohnmacht und Macht, Situationen mit- bzw. selbst zu gestalten.

Nachdem die Supervisandin auch die Perspektive der Gemeinde wahrnehmen konnte, waren neue Verhandlungen möglich und ihre Ausgrenzung nicht mehr nötig. Sie konnte sich in Kooperation mit der Gemeinde begeben und die Entwicklung eines effektiven und diakonischen Konzepts als gemeinsame Aufgabe verstehen, das unter Einbeziehung Ehrenamtlicher auch realisiert werden konnte.

Zwischen Zielorientierung und Leben von der Hand in den Mund

Langfristige Planungen werden, wenn sie strategisch, finanziell, über *Balanced Score Cards* geplant und qualitätsgesichert sind, als sinnvoll erfahren und umgesetzt. Die Instrumente sind bekannt und häufig etabliert, das Führen durch Zielvereinbarung oft schon selbstverständlich, Mitarbeitergespräche trainiert und eingeführt. Qualitätskonzepte werden oder sind eingeführt. Angst und Abwehr aus den ersten Stunden sind überwunden, die Erwartung, alles werde ganz anders, ist gedämpft. Pragmatik in den Abläufen und Strukturen sowie eine Systematik des Planens haben in Organisationen schon häufig neue, hilfreiche Einsichten befördert.

In solcher Art Qualifizierung von Führungspersonal und Organisationsentwicklung wurde bereits einiges investiert. Supervisionen, die solche Prozesse begleiten, haben häufig die Veränderungen und die Integration neuer Führungskonzepte in bisherige Haltungen, Werte, Interessen, Kompetenzen und Verhaltensweisen der Leitungskräfte zum Thema. Dabei kommen in nahezu allen konflikthaften Varianten sowohl die Widersprüche und Mühen der jeweilgen Person mit den Veränderungen der Rolle, die Verunsicherung und Widerstände der Mitarbeitenden und der Organisation als auch die Veränderungen im Selbstverständnis wie in den Einstellungen zum Klientel der jeweiligen Organisation zur Sprache. In der Supervision kann ein Verstehensprozess dafür in Gang gesetzt werden, wie Entwicklung von welchen Mitarbeitenden gestaltet werden kann, in welchen Arbeitsbeziehungen besondere Verstrickungspotenziale stecken, wie diese verstanden und ent-wickelt werden können.

Je nach Größe und Tradition der Organisationen, aus denen die Führungskräfte kommen, ist der Weg von einer eher familial-spontanen, gemeinschaftsorientierten Kultur zu einer zielorientierten, strategischen Planung ein Weg mit vielen Auseinandersetzungen und Abschieden. Die Leistung zu differenzieren – d.h. welche Aufgaben in der Organisation eher als Netzwerk, welche als Markt, welche am besten in klarer Hierarchie und welche in Gemeinschaft zu gestalten sind – wird dabei zum Ziel wichtiger Überlegensprozesse, die in der Supervision entwickelt werden können.

Bedeuten diese Auseinandersetzungen schon eine nicht zu unterschätzende Arbeit neben der Alltagsbewältigung, wird es weiterhin umso komplizierter, je unsicherer die ökonomische Grundlage eines Betriebs, einer Einrichtung sich darstellt.

Sind viele Einrichtungen noch bis vor Kurzem relativ solide und berechenbar institutionell gefördert worden, setzt sich heute an immer mehr

Orten die Projektfinanzierung durch. Unter der – richtigen – Annahme, dass bisher zuviel Geld unkontrollierbar in sogenannte »Overheadkosten« floss, schlägt das Pendel jetzt in die andere Richtung aus, mit der Folge, dass ganze Organisationen, die unbefristete Arbeitsverträge mit Mitarbeitenden für selbstverständlich halten und auch sozialpolitisch vertreten, in finanzielle Schwierigkeiten – bis hin zu Insolvenzen – geraten. Werden Zuschüsse kurzfristig gestrichen, Projekte nicht genehmigt, dann geraten Organisationen, die nicht über ein ausreichendes finanzielles Polster verfügen, ins Trudeln. Das zieht häufig eine Politik des »Von-der-Hand-in-den-Mund« als Gegenbewegung nach sich – und damit eine zweite Realität zu den genannten strategischen Ausrichtungen.

Leitungskräfte geraten in dieser Situation vielfach in Schwierigkeiten. Fragen danach, ob sich langfristige Planung überhaupt lohne, sowie Ohnmachts- und Inkompetenzgefühle machen sich breit. Arbeitsrechtliche und ökonomische Kompetenzen sind jetzt ebenso gefragt wie die Fähigkeit, mit den politischen Entscheidungsträgern immer wieder aufs Neue zu verhandeln und im richtigen Moment auf adäquate Angebote zu kommen. Die Möglichkeiten und Grenzen des eigenen Einflusses zu sehen und die Verantwortung gegenüber Mitarbeitenden zu übernehmen – die aufgrund veränderter Bedingungen den Betrieb verlassen müssen: Dies sind in solchen Fällen drängende Fragen in der Supervision.

Nicht nur in der Supervision beschäftigt Leitungskräfte dann auch die Frage, wie viel langfristige Stabilität und kurzfristige Flexibilität gewährleistet sein müssen, damit die Organisation ihre Aufgabe optimal erfüllen kann und dafür auch die finanziellen, personellen und strukturellen Ressourcen zur Verfügung hat. Genau hier stellt Supervision den Raum bereit, Ambivalenzen zu realisieren und Folgen von Entscheidungen im Vorhinein zu reflektieren, um das Ausmaß an Aktionen und Entscheidungen aus Panik oder aus nicht ausgehaltener Abhängigkeit möglichst minimal zu halten.

Regiert Geld die Welt? – oder: Geld essen Seele auf
Die finanzielle Ausstattung der einzelnen Organisationen im Nonprofit-Bereich differiert erheblich. Je nach Größe und Zusammensetzung der

Finanzierungsquellen sind sie komplett, teilweise oder gar nicht staatlich subventioniert. Die Frage, welche Mischung der Finanzierung den Aufgaben adäquat ist und wie sie kurz-, mittel- und langfristig sicherzustellen ist, beschäftigt heute Führungskräfte auf nahezu allen Leitungsebenen. Konnten Kolleg/innen des mittleren Managements noch vor einigen Jahren diese Aufgaben ihren Führungsspitzen überlassen, sind sie heute in zunehmendem Maße selbst in einer aktiven Rolle hierzu gefragt.

Die ungewohnte Rollenübernahme der Finanzwirtschafter/in wird zu Teilen durchaus als produktive Herausforderung erlebt, führt bei vielen aber auch – zumindest zeitweise – zu schweren Krisen und Versagensängsten mit entsprechenden Symptomen wie Überarbeitung, Schlafstörungen und Burn-out.

Es ist zu beobachten, dass die gesellschaftliche Debatte über die Sozialsysteme – die nicht weiter zu finanzieren seien und die die Menschen in Abhängigkeit hielten und nicht ihre Selbstständigkeit förderten –, über die Notwendigkeit der Umsteuerung und das »Ende sozialer Hängematten« zu einer schleichenden Entwertung der Übernahme von gesellschaftlicher und sozialer Verantwortung führt. Menschen in Führungspositionen mit ausgeprägtem Bewusstsein für die gesellschaftliche und soziale Verantwortung ihrer Tätigkeit und Organisation werden in der Folge wegen ihres Engagements und vergleichsweise niedrigen Gehalts eher belächelt als bewundert. Sie erscheinen gesellschaftlich eher auf der Verliererseite und als »unmodern«, als sozialromantisch und altmodisch.

Da das Klientel der Organisationen, die sie leiten, auch eher auf der Schattenseite des ökonomischen Reichtums steht, verdoppelt sich der Druck auf sie. Was von diesen Leitungskräften mit Blick auf ihre Klient/innen in erster Linie als gesellschaftliche Ungerechtigkeit erlebt wird – für die sie mit ihrem ganzen institutionellen Engagement einen Ausgleich schaffen wollen und sollen –, erscheint für sie selbst zunächst häufig nicht so, im Gegenteil: Nicht auf der Gewinnerseite zu stehen, wird vor allem als *persönliches* Versagen erlebt. Und auch die finanzielle und politische Entwertung ihrer Arbeitsbereiche wird vornehmlich als persönliche Unfähigkeit erfahren, für »ihre« Institution für »ihre« Mitarbeiter/innen »ihre« Klientel nicht genug, nicht das Richtige getan zu haben. Scham- und Schuldgefühle tauchen dann in der Supervision auf. Das Unfähigkeitserleben bemisst sich auch nach dem Wunsch und der klaren Vorstellung, den gesellschaftlichen Trend aufhalten zu können. Aufgabe in der Supervision ist es in diesem Fall, den Anteil der Größenphantasie zu bearbeiten (ohne den Wunsch zu desavouieren), um die gesellschaftliche Wirksamkeit des eigenen Tuns realistisch einzuschätzen und ihre Grenzen zu erkennen. Das ermöglicht Entlastung und die nötige Trauer um das, was nicht mehr möglich ist. Nach einigen Prozessen des Verstehens können dann auch die individuellen und institutionellen Realitäten wieder ins aktive Spiel kommen und neue Perspektiven und Ziele entwickelt werden, die den aktuellen und zukünftigen Aufgaben und ihren materiellen und personellen Ressourcen entsprechen. Ein solcher Prozess kann Leitungskräfte auch vor bisher unbekannte Aufgaben stellen – wie z.B. die Schließung von Betriebsteilen, die Entlassung von Mitarbeiter/innen, den Verkauf von Gebäuden, die Einleitung von Insolvenzverfahren oder die völlige Umsteuerung langjähriger wichtiger Aufgabenbereiche.

Konkurrenz belebt das Geschäft – oder zerstört sie Kooperation und Vertrauen?

Der Umgang mit Konkurrenz ist in Supervisionen seit jeher Thema – Konkurrenz zwischen Personen und ihren Rollen und Aufgaben, zwischen Abteilungen, unter Mitarbeiter/innen. Auch der Vergleich mit Organisationen ähnlicher Aufgabenstellung und Größe wurde in der Vergangenheit thematisiert. Allerdings waren lange Zeit die Aufgaben, Märkte und Gebiete in den Kommunen und Landkreisen unter den Trägern sozialer und Bildungseinrichtungen meist in gegenseitiger Absprache so aufgeteilt, dass Konkurrenz nur beschränkt, in überschaubaren Maßen auftrat. Kooperationen, Vernetzungen und Verhandlungen standen im Vordergrund. Der Vergleich untereinander war informeller Gesprächsstoff, die Auftrag- und Finanzgeber waren langjährig gepflegt und eingebunden in die Planungen der jeweiligen Träger. Nur kleine innovative Organisationen bemühten sich – mit mehr oder weniger Erfolg – immer wieder, Stükke vom finanziellen Gesamtkuchen abzuteilen. Konkurrenz wurde so minimiert und in der Supervision eher als Thema psychologischer Phänomene begriffen und behandelt. In der kooperationsgewohnten Kultur beförderte der Slogan »Konkurrenz belebt das Geschäft« vor allem die Ermutigung zur Differenz und neuen Schwung und Ideen.

Diese Situation hat sich deutlich verändert. An die Stelle klarer Absprachen ist in weiten Bereichen ein Prozess der Auflösung dieser Strukturen getreten, mit dem ein Konkurrenz- und Preiskampf einhergeht, der vielerorts Organisationen in ihrer Existenz bedroht. Die gesellschaftliche Desavouierung sozialer Arbeit macht Kürzungen in dem Bereich modern – und leicht. Die Folgen spüren die Verantwortlichen in Leitungsfunktionen gleich dreifach:

— Langjährige institutionelle Kooperationspartner/innen anderer Organisationen werden zu Konkurrent/innen um Projekte, Gelder, Anerkennung, Förderung durch Kommune, Bund und Land: Wer bekommt den Zuschuss? Die Schnellsten und Größten? Die mit den relevanten Angeboten oder den richtigen politischen Netzwerken? Oder hängt es von ganz anderen Dingen ab? Es scheint nicht oder nicht mehr das Kriterium der qualitätsvollsten oder sinnvollsten Arbeit zu sein – in der ein gutes Verhältnis von Aufwand und Ertrag existiert –, das die finanziellen Zuweisungen garantiert; diese erscheinen vielmehr häufig willkürlich. Bricht ein Glied in der Finanzierungskette, folgt nicht selten ein zweites und drittes, da sie im Sinne der Subsidiarität alle voneinander abhängen. Politiker und Personen, die über Förderung entscheiden, erhalten hier eine deutlichere Macht. Hilflose Wut und die Gefühle der Entwertung des bisherigen Engagements und Bemühens um Qualität sind bei Leitungen und Mitarbeitenden die Folge, mit der die Beteiligten sich auseinandersetzen müssen. Verhandlungsgeschick, politischer Lobbyismus, mutiger Umgang mit der Abhängigkeit sind jetzt gefragte Fähigkeiten. Darüber hinaus ist es notwendig, im Konkurrenzkampf weiter unterscheiden zu können, wo allgegenwärtiges Misstrauen zerstörerisch für die Aufgabe, die eigene Organisation und die Person wirkt und wo Vertrauen nötig und auch gerechtfertigt ist. Eigene und fremde Werte stehen auf dem Prüfstand. Ist es möglich, um die Existenz der eigenen Organisation zu erhalten, Aufgaben zu übernehmen, die traditionell ein anderer Träger ausgeführt hat? Wie hoch ist der Preis für die Entscheidung in die eine oder andere Richtung?

— Konkurrenz und Bedrohung machen nicht vor der Tür der Organisation halt. Die verschworene Gemeinschaft eines Teams von Mitarbeiter/innen hält gewöhnlich nur die ersten Phasen des Schocks über die Veränderungen hindurch. Nach einer Aktionsphase, in der alle Kräfte mobilisiert werden, folgt meist die Depression und sehr häufig ein Prozess erbitterter Auseinandersetzung in der Mitarbeiterschaft. Ein Prozess der Selbstentwertung setzt ein – eine Aktivität, geboren aus Hilflosigkeit und Abhängigkeit mit dem Ziel, beides erträglicher zu machen. In dieser Situation binden sich Hoffnungen – auch unrealistische – an die Leitungskraft. Den hieraus resultierenden Anforderungen in einem realistischen Maß zu begegnen, die Wut darüber auszuhalten, dass sie nicht der/die Erlöser/in aus dieser Situation ist, destruktive Konkurrenzen unter den Mitarbeiter/innen in einem erträglichen Rahmen zu halten und wieder in eine auf die Aufgaben orientierte Kooperation münden zu lassen – darin liegen die wirklich großen Herausforderungen der Führung von Mitarbeiter/innen. Eine hohe Spannungstoleranz und Unerschrockenheit gegenüber Konflikten ist notwendig, um diese Arbeit zu bewältigen. Supervision kann in solchen Situationen hilfreich sein, die äußere und innere Bedrohung zu sortieren und einfache Schwarz-Weiß-Lösungen auf ihre Konsequenzen hin zu erforschen. Sie schafft Entlastung, indem wahrnehmbar wird, was im Verantwortungs- und Machtbereich der Leitungskraft liegt und was nicht, und wie Reaktionen der Mitarbeitenden als Lösungswege aus schwer erträglichen Spannungen verstanden werden können. Sicherheit und Halt, die in der Supervision erlebt werden, können dann auch das strapazierte Reservoir an Zuversicht sowie der Fähigkeit, Orientierung und Halt zu entwickeln, wieder anreichern.

— Schließlich finden sich die Spannungen auch in Reaktionen der Klientel wieder. Je instabiler sie sind, desto sensibler reagieren sie auf Verunsicherung der Institutionen. Oft erfahren sie von den Veränderungen, Kürzungen oder Umstrukturierungen aus der Presse oder aus Gesprächen mit Mitarbeiter/innen. Welche Klient/innengruppen mit welchen Zeit- und Personalressourcen noch begleitet werden sollen, stellt zudem die Frage der Konkurrenz um Mittelvergabe auf dieser Ebene ins Zentrum. Nicht alle Klient/innengruppen nehmen das klaglos auf. Die Spannungen sind in den Organisationen spürbar und führen wiederum zu höherer Belastung aller Mitarbeiter/innen, da sie konfliktträchtige Situationen bewirken, Behandlungserfolge infrage stellen und ihnen in der gegenwärtigen Situation der Verunsicherung die, über das übliche Maß weit hinausgehende Anstrengung einer Sicherheit und Schutz gewährenden Rolle abfordern.

Leitungen sind wiederum gefragt, solche Prozesse wahrzunehmen und die erhöhten Anforderungen nicht mit plötzlicher Verminderung der Arbeitsqualität der Mitarbeitenden zu verwechseln. Die Angst vor der Veränderung führt zu Regressionen bei Klient/innen und Mitarbeiter/innen. Die jeweils konkret zu findenden Antworten auf Fragen, wie Führung in einer solchen Situation angemessen aussehen kann und woher die jeweilige Person die Kraft dazu nimmt, sind zentral für die Bewältigung von solchen Krisen.

Der Erhalt des bestehenden und gegebenenfalls der Aufbau neuen Vertrauens – ohne dabei die Realität des institutionellen und politischen Misstrauens zu leugnen – kann ebenfalls ein Ergebnis der Möglichkeit zur Reflexion, die Supervision bietet, sein.

Fusionen begleiten – differenzieren und integrieren

Eine Möglichkeit, mit geringeren finanziellen Mitteln auszukommen, stellt der Zusammenschluss verschiedener Träger dar: die Fusion von größeren Betriebsteilen oder von Organisationen mit gleichen Aufgaben. Erhofftes Ziel ist dabei eine Reduktion der fixen Kosten, der Aufbau von Synergien, die Übernahme von größeren Projekten auf dem Markt sowie die Ausstattung mit Finanzreserven, um kurzfristige Finanzierungslücken länger überbrücken zu können. Ob die Leitungskräfte eine solche Entscheidung zur Fusion selbst mit getroffen haben oder nicht, wirkt sich nachhaltig auf ihre jeweilige Position zu Beginn des mit der Fusion eingeschlagenen Weges aus. Steht im positiven Fall die Erklärung des Sinns, der Ziele der Strukturveränderung, die Aussichten auf Erfolg und die Auseinandersetzung mit den Widerständen der Mitarbeitenden im Mittelpunkt, drängen im negativen Fall zunächst die eigenen Fragen in den Vordergrund: Wie sieht die eigene Haltung zu dem Vorhaben aus? Welches sind die persönlichen Perspektiven, was gilt es zu gewinnen bzw. gegebenenfalls zu verlieren? Ist die eigene Position gesichert oder besteht die Erwartung/die Gefahr, sich überflüssig zu machen? Die Fragen der Leitungskräfte ähneln in dieser Konstellation denen der Mitarbeitenden. Die Gestaltung eines Fusionsprozesses ist eine sehr sensible Aufgabe, die viel Respekt und Achtung vor jedem einzelnen erfordert, sollen die Kosten des Vorhabens nicht binnen Kurzem den Nutzen bei Weitem übersteigen. Die achtungsvolle Wahrnehmung der unterschiedlichen Kulturen und Führungstraditionen, der Aufgaben und Arbeitsabläufe, der Kompetenzverteilungen und des Umgangs mit Kund/innen ist Grundlage eines gelingenden Fusionsprozesses. Erst auf der Basis des wahrgenommenen Eigenen und der Differenz zum anderen kann Gemeinsames entwickelt werden. Leitungskräfte verstricken sich in dieser komplexen Aufgabe häufig; nur scheinbar kann in solchen Prozessen schnell mit alten Zöpfen, unbeliebten Mitarbeiter/innen, überflüssigen Traditionen »aufgeräumt« werden. Durchsetzungsfähigkeit erscheint oberflächlich als Allheilmittel, dem Widerstand der Mitarbeitenden mit symbolischen Trostpflastern zu begegnen. Zu begreifen, dass Fusionsprozesse in typischen Phasen verlaufen, sie gerade zu Beginn eine sichere Führung benötigen, die Unsicherheiten und Diffusionen aushält, aber auch Luft zum Andersein lässt, dafür bietet u.a. die Supervision Gelegenheit: Hier sind Zeit und Raum gegeben für die Reflexion der Unwegsamkeiten und dafür, die Möglichkeiten und Grenzen der Leitungskräfte auszuloten, die bestehenden Spannungen zu bearbeiten und Aushandlungsprozesse zu begleiten und selbst zu gestalten. Die Auseinandersetzung mit dem Wert des Eigenen und dem des Fremden und der veränderten Leitungsrolle ist dabei von zentraler Bedeutung.

Abschied und Auflösung
Nicht immer, aber immer häufiger werden Mitarbeitende nicht nur verabschiedet, wenn sie pensioniert werden oder in eine neue Stelle wechseln, sondern, weil sie gekündigt werden: weil sie die Arbeit nicht mehr in der neu geforderten Weise ausführen können und auch Nachqualifikationen nicht den erwünschten Erfolg haben oder weil sie aufgrund von Arbeitsverdichtung aus dem Rhythmus fallen und nur auf Kosten extremer Belastung der anderen Kolleg/innen mitgetragen wurden; weil einzelne Stellen und Aufgaben nicht mehr finanziert werden, aber auch, weil sie als zwar sehr engagierte, aber neue Mitarbeiter/innen erst vor Kurzem in die Organisation kamen und daher arbeitsrechtlich am ehesten gekündigt werden können. Der Prozess der Entscheidung, Mitarbeiter/innen zu kündigen, ist häufig mit großen Zweifeln, inneren und äußeren Auseinandersetzungen, mit Ängsten und Hilflosigkeit, mit Aggression und dem Wunsch nach Abgabe von Verantwortung verbunden. Das Bemühen, nicht willkürlich, sondern überlegt zu handeln, stößt dabei so manches Mal an Grenzen. Die eigenen Werte geraten auch hier in Konflikt mit realen Notwendigkeiten. Gelingt es u.a. durch Nachdenken und Durcharbeiten, diese Prozesse bewusst zu machen, kann die Verantwortung für die Kündigungen von der Leitungskraft übernommen werden und es ihr gelingen, die Gründe dafür dem/der Betroffenen so darzustellen, dass diese nicht von fälschlicherweise als selbstverschuldet wahrgenommen werden und damit zu Verletzung führen. An der Tatsache der Kündigung ändert sich dadurch nichts; sie kann aber mit dem geringstmöglichen Schaden für die Beteiligten vollzogen werden. Und ein Abschied in Würde und Würdigung – auch wenn es zuvor Konflikte gab – ermöglicht für diejenigen, die gehen, und diejenigen, die bleiben, gering beschädigte Neuanfänge.

Ausblick in die Zukunft
Leitungskräfte benötigen heute zunehmend die Fähigkeit, äußere Spannung zu halten und innere Spannungen auszuhalten, eigene und fremde Unsicherheit wahrzunehmen und mit ihr umzugehen. Dazu gehört ein bewusster Umgang mit eigenen Abhängigkeiten, mit Schamgefühlen und

Unfähigkeiten so wie mit Ratlosigkeit. Es ist für die Kolleg/innen ebenso entscheidend, die eigene Veränderungsbereitschaft und -möglichkeit sowie die der Mitarbeitenden auszuloten wie die eigenen und fremden Ressourcen und Grenzen im Auge zu behalten. Hilfreich ist dabei ein Vertrauen auf die Selbstständigkeit der Mitarbeiter/innen und ein differenzierter Blick darauf, welche Veränderungen von welchen Personen in welcher Weise bewältigt werden können. Zu all dem sind ein langer Atem und Ausdauer gefragt.

Nach intensiven Veränderungen – im Anschluss an eine relativ lange Phase des kontinuierlichen Aufbaus sozialer Systeme – entsteht häufig die Hoffnung, es möge ein Status Quo auf »niedrigerem« Niveau eintreten. Diese Hoffnung auf Verlangsamung oder gar Ende des Wandels trügt jedoch, da sie den Wandel als etwas Außerordentliches, Einmaliges ansieht, statt ihn als eine Phase innerhalb eines kontinuierlichen Prozesses zu begreifen.

Veränderungen sind keine vorübergehenden Phänomene – vielmehr dauerhaft Bestandteil unseres Wirkens, unserer Lebensumstände

Leitungskräfte engagieren sich häufig in den ersten Phasen von Veränderungsprozessen bis zum Rand der Erschöpfung. Sie werden angetrieben von der Vorstellung und Erwartung, nach dieser Anstrengung kämen ruhigere Fahrwasser und auch wieder Zeit für Erholung. Die Erkenntnis, dass der Wandel tatsächlich jedoch ein stetiger ist – der in den kommenden Jahren auch immer wieder Organisationen und ihren Mitarbeitenden Existenzsorgen bereiten wird – und die Ausrichtung darauf, welche Tätigkeiten eine Gesellschaft für nützlich und finanzierbar hält sowie die Akzeptanz des Umstands, dass nichts so, wie es ist sicher bleibt, erfordert von Führungskräften vor allem die Fähigkeit zum nachhaltigen Umgang mit den eigenen Kräften.

Je nachdem, ob die Personen bereits in früheren existenziell bedeutsamen Situationen die Erfahrung gemacht haben, dass sie nach krisenhaften Zeiten aus der Unsicherheit, Abhängigkeit oder aus der Orientierungslosigkeit heraus und zu einer neuen aktiven, befriedigenden Handlungsmöglichkeit finden konnten oder ob sie die Krisen als existenzielle Niederlagen erlebt haben, aus der sie beschädigt und resigniert hervorgegangen sind, sind sie mehr oder weniger mit konkreten Erfahrungen und psychischen Kräften ausgestattet, um Krisen und Veränderungen in Organisationen positiv handelnd und zuversichtlich zu gestalten. All dies in einer Supervision zu reflektieren und den Unterschied zu früheren Erfahrungen zu erkennen, ist lebensnotwendig, um auf produktive und kreative Weise für die jeweils gegenwärtige Situation handlungsfähig zu werden oder zu bleiben.

Einen beweglichen Standpunkt auf schwankendem Boden zu finden und sich der Aufgabe zu stellen, die Organisationsstruktur und die Kompetenzen der Mitarbeitenden, die Finanzen, die Vernetzung nach innen, nach außen sowie die Position auf dem Markt immer wieder neu zu justieren – das ist die Kunst, die Kolleg/innen in Leitungsverantwortung entwickeln (müssen). Bei aller Anstrengung liegt darin auch eine große Herausforderung – und potenziell eine ganz eigene Befriedigung.

Supervision stellt dabei das Feld für eine Wegbegleitung, die in stürmischen Zeiten Sicherheitsnetze entdecken hilft, Ängste ernst nimmt, Be-Sinn-ung im elementaren Sinn des Wortes ermöglicht und die Perspektiven der verschiedenen Beteiligten erkennt, Überforderungen entdeckt und in unübersichtlichen Situationen im Ausguck neue Horizonte wahrnimmt.

Für Supervisor/innen bedeutet diese Wandlung in den Anforderungen an ihre Klientel die erweiterte Kunst, hohe Spannungszustände auszuhalten und zu halten. Sie müssen sich Kenntnisse über die spezifischen Verwirrungen und Verwicklungen, die sich für Führungskräfte in der heutigen Zeit ergeben, erarbeiten. Die Auseinandersetzung mit den Interdependenzen von Ökonomie, den jeweiligen Aufgaben, Organisationsstrukturen und -kulturen, Lebens- und Arbeitsbedingungen und der inneren und äußeren Dynamik von Veränderungsprozessen gehört zur notwendigen Ausstattung für die Begleitung auf unwegsamem Gelände.

Die Lust, sich aus chaotischen Situationen neue Überblicke zu verschaffen und passende Strukturen zu entwickeln, ist hierbei erfolgreichen Führungskräften und Supervisor/innen gemeinsam.

Mein Dank gilt an dieser Stelle allen Supervisand/innen, die mir durch die Darstellung ihrer Schwierigkeiten und Verwirrungen, durch das gemeinsame Entdecken und Verstehen und die Erarbeitung von konstruktiven Handlungsmöglichkeiten zu den beschriebenen strukturellen Erkenntnissen verholfen haben.

Gabriele Birth

Krisen begreifen

Supervision in Umbruchzeiten

1. Krisen in der Organisation

Die Literatur im Bereich »Organisationsentwicklung«, Changemanagement und -beratung beschreibt ausführlich die Auswirkungen der heutigen Veränderungsdynamik in Unternehmen auf Organisationsmitglieder und das Kollektiv. Autoren sprechen von kollektiven und persönlichen Krisen – ausgelöst durch massive strukturelle Veränderungen – mit den bekannten Folgen von Angst und Widerstand (Schreyögg 2005). Insbesondere in sozialen und klinischen Einrichtungen sind Anpassungsleistungen aufgrund von effizienzorientierten Vorgaben von Leistungsträgern die Regel. Als Auslöser für krisenhafte Phasen in den Organisationen werden genannt:
— ökonomische Krisen
— organisationskulturelle Krisen
— Krisen bei der Fusion von Subsystemen

Entscheidend für die Ausprägung von Krisen ist – nicht anders als beim Ausbruch einer persönlichen gesundheitlichen Krise – die Größe der Distanz zwischen dem IST- und dem SOLL-Zustand eines Systems sowie der zum Einsatz kommenden Bewältigungsstrategien. Die Merkmale einer im »Change« (Prozess der Veränderung) überforderten Organisation sind in der Fachliteratur ausreichend beschrieben (z. B. Schreyögg 2005). Im Rahmen der hier dargestellten Überlegungen beschäftigt die Frage, wie speziell das Format der Teamsupervision (im Bereich profitorientierter Betriebe und Institutionen auch Teamentwicklung/Teamcoaching) in den durch Veränderungsprojekte überforderten Organisationen hilfreich sein kann. Auslöser von Teamkrisen werden immer auch gruppendynamisch interpretiert (Konkurrenzen, Intrigantentum, Regressionsphasen usw.). Nach systemischer Auffassung sind die bekannten Konfliktsymptome in Arbeitsteams stets vor dem Hintergrund der organisationsbezogenen Gesamtsituation zu sehen und gegebenenfalls »zu behandeln«.

In der Krise sind die Teammitglieder nicht mehr in der Lage aus eigenen Kräften die Vielfalt der neuen Rollenanforderungen (SOLL) in den vorhandenen Strukturen zu erfüllen. Beratung und insbesondere Supervision kommt immer häufiger dann zum Einsatz, wenn Unternehmen die Anpassung zum SOLL (neue Ziele und Konzepte entsprechend der geforderten Veränderungsleistung) nicht weiter auf der Aufgabenebene bewerkstelligen können und Probleme, die im Zuge der Veränderung bzw. Wandlung zur Lösung anstehen, unbearbeitet bleiben – und die in der Folge zu konflikt- und krisenhaften Erscheinungen führen.

Als Supervisorin richte ich meinen Blick vor allem auf die sogenannten Randerscheinungen der institutionellen Krise sowie auf ihre Folgen für die Arbeitsteams:

1. Mitarbeiter in »Krisenteams« sehen sich in einer permanenten Beschleunigungsphase (sogenannter *Turboeffekt*): d.h. der Druck auf die Anpassungsleistungen der Systeme nimmt zu – bei gleichzeitig nachlassenden bzw. instabilen »LIVE-Kommunikationssystemen« (z.B. Ausfall der Teamsitzung, Vernachlässigung des »Jour fix«, Verzicht auf hierarchieübergreifende Tagungen ... oder auch schlicht: Wegfall von Betriebsausflug und Weihnachtsfeier). In der Krise werden die Gelegenheiten zur professionellen Begegnung aufgrund von Zeitknappheit, unklaren Kommunikationszielen (»Was soll ich auf dem Meeting überhaupt?«) und dem Nachlassen von Verbindlichkeit (»Ich muss da nicht

hin ...«) instabil und unklar; dadurch werden die innerinstitutionellen Bühnen für eine konstruktive Problemlösung und Anpassung zwischen IST und SOLL zunehmend rar.
2. Krisen schaffen bei den Mitarbeitern *Orientierungslosigkeit* – vor allem durch konfuse Ordnungsmuster und konkurrierende Werte. Der Mitte der 1990er-Jahre angestoßene tiefgreifende Wandel zur Ökonomisierung und Flexibilisierung von sozialen Unternehmen hebt die tragenden Ordnungsmuster »Hierarchie« und »Gemeinschaft« zwischen den Berufsgruppen auf.
3. Funktionen, Rollenerwartungen und Umgangsnormen verändern sich in Richtung auf eine »Marktorientierung« bei gleichzeitig nach wie vor bestehenden hierarchischen Strukturen. Als Konsequenz für die Teams werden Verhaltensunsicherheiten spürbar: Die Einschätzung der Teamreife und Teamqualität geht weit auseinander und die Prozesse der Entscheidungsfindung sind unklar. Bei unklaren Ordnungsmustern sind die Prinzipien für Regelfindung und Konfliktlösung in der Neuorientierung nicht mehr praktikabel.
4. Die massive *Rollenverunsicherung* der Beschäftigten stellt einen weiteren »Baustein« der Teamkrise dar. Berufsgruppen im Wandel befinden sich in einem mehrfachen Rollenkonflikt, der sich auf die soziale Stabilität und Arbeitsfähigkeit der Teams und Projektgruppen auswirkt. Aus dem Führungsvakuum und dem Fehlen klarer institutioneller Rollen resultiert häufig die »Wertsteigerung« informeller Rollen im Team. Wird die Ausübung einer solchen informativen Rolle durch Rückzug oder Ausgrenzung aus der Gruppe ebenfalls infrage gestellt, kann vielfach das Ausweichen der betreffenden Person auf psychische und somatische »Rollen« – also der Rückzug und Rollenhandeln auf rein menschlicher Ebene – beobachtet werden. Damit ereignet sich eine Konfliktverschiebung von der strukturellen über die soziale auf die individuell psychisch-somatische Ebene.[1] Der Schauplatz der Konflikt-

---

1 Im psychiatrischen Rollenkonzept von Moreno wird zwischen Klassen von Rollen differenziert, die hier zur Handlungstheorie im Organisationsentwicklungsprozess

austragung ist dann nicht mehr die Gruppe, sondern die individuelle Befindlichkeit. Nicht Rollenstarrheit (»Ich will mich nicht verändern«), sondern vielmehr Rollenungewissheit und intrapsychische Rollenkonflikte führen zu den bekannten Blockaden, Reibungsverlusten, Kommunikationsstörungen und Motivationseinbrüchen bei Beschäftigten. Wandel und Widerstand gehen in solchen Fällen eine unzertrennliche Koalition ein, und Berufsgruppen im Wandel blockieren sich auf diese Weise gegenseitig. Dem beschriebenen Szenario folgend ist nicht die Qualität der Beziehungen maßgeblich für die Gestaltung der Arbeit verantwortlich; vielmehr entscheidet das Vorhandensein bzw. Nichtvorhandensein geeigneter Arbeitsrollen über die Qualität der persönlichen Arbeitsbeziehungen und Teamstrukturen. Auswirkungen unklarer institutioneller Rollen sind zum Beispiel:

— Konflikte auf der persönlichen Ebene (mit unterschiedlichen Formen der Konfliktaustragung)
— Bildung von Zweckbündnissen
— Konkurrenz verschiedener Personen um die gleiche Arbeitsdomäne
— Vernachlässigung wichtiger Arbeitsbereiche
— Verteidigung der eigenen Domäne und Betonung ihrer Bedeutung und Relevanz für die gesamte Abteilung/Organisation
— Klagen über sich verschlechternde psychische und körperliche Befindlichkeit.

---

beitragen. Nach seinem Verständnis umfasst der Rollenbegriff sowohl eine individuelle als auch gesellschaftliche Dimension und versteht sich als eine Fusion persönlicher und kollektiver Elemente. Jede Rolle hat zwei Seiten, eine persönliche und eine kollektive). Unter dem Begriff der primären Rollenkategorien werden Klassen von Rollen unterschieden. Nach der hier getroffenen Definition sind die Verhaltensmuster von Mitarbeitern in einer Organisation durch formale, in den Strukturen festgelegte Rollen bestimmt (institutionelle Rollen). Ebenso werden sie durch die offizielle Berufsrolle (soziale Rollen) und durch informelle, in den gesellschaftlichen Normen einer Berufsrolle und in Beziehungsmustern und Normen einer Institution festgelegte Rollen (transzendente und psychische Rollen) geregelt (Hochreiter 2004).

2. Teamsupervision als dynamisierender Prozess

Die beschriebenen Phänomene – Turboeffekt, Orientierungsverlust und Rollenverunsicherung – ergeben einen speziellen »Cocktail« in der Dynamik von Teams – deren Handlungsweisen vor allem von Vorsicht und Diffusität geprägt sind. Ein weiteres wesentliches Merkmal ist die Widerstandsdynamik, die jeder Veränderungsbereitschaft im Wege steht. Nach der Motivationstheorie von Anne Hale ist in solchen Teams das »Schwungrad der kreativen Veränderungsbereitschaft« blockiert.

Jahreszeitenmodell

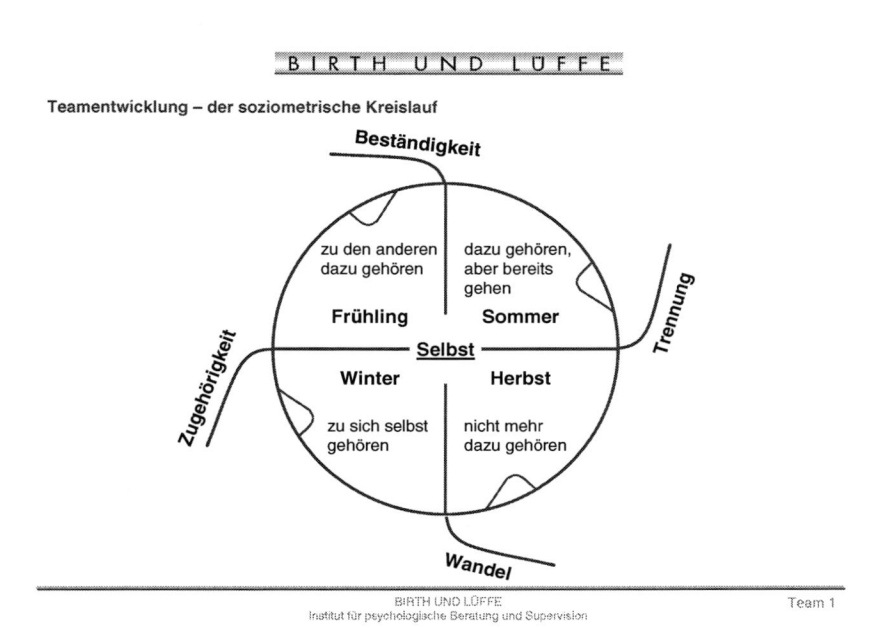

BIRTH UND LÜFFE

Teamentwicklung – der soziometrische Kreislauf

Beständigkeit

zu den anderen dazu gehören	dazu gehören, aber bereits gehen
Frühling	**Sommer**
Selbst	
Winter	**Herbst**
zu sich selbst gehören	nicht mehr dazu gehören

Zugehörigkeit — Trennung

Wandel

BIRTH UND LÜFFE
Institut für psychologische Beratung und Supervision

Team 1

In dem vorangestellten Schema von Anne Hale stehen die Jahreszeiten symbolisch für die unterschiedlichen Motivationslagen von Veränderung: Während der »Frühling« für Akzeptanz in der Gruppe und Ideenvielfalt steht, der Sommer für Kontinuität und Reife, sind die Bereiche »Herbst«

und »Winter« geprägt von Gefühlen der Nichtakzeptanz, des Widerstands und der inneren Abkehr. In »gesunden«, d.h. nicht von einer Krise bedrohten Teams zeigt die soziometrische Abbildung des Teams seine Mitglieder mehr oder weniger auf alle Felder verteilt. Dort wird das »Schwungrad« für Veränderung durch die verschiedenen Motivationslagen der Teilnehmer in Gang gehalten: Wir finden Teammitglieder, die sich im Prozess des Wandels und der Veränderung (Frühling) sehen, ebenso wie Personen, die sich in einer Phase des Bewahrens und der Sicherung, bzw. Ausgestaltung von vorhandenen Strukturen (Sommer) sehen usw. In der Krise jedoch zeigt sich eine deutlich veränderte soziometrische Verteilung des Teams: Die Mitglieder empfinden sich dann überwiegend in einer Phase des Herbstes, und der Übergang in den Winter (Gefühle von Abschied, Aufgabe von alten Ideen) erscheint ihnen blockiert.

Ohne das Modell an dieser Stelle allzu sehr zu strapazieren, lässt sich damit dennoch die Zielsetzung von Supervision in Krisenteams verdeutlichen: Sie besteht in der Erhöhung der Handlungs- und Veränderungsfähigkeit durch Wiederherstellung einer »gesunden« Teamdynamik.

Teamsupervision, hier verstanden als ein Verfahren zur Wiederherstellung von Veränderungsbereitschaft und Handlungsfähigkeit, kann folgende Momente zur Stärkung des Systems bereitstellen und gleichsam in »homöopatischer Dosis« verabreichen – etwa durch die Berücksichtigung der folgenden Prinzipien
— die Entschleunigung durch Visualisierung der aktuellen Dilemmata (»Two steps back«),
— das Erleben der persönlichen Veränderungsmotivation und -dynamik,
— die Enttabuisierung der zentralen Frage: Wollen wir die Veränderung wirklich?
— den Rollenaufbau und berufsübergreifende Rollenklärung sowie
— das Rollentraining.

Hier gerät Teamsupervision im institutionellen Gefüge immer auch zur Rollenberatung und Hilfestellung zur Klärung der eigenen Berufsrolle und zum Ausloten der Möglichkeiten zu ihrer persönlichen Gestaltung. Doch zuvor besteht die eigentliche »Kunst« des Supervisors in der positiven Veränderung der Teamdynamik, weil sie die Grundlage für jegliches Lernen und kreatives Verändern in der Gruppe darstellt.

Im Folgenden werden die oben genannten fünf Prinzipien erläutert, die für »Teams in Krisen« eine hilfreiche Intervention darstellen:

Prinzip 1: »Two steps back«

Als erster Schritt zur Veränderung krisenhafter Teamdynamik erfolgt die Rückbesinnung auf den IST-Zustand, d.h. auf die in der Gruppe vorhandene Problem- bzw. Konfliktsicht. Wie aus dem Psychodrama bekannt ist, verlangt die Vorwärtsbewegung in eine Lösungsbereitschaft immer eine für den Problemträger oder Protagonisten (in diesem Fall das Team) zutreffende Rückbesinnung auf das derzeit Vorhandene. Die szenische Darstellung der aktuellen Situation auf den Ebenen Struktur, Kommunikation und Rollenverteilung ist daher notwendige Voraussetzung für Veränderungsdynamik (vergleiche Morenos Kreativitätstheorie). In der Praxis bedeutet dies, den »Film« zunächst anzuhalten und in einem ersten Schritt Zeit und ein entsprechendes methodisches Instrumentarium (etwa die Visualisierung durch Szenendarstellung, Zeichnung, Symbolisierung, Soziometrie) zur Verfügung zu stellen, damit die Gruppe sich in aller Sorgfalt der Darstellung von Dilemmata stellen kann. Der Annahme folgend, dass in hierarchieübergreifenden Teams eine Struktur- und Rollenklärung im Vordergrund steht, bilden aktionsorientierte Aufbauten und Visualisierungen den Einstieg in die Teamentwicklung. In Skulpturen, Bänderarbeiten und Soziometrien erarbeiten sich die Teilnehmer die offizielle und persönliche Sicht der Organisation. Wie unter dem Mikroskop können sie – unter Zuhilfenahme gestalterischer und symbolischer Darstellungsmittel – das Herzstück ihrer Organisations- und Führungsstrukturen betrachten. Im Vergleich der unterschiedlichen Sichtweisen und im vereinten »Bauen« an der Wirklichkeit entsteht eine erste Plattform für eine gemeinsame Weltsicht – jedoch nicht (mehr) im Sinne eines gemeinsamen Jammerns, sondern als schöpferischer Prozess eines naturgetreuen Nachstellens der IST-Situation. In aller Regel ermöglicht die szenische (psychodramatische) Darstellung von Realitäten Identifikationen und gemeinsame Sichtweisen, gibt Impulse für Affekte der Empörung, des Ärgers und der emotionalen Beteiligung aus der wiederum Handlungsimpulse entstehen.

Prinzip 2: Die Neutralität des Supervisors

Eine Voraussetzung für das Gelingen dieser ersten Phase in der Veränderung der Teamdynamik – der effektiven Gruppenanwärmung – ist die Neutralität des Supervisors/der Supervisorin. Durch einen sensiblen Umgang mit den verschiedenen, stellenweise auch irrationalen Problemsichten, hält er die Balance zwischen den verschiedenen »Wahrheiten« eines Teams und bleibt gegebenenfalls »hinter« der Gruppe zurück, um »schnelle Schüsse« in Richtung auf einen Ratschlag oder eine Lösung gleichsam einzufangen und für eine differenzierte, an den Realitäten orientierte Darstellung festzuhalten. Auf diese Weise hält er/sie die Spannung zwischen dem Vorhandenen und Gewünschten aufrecht und konnotiert zunächst alle Ergebnisse positiv, ohne jedoch die Anwaltschaft für die aktive Veränderung in eine bestimmte Richtung zu übernehmen (auch wenn dies vom Auftraggeber häufig gewünscht wird). Der Supervisor/die Supervisorin übernimmt die Rolle des/der Unbeteiligten im System und bleibt stets darum bemüht, sparsam und sorgfältig Regie zu führen – mit dem Ziel, den IST-Zustand genau zu erfassen und das System bei gleichzeitiger Entschleunigung zu dynamisieren.

Prinzip 3: Zieltransparenz

In Zeiten der Krise sind Teams über die originären Ziele der Organisation nicht umfassend informiert. Die Gründe für den Informationsverlust und Verknappung von Gelegenheiten zur Begegnung und Kommunikation sind Teil der Krise (s.o.). Insofern stellt die Zieltransparenz eine wesentliche Voraussetzung für die zu bewirkende Beweglichkeit des Teams dar. Dies bedeutet die Abkehr von einer Supervision in hierarchisch »homogenen« Settings: Die temporäre oder dauerhafte Integration von Leitungskräften, Controllern und anderen am Management der Organisation beteiligten Kräfte ist daher notwendig und erscheint den Teammitgliedern in dieser Phase der Supervision in der Regel einleuchtend.

In der jüngeren Literatur zum Changemanagement in Unternehmen wird gern zwischen verschiedenen Teamarten – etwa dauerhaften, temporären, themenbezogenen Projektteams – unterschieden. In der Supervision treffen sich immer häufiger die sogenannten *neuen* Teams: Sie repräsentieren nicht länger die personelle Besetzung von Schichten oder Stationen einer Organisation, sondern vielmehr heterogene, berufsgruppen- und hierarchieübergreifende Netzwerke, die mit einer gemeinsamen Zielsetzung betraut sind und für die »Problemlösung« zum Job gehört. Teamsupervisoren werden zunehmend von diesen »neuen Teams« beauftragt. Ihre Teilnehmer stellen sich, je nach Fragestellung, variabel zusammen.

Prinzip 4: »Commitment«

Sind die Ziele kommuniziert, so hat sich die Dynamik in der Gruppe bereits verändert: Die »Herbst«-Phase war durch Ärger, Resignation und Widerstand gekennzeichnet; mit der Zieltransparenz wird der »Winter« eingeleitet, d.h. eine an den eigenen Motiven und Ressourcen orientierte Reflexion der anstehenden Veränderungen. Einsicht und Trauer erscheinen in dieser Phase häufig parallel auf der Bühne, aber auch deutliche Fragen an die eigene Rolle, die anstehenden Aufgaben sowie Fragen nach dem Machbaren und Möglichen.

Erst an dieser Stelle ist ein »Commitment« – hier: die Vereinbarung zur gemeinsamen Problembewältigung – möglich. Der »Schwung« in den Frühling (und damit zur gemeinsamen an klaren Zielen vorgegebenen Teamentwicklung) kann vor dem Hintergrund klarer, meist schriftlicher Vereinbarungen entwickelt werden; erfahrungsgemäß benötigt dies allerdings einige Zeit (3 bis 4 Sitzungen).

Prinzip 5: Rollenberatung und Rollentraining

Vor dem Hintergrund einer positiven Veränderungsdynamik wurden die Realitäten (IST und SOLL) beleuchtet und sind nun im Hinblick auf die persönliche Motivation der Teilnehmer einschätzbar. Darauf folgt die Phase des »kreativen Neubaus«: Auf der improvisierten »Bühne« der Vorstellungen und Phantasien schaffen die Teilnehmer in meist überaus engagierter Weise eine neue Struktur der Zusammenarbeit. Die Gruppe gelangt über das Spiel mit »Architekturen« und Visualisierungen auf die Metaebene und im günstigen Fall erhält sie Zugang zu den neuen Arbeitsrollen.

Dieser Zugang bildet die Voraussetzung für den nächsten Schritt der Teamentwicklung: Das *Role-Taking* (Einnehmen der neuen Rollen). Ohne die Vorgehensweise der Auswahl und Entscheidung für ein neues Teammodell auf der Surplus-Reality-Ebene an dieser Stelle im Einzelnen darstellen zu können, geht es in einem weiteren Schritt um die Entdeckung und Stabilisierung der neuen Rollen. Dies gelingt über Probehandeln und den Aufbau von Alltagsszenarien. Die Teilnehmer werden dabei aufgefordert, sich mit den Ausprägungen der neuen Teamrollen, den sozialen und psychischen Auswirkungen auseinanderzusetzen. Der Aufbau von Rollenatomen (Innensicht) und der Rollentausch mit Vertretern anderer Berufsgruppen (Außensicht) führt noch vorhandene Konflikte, aber auch Zugänge und Potenziale, zutage. Das Wechselspiel zwischen der Arbeit des Supervisors auf der äußeren und inneren Bühne des Teams stabilisiert die neuen institutionellen und sozialen Rollen und schafft zugleich innere – d.h. psychische – Sicherheit.

Resümee

In Krisenzeiten – d.h. Zeiten grundlegender institutioneller Veränderung – beauftragen Teams vielfach Teamsupervision bzw. Coaching zur Förderung und Wiederherstellung von Entwicklungs- und Wandlungsfähigkeit. Teamsupervision stellt ein Instrument zur Sicherung der ressourcenorientierten Kooperation zwischen verschiedenen Berufsgruppen in einem hierarchischen Arbeitszusammenhang dar und »trainiert« Entwicklung – indem sie die permanente Anpassung von Mitarbeitern und Führungskräften durch die Übernahme von und Identifizierung mit neuen Rollen fordert und fördert. Diese Entwicklungsprozesse fördern nicht nur neue Fähigkeiten und Verhaltensweisen, sondern erfordern und ermöglichen auch den Zugang zu neuen Einstellungen und Haltungen; sie stellen in diesem Sinne einerseits Prozesse der persönlichen Integration und der »Mentalitätsveränderung« dar; in weit größerem Umfang jedoch verhelfen sie zu einer Klärung der Aufgaben und Schnittstellen im

Dschungel der Rollenvielfalt. Die arbeitsmethodische Umsetzung solcher Art Beratungsaufträge setzt allerdings eine Abkehr von dem im sozialen Bereich weit verbreiteten psychotherapeutischen und interaktionsorientierten Teamansatz voraus – und verlangt eine Teamsupervision mit »OE-Brille« (d.h. mit dem Blickwinkel der Organisationsentwicklerin). Diese gewährleistet eine Arbeitsweise mit Teams, die geplante strukturelle Veränderungen mit dem neuen Berufsrollenverständnis der Teilnehmer in Beziehung setzt, und zugleich den Anforderungen an Kommunikation zwischen heterogenen Berufsgruppen gerecht wird. Teamsupervision aus der Perspektive von Organisationsentwicklung hat den Abbau von Rollenunsicherheiten zum Ziel und verfolgt die Strategie, die Beschäftigten durch aktionsorientierte Methoden für die Übernahme der ungewohnten Anforderungsprofile und Rollenerwartungen fit zu machen – zum Beispiel durch:
1. gemeinsame Reflexion der Arbeitssituation vor dem Hintergrund der neuen Ziele (Abteilungs-, Management-, Organisationsziele),
2. die Verdeutlichung der Ziele und die Auswirkungen der Zielverfolgung auf das Rollenatom jedes Teammitglieds (persönlich, sozial, institutionell),
3. die handlungsorientierte und szenische Abbildung der neuen Teamstrategie und das Durchspielen des neuen Rollengefüges.

Literatur

Hale, A.E.: Soziometrische Zyklen. Ein soziometrisches Verlaufsmodell für Gruppen und ihre Mitglieder. PsychoDrama Vol. 7 (2). München 1994, S. 179–196

Hochreiter, K.: Rollentheorie nach J.L. Moreno. In: Pruckner, H. (Hrsg.):Psychodrama Therapie, Ein Handbuch. Wien 2004, S. 128-147

Moreno, J.L.: Das Rollenkonzept, eine Brücke zwischen Psychiatrie und Soziologie. In: Fox (Hg.): Psychodrama und Soziometrie. Bergisch-Gladbach 1989, S. 103-110

Moreno, J.L.: Psychodrama, Vol. I, 3. Ed. New York 1964

Schreyögg, A.: Coaching. Eine Einführung für Praxis und Ausbildung. Frankfurt 1995

Schreyögg, A. Supervision – ein integratives Modell. Lehrbuch zu Theorie und Praxis. Frankfurt 1991

Gerhild Frasch

»Mir reicht's ... ?!«

Leitungsperspektiven und Supervisionsverständnis

1. Einführung: Erfahrungen aus der Praxis

In diesem Beitrag sollen, auf der Grundlage eigener Leitungserfahrung in verschiedenen kirchlichen Einrichtungen, die Herausforderungen beschrieben werden, die – verursacht durch Sparrunden und Kürzungen in verschiedenen Etappen – an Leitungspersonen gestellt werden. In diesem Zusammenhang werden zudem Möglichkeiten von Supervision aufgezeigt.

Meine Erfahrungen aus über 30 Jahren Arbeit als zunächst stellvertretende, später leitende Mitarbeiterin (in einer Ev. Akademie, einem Jugend- und einem Frauenverband auf Bundesebene, als Vorstandsmitglied eines großen Gemeindeverbands sowie in einer Fachschule für Erzieherinnen, deren Schulleiterin ich war) sowie aus 20 Jahren Supervisionstätigkeit (überwiegend in sozialen Organisationen) bilden die Ausgangssituation für einige im Folgenden angestellten Überlegungen zum Verhältnis von Leitung und Supervision.

Alle Institutionen sind solche in kirchlicher Trägerschaft; hinsichtlich ihres Auftrags, ihrer Größe, ihrer Mitarbeiterschaft und ihrer Organisationsdynamik, ihrer Ressourcen sowie ihrer Leitungsstrukturen unterscheiden sie sich jedoch wesentlich. Obwohl ich also eine Doppelrolle innehabe, als Leiterin und als Supervisorin, versuche ich im Folgenden, die Leitungsperspektive konsequent durchzuhalten, auch wenn es sich nicht ganz vermeiden lassen wird, hin und wieder die Perspektive der Supervisorin hervortreten zu lassen.

Als ich vor 30 Jahren als Berufsanfängerin begann, war Supervision noch relativ unbekannt. Auftretende Konflikte in Institutionen oder Arbeitsfeldern wurden in heftigen Diskussionen besprochen und gelöst – oder auch nicht gelöst. Weil die Spannung zwischen mir und einem damaligen Chef nicht aufgelöst werden konnte, kündigte ich 1983 eine gute Arbeitsstelle freiwillig, und beendete sie durch meinen Weggang. Eine Supervision für die Leitung – oder, besser noch: für uns beide – hätte gewiss dazu geführt, das Ende des Konflikts produktiver zu gestalten.

Mein Kontakt zur Supervision begann über eine Ausschreibung der Bundeszentrale für Politische Bildung: Ein Modellprojekt für in der Bildungsarbeit Tätige weckte mein Interesse und ich nahm auf eigene Kosten teil – gegen den Willen des Direktors der Einrichtung, in der ich arbeitete; dieser hielt es für überflüssig, dass ich an so einer Veranstaltung teilnehmen wollte (mit dem Argument, ich sei doch psychisch ganz gesund und hätte keine beruflichen Probleme). Dieser ersten Begegnung mit Supervision folgte eine Ausbildung zur Supervisorin und die Fortbildungstätigkeit im Burckhardthaus in Gelnhausen.

In späteren Jahren sollte mir diese Ausbildung helfen, die Probleme der Institutionen, für die ich arbeitete, einschätzen zu lernen und zu bewältigen. Von daher zähle ich zu der (heute noch immer zur Minderheit zählenden) Gruppe von Leitenden, die »Supervision« nicht als Buch mit sieben Siegeln oder gar als Quelle der Bedrohung betrachten.

In den 1970er- und 1980er-Jahren – der Prosperitätsphase sozialer Arbeit – wurden in kirchlichen und sozialen Einrichtungen knappe Ressourcen selten als Grund für den Wunsch nach Supervision genannt und Konflikte entstanden selten aus Geldnot. Im Gegenteil: In zahlreichen Bereichen wurden bei sich abzeichnenden Problemlagen, sozusagen als Allheilmittel, neue Stellen geschaffen.

Seit Ende der 1980er-Jahre wendete sich jedoch das Blatt. Leitungen wurden zunehmend mit finanziellen Engpässen in ihren Einrichtungen konfrontiert. Von den Reaktionen darauf und vom Umgang damit will ich im Folgenden anhand von Beispielen aus meiner Praxis sowie aus Beobachtungen von Kolleg/innen berichten.

2. *Mir* reicht's ... – Vom Umgang mit knappen Ressourcen

Je nach Auftrag und Aufgabe der Einrichtung, je nach Träger und interner Kultur der Institution und, nicht zuletzt, je nach Temperament einer Leitung reichen die sogenannten »Coping-Strategies« (Strategien des Umgangs mit An- bzw. Herausforderungen) von pragmatischem Hinnehmen verordneter Kürzungen bis hin zu kämpferischen Auseinandersetzungen und eigenständigen Geldmittelbeschaffungen.

Vom Sparen und Selbstausbeuten

Als sich Anfang der 1990er-Jahre der Rückgang von Kirchensteuern abzeichnete, wurden erste Haushaltskürzungen auf der Ebene der EKD (Evangelischen Kirche in Deutschland) nach dem Rasenmäherprinzip (d.h. 5–10 Prozent des Haushaltes bei allen Zuschussempfängern) vorgenommen. Einzelne Verbände, wie z.B. die der Frauenarbeit, waren seit jeher nicht üppig ausgestattet und wurden daher von der prozentualen Kürzung empfindlich getroffen. Als Leiterin wählte ich seinerzeit – wenn auch zähneknirschend – zunächst den gutwilligen, aber selbstausbeuterischen Weg: In guter Hausfrauenmanier wurde gemeinsam an Sparvorschlägen gebastelt – der feste Wille, die Vorgaben im Sinne eines »Wir schaffen das schon« oder »Wir zeigen denen in der EKD, dass wir trotz knapper Mittel gute Arbeit leisten« zu erfüllen. Verbunden mit einem hohen Maß an Identifikation mit der Institution führte es dazu, dass die erste Sparwelle solidarisch getragen wurde und scheinbar mühelos aufgefangen werden konnte (durch Maßnahmen wie: 2. Klasse Fahren, privat Übernachten, bei Sitzungen selber Kochen sowie ressourcenschonender Umgang mit Material). Das Team brachte (in der 2. Sparwelle) selbst weitere Vorschläge – bis hin zur Arbeitszeitreduzierung – ein.

Auf diese Weise gelang es, die Wut über »ungerechte Kürzungen« nach außen und oben zu wenden und sich nach innen über bestehende Differenzen hinweg zu verbünden: Die EKD sei schuld, sie verschwende an anderen Orten Geld – so lautete unser Vorwurf.

Der eingeschlagene Sparprozess setzte voraus, dass die Leitung mit klaren Vorgaben agierte und mit gutem Beispiel voranging. Ein kleines Team von 10 Personen ermöglichte große Transparenz und bestand durchweg aus »typisch sparsamen Frauen«. Als Leiterin war ich einerseits stolz darauf, dass wir die Kürzungsvorgaben ohne spürbaren Qualitätsverlust verkraften konnten, bezahlte dieses Gefühl andererseits aber mit einem außerordentlichen Engagement: Es galt vielfältige Beziehungen zu pflegen und durch gegenseitige kollegiale Freundschaftsdienste mit benachbarten Dienststellen Ausgaben zu reduzieren. Eine geschickte Überlebensstrategie, gepaart mit Trotz, verlangte von mir als Leiterin eine ständige Präsenz und die Notwendigkeit, viele Fäden in der Hand zu halten.

Supervision schien uns nicht erforderlich (so dachte ich jedenfalls); wenige Unterstützungssitzungen für die Leitung (selbstverständlich privat finanziert!) und ein von der Leitung erbetener und mit der Gemeindeberatung der EKHN anberaumter Teamtag (um die Verwaltungskräfte auf veränderte Aufgaben und Arbeitsteilungen vorzubereiten und sie besser mit einzubinden) sollten ausreichen.

Vom Geld-Beschaffen

Bereits nach kurzer Zeit wurde deutlich, dass die erste Sparwelle erst der Anfang war und weitere Kürzungen drohten. Arbeitsplatzbewerter der EKD standen ins Haus – mit dem Ziel, das Lohn- bzw. Gehaltsniveau zahlreicher Stellen herunterzustufen. Weitere prozentuale Budgetkürzungen wurden angekündigt.

Leitungshandeln war erneut gefragt. Ich entwickelte heftige Betriebsamkeit und beriet gemeinsam mit den Kolleginnen, wie verstärkt Drittmittel aufgetrieben werden könnten (von »Fundraising« sprach Anfang der 1990er Jahre noch kaum jemand), wie wir also nicht nur Ausgaben reduzieren, sondern Einnahmen erzielen bzw. erhöhen könnten.

Das von mir ausgegebene Motto lautete: »Maximales Ergebnis bei minimalem Aufwand«. Effektivierung, Neuorganisation von Abläufen,

Einführung technischer Neuerungen (EDV war noch lange nicht selbstverständlich).

Zugleich gelang es, verschiedene innovative Projekte zu entwickeln und dafür bei kirchlichen und staatlichen Stellen projektgebundene Gelder zu erhalten. Kooperationen wurden aufgebaut – z.B. mit entwicklungspolitischen Diensten, Bundesministerien –, Vikarinnen mit Spezialauftrag (z.B. für die Kampagne »Saubere Kleidung«) angestellt, Stellenanteile über Dritte finanziert (z.B. über »Dienste in Übersee«, um damit die Hilfsaktionen und Spenden für bosnische Frauen im Krieg im damaligen Jugoslawien zu verwalten und weiterzuleiten), Know-how verkauft (etwa zum Thema: »Frauenspezifische Asylgründe«).

Kurz: Ein kreatives Chaos in überschaubaren Dimensionen brach aus, neue Geschäftsfelder wurden eröffnet, statt einer Einschränkung fand vielmehr eine Ausweitung der Arbeit statt. Dabei gelang es, das Team zu motivieren und bisher nicht gezeigte Kräfte freizusetzen. Und wir sprachen endlich über die Notwendigkeit, Geld zu verdienen anstatt nur über fehlendes Geld zu klagen. Die Freude und der Stolz darüber, es allein, mit eigenen Ideen geschafft zu haben, war bei allen Mitarbeitenden groß und stärkte das Ansehen und den Respekt gegenüber der Leitung.

In dieser Phase (des Aufschwungs in Krisenzeiten) dachte niemand an Supervision, nicht einmal ich selbst – vor allem aus Gründen akuter Arbeitsüberlastung aller Beteiligten. Aus damaliger Sicht erachteten wir EDV-Schulungen und eine Projektberatung bzw. Finanzberatung als ausreichend.

Vom Umsteuern und Fusionieren

Spätestens Ende der 1990er-Jahre führten im gesamten sozialen Bereich kirchliche und staatliche Finanzkürzungen, die Streichung von Zuschüssen oder zumindest die Umstellung der Zuschüsse auf Projektförderung zu gravierenden Veränderungen im Gesamtsystem und stellten ganz neue Herausforderungen an die Leitungen.

Es galt, Abschied zu nehmen von der Rolle des »guten« Chefs/der »guten« Chefin, die den Surplus verteilten und relativ unkompliziert Fortbildungen, Supervisionen, Dienstreisen o.Ä. bewilligen konnten. Stattdessen waren nun »Sparkommissare« gefragt, die (häufig für beide Seiten) unangenehme Ablehnungen aussprechen und von einem Tag zum nächsten betriebswirtschaftliche Kategorien in den gemeinsamen Arbeitsalltag einführen sollten. Die politische Diskussion um den gesellschaftlichen Umverteilungsprozess geriet ins Abseits; viele kämpften einzig ums individuelle Überleben. Insbesondere für kirchliche Einrichtungen war dies ein schmerzlicher Prozess, weil der karitative/diakonische Auftrag, nah bei den Menschen sein, den tatsächlich abrechnungsfähigen Aufgaben widersprach. Klienten wie Mitarbeiterinnen mahnten den aus der Nächstenliebe resultierenden Auftrag an oder waren schlicht verwundert, warum sich jetzt auch die Kirchen dem Diktat des Marktes beugen sollten und anfingen, unternehmerisch zu denken. Polarisierungen zwischen den Leitungskräften (oder auch Mitarbeitern), die an ihrem diakonischen Auftrag festhielten und jenen, die Diakonie und kirchliches Handeln mit unternehmerischen Gedanken verknüpfen wollten, waren die Folge. Auf Kongressen und Akademietagungen zum Thema »Unternehmen Kirche« wurde heftig gestritten.

Leitungskräfte auf den unterschiedlichsten Ebenen wurden zwischen Pflegesatzverhandlungen, Leistungsverträgen mit Kommunen usw. und theologischen Abhandlungen und Begründungszusammenhängen hin- und hergerissen.

Die Aufgaben von Leitung und Supervision

In diesem Umstrukturierungs- und Umdenkungsprozess suchten Leitende der oberen Ebenen oftmals bei Unternehmensberatern und Organisationsentwicklern Halt und Orientierung, um notwendige Veränderungen und strategische Ziele zu planen und zu organisieren.

Diese Beratungsprozesse wurden von unterschiedlichem Erfolg gekrönt. Einige davon sowie die Gründe ihres Scheiterns sind in der epd-Dokumentation »Aus Fehlern lernen? Scheiternde Projekte in einer lernenden Kirche« aufgeführt (epd, 2006).

Nun gehört es grundsätzlich zu den Aufgaben oberer Leitungsebenen, strategische Überlegungen anzustellen, Ziele zu definieren, Konzepte zur Bewältigung der Aufgaben mit knapperen Finanzmitteln vorzulegen.

Hier können Unternehmensberatungen und Organisationsentwickler Leitungen durchaus konstruktiv Hilfestellung leisten; bisher allerdings erschöpft sich diese häufig darin, die konkreten Umsetzungsprobleme fernzuhalten; stattdessen wird diese schwierige Aufgabe vielfach (im besten Falle) an Supervision delegiert oder den Betroffenen selbst und der Mitarbeitervertretung überlassen. Insofern können Leitungskräfte auf oberer Ebene – wenn sie nicht selbst Supervision für sich in Anspruch nehmen, um eigene Fragen zu klären – Supervision auch als »Befriedungsinstrument« betrachten. Supervisor/innen erliegen in diesem Zusammenhang bisweilen der Gefahr, das Geschäft der Leitung – nämlich unangenehme Finanzentscheidungen sowie deren Folgen und Bewältigung an das Team zu vermitteln – zu übernehmen. Dies entlastet zwar die Leitung kurzfristig; wird Supervision jedoch sinnvoll und nachhaltig eingesetzt, kann sie z.B. helfen, einen notwendigen Einsparungsakt so transparent zu machen, dass alle Betroffenen Einsicht gewinnen, gegebenenfalls anfänglichen Widerstand dagegen abbauen und die Entscheidungen mittragen. Um dies zu ermöglichen, müssen Leitung und Supervisor/in gemeinsam vorab eine klare und transparente Verständigung über den Auftrag erzielen – und dabei die Ambivalenzen zwischen gut meinender und instrumentalisierender Leitung auf der einen Seite und Aufgaben aufzeigender und (in Stellvertretung) erfüllender Supervision auf der anderen Seite deutlich machen.

Dies lässt sich an einem Beispiel konkret verdeutlichen: In der Evang. Kirche in Frankfurt muss in einem relativ kurzen Zeitraum die Zahl der Gemeindepädagogen von 36 auf 16 reduziert werden. Die Regionalversammlung, das parlamentarische Gremium, beschließt die Reduzierung der Zuschüsse bei, immerhin, gleichzeitigem Verzicht auf betriebliche Kündigungen; auf Wunsch finanziert sie sogar jedem/r Gemeindepädagogen fünf Supervisionssitzungen zur Verarbeitung des Beschlusses und zur Suche nach persönlichen Auswegen. Damit wird aus Perspektive der Gesamtleitung für die Gemeindepädagog/innen gewiss gut gesorgt. Aber nur wenige auf dieser Ebene bemerken, was diese Umsteuerungsprozesse in den Gemeinden auslösen: welche Angst um Arbeitsfelder dort entsteht, was Pfarrer/innen oder Kirchenvorsteher/innen bewältigen müssen, die täglich mit den Betroffenen, deren Aufgewühltheit und deren Tränen konfrontiert sind.

Mit der Frage, wie sich Supervision auf die Arbeit der betroffenen Pädagogen auswirken kann, wird die Rolle der Leitungskräfte auf mittlerer Ebene berührt.

Trotz aller Partizipationsbemühungen (insbesondere in der EKHN) haben mittlere Führungskräfte eher selten Einfluss auf die strategischen Ziele – es sei denn in funktionierenden Mitarbeitergesprächen; vielmehr müssen sie diese vertreten und umsetzen. Diese Leitungskräfte haben den schwierigsten Part zu erfüllen, da sie sozusagen »zwischen Baum und Borke« hängen und die unmittelbare Wirkung von Sparbeschlüssen auf die Mitarbeitenden erleben. Sie müssen sich in dieser Situation als Leitung vollkommen neu aufstellen, d.h. ihre Aufgaben, Prioritäten und Führungsstrategien neu bestimmen:

— Sie erleben die unmittelbare Wirkung der Entscheidungen von oben, sind u.U. Vollzugsgehilfen der oberen Leitung und erleben den Druck, auch wenn sie in der Regel mögliche Kündigungen nicht selber aussprechen müssen.

— Sie müssen Zielvorgaben vermitteln und oft den Paradigmenwechsel verkünden und organisieren – ganz gleich, ob als Pflegedienstleitung in einer ambulanten Pflegeeinrichtung, als Leiter eines Jugendhauses, als Leiterin einer Beratungsstelle oder als Leiter eines Kleider- und Möbeldienstes.

— Zugleich müssen sie die Situation der Mitarbeitenden, Fragen, Wünsche und Probleme zurück auf die obere Leitungsebene transportieren und ernten dafür selten Wohlwollen oder Unterstützung.

— Überdies werden von Leitungskräften auf mittlerer Ebene inzwischen (zumindest dort, wo budgetiert wird) zunehmend Kenntnisse der Betriebswirtschaft, der Haushaltsaufstellungen und -abrechnungen sowie der Kameralistik erwartet. Ihr Arbeitsfeld verlagert sich also immer weiter weg von den Klienten hin zum Management – inklusive einer entsprechenden Umdefinition der eigenen Aufgaben, zunehmender Verdichtung von Arbeitsprozessen sowie neuer Hierarchisierungen. Vor allem im Milieu sozialer Arbeit stellt sich diese Entwicklung – nach langen Jahren der Teamarbeit – häufig als ein komplizierter und zuweilen schmerzvoller Prozess dar.

In solch einer Puffersituation gilt es, eine klare professionelle Rolle zu entwickeln, sich das Spannungsfeld mit den jeweiligen Handlungsmöglichkeiten zu verdeutlichen, aktionsfähig zu bleiben und nicht im Loyalitätskonflikt zwischen »Drüber« und »Drunter« stecken zu bleiben. Hier kann mithilfe von Supervision der eigene Standort, der Platz im Team, der Rollenkonflikt verdeutlicht werden; ebenso kann die Konkurrenz zu anderen Einrichtungen, mit denen fusioniert – oder gerade nicht fusioniert – werden soll, thematisiert werden. Durch das Transparentmachen von Entscheidungen können aber vor allem die eigene Arbeitsfähigkeit wieder hergestellt sowie neue Handlungsspielräume entwickelt werden.

3. Mir *reicht's!*

Es gibt Grenzen. Grenzen des Aushaltbaren, des Zumutbaren, Grenzen der Aufrechterhaltung des Bestehenden und der Veränderungsbereitschaft.

Bei den anstehenden Kürzungen im gesamten sozialen Bereich, angesichts des Kirchensteuerrückgangs – stets wird deutlich, dass die Veränderungsprozesse, die bis jetzt bewältigt wurden, nicht das Ende der viel zitierten Fahnenstange bedeuten, sondern eine vorläufige Etappe im fortschreitenden Schrumpfungsprozess.

Einrichtungen müssen geschlossen, Gemeinden fusioniert, Aufgabenbereiche und damit Menschen (Haupt- wie Ehrenamtliche) verabschiedet werden. Auch wenn inzwischen über Fundraising, Eigenarbeit, Erhöhung der Einnahmeseite mehr Geld erwirtschaftet wird, wird aufgrund des hohen Personalkostenanteils eine Anpassung der Haushalte nur durch Personalkostenreduzierung – und das bedeutet Personalabbau in allen erdenklichen Formen – zu erzielen sein.

Nach meiner Erfahrung in den unterschiedlichen Praxisfeldern folgt der Entscheidung, Bereiche zu schließen, für die viele Mitarbeiter/innen und Klient/innen gekämpft haben, unweigerlich eine Phase der Depression, aber auch der Wut (manchmal gleichzeitig, manchmal nacheinander). Am Beispiel der Ausbildungsstätte, die ich geleitet habe, lässt sich diese verdeutlichen: Eine Unternehmensberatung hat festgestellt, dass die Schule (die in eine größere diakonische Einheit eingebettet ist) defizitär arbeitet. Der staatliche Zuschuss ist durch das Hessische Ersatzschulfinanzierungsgesetz zu gering bemessen, der kirchliche Zuschuss wird um rund 150.000 Euro reduziert; gleichzeitig können die Schulbeiträge nicht beliebig erhöht werden, weil viele Eltern den derzeitigen Betrag von 60 Euro/Monat schon kaum finanzieren können. Die Schulräume sind anderseits zu klein, um die Klassen rentabel zu führen ... kurz: Der Schulträger beschließt, die Schule (nach einer kurzen Auslaufphase) zu schließen und damit ihre über 100-jährige Geschichte zu beenden. Die leitenden Gremien haben sich diese Entscheidung nicht leicht gemacht, treffen diese aber mit Blick auf die gesamte Einrichtung und, um andere Arbeitsfelder (ein Altenheim) erhalten zu können. Daraufhin finden Demonstrationen und Aktionen von Eltern und Schüler/innen statt, Presse, Fernsehen berichten – doch vergebens. Die Schulleitung bietet den Lehrenden eine Supervision (durch kirchliche Supervisionsvermittlung) an, um das Scheitern zu verarbeiten und neue Perspektiven für sich zu entwickeln. Nach anfänglicher Zustimmung wird diese jedoch verworfen.

Eine besonders aktive Klasse ist nach all den Aktionen besonders enttäuscht und (bis hin zur Lähmung) verunsichert und wünscht für sich eine Supervision. Diese wird bewilligt; nach dem Kontraktgespräch lehnt die Klasse jedoch die Supervisorin ab, da sie von der Supervisorin erfährt, dass Schulleitung und Supervisorin sich aus anderen Zusammenhängen kennen. Fazit: Misstrauen regiert allerorten, Supervision findet nicht statt. Offenbar ist in diesem Beispiel das Vertrauen in nahezu sämtliche kirchliche Institutionen bereits derart gesunken, dass Hilfeangebote kirchlicher Träger nicht mehr angenommen werden.

Für die Leitung bedeutet diese Situation eine doppelte Anstrengung: Sie muss sämtliche Unwägbarkeiten bei der Wahrnehmung ihrer Aufgabe aushalten, das Lehrpersonal zur Erfüllung seiner Aufgaben (d.h. qualifizierten Unterricht zu gewährleisten) anzuhalten und den Studierenden stets aufs Neue versichern, dass die Ausbildung bis zu ihrem Abschluss gesichert bleibt. Dazu kommt häufig die Erfahrung fehlender Unterstützung durch die oberste Leitungsebene, indem wiederholt kleine und größere Konfliktherde aus Gründen der Kostenersparnis (etwa bei Nicht-Genehmigung von Fortbildung usw.) geschaffen werden.

Diese Konfliktlage beruhigt sich zwar häufig im Laufe der Zeit wieder; der Schulleitung (d.h. der mittleren Leitungsebene) wird jedoch das Fehlen einer Supervision stets aufs Neue bewusst, weil sie keine Möglichkeit hat, Probleme an eine »Dritte Instanz« zu übergeben, die objektiv, d.h. außerhalb des Konfliktgeschehens steht, und sich dadurch von der Verantwortung wenigstens teil- bzw. zeitweise zu entlasten. Bei fehlender Supervision in solchen Situationen werden zwar möglicherweise gleichfalls schlummernde Kräfte mobilisiert; diese beschleunigen aber vielfach nur den Prozess des individuellen inneren Ausstieges (nach dem Motto:»Ich kann sowieso nichts mehr machen und muss mich um meine eigene Zukunft kümmern«). Von einem organisierten Ausstiegsszenario kann dann nicht die Rede sein – und jede/r bewältigt die akuten Erfahrungen auf seine/ihre Art. Die erlebte Entwertung lähmt, macht wütend, trotzig oder gleichgültig. Ohne gemeinsame Aufarbeitung jedoch überwiegt das Gefühl des Scheiterns und die stärkende Erfahrung einer kollektiven Bewältigung, eines würdigen Abschlusses bleibt aus. Viele gute gemeinsame Jahre erhalten auf diese Weise ein eher trauriges Abschiedsbild. Supervision hingegen hätte entscheidend dazu beitragen können, diese Erfahrungen zu bewerten, Positives zu würdigen und einen konstruktiven Abschluss der Lebens- und Arbeitsphase zu ermöglichen. Ohne diese Unterstützung – so mein Resümee des genannten Beispiels – kann der Leitung ein solcher Abschluss nur teilweise gelingen.

Die Verweigerung der Supervision durch die Lehrkräfte und die Schüler/innen ließe sich schließlich auch so deuten: als Bedürfnis, die Trauer und die Wut noch eine Weile zu bewahren und sich nicht zu schnell, unterstützt durch Supervision, auf die neue Realität, die Schließung der Schule, einzulassen und diese zu akzeptieren. Folgerichtig verhinderten sie eine Befriedung oder Versöhnung, nährten ihre Wut und verwandelten sie in Energie, die dann auch einen Abschied ermöglichte

– allerdings eine emotional heftige Trennung –, um daraus Kraft für den weiteren beruflichen Weg zu schöpfen.

Fazit: Produktive Felder für Supervision
1. In Zeiten knapper werdender Ressourcen verändern sich die Anforderungen an Leitungskräfte auf allen Ebenen. Insbesondere Kenntnisse der Betriebswirtschaft, des Finanz- und Personalmanagements, aber auch im Bereich der Entwicklung von Konfliktlösungsstrategien gehören heute zu den unabdingbaren Kompetenzanforderungen. – Hier kann Supervision helfen, die Interessen der unterschiedlichen Konfliktparteien zu klären und nach produktiven Lösungen zu suchen.
2. Die oberen Leitungsebenen sehen sich dem Druck ausgesetzt, die Existenz ihrer Betriebe bzw. Einrichtungen – und damit Arbeitsplätze – zu sichern. Dies ist in der Regel nur durch gezielten Um- und Abbau möglich, durch strukturelle Veränderungen, Effektivierung und Leistungsverdichtung (das betrifft selbstverständlich auch die eigene, die Leitungsebene!). Damit einher geht in der Regel eine grundlegende Veränderung der Organisationskultur – weg von der familialen hin zur hierarchischen Ordnung. Dieser Prozess ist vielfach durchzogen von Verunsicherung, von Konflikten und Abschieden und führt zu Neudefinitionen von Rollen und Aufgaben, aber auch zu Trennungen von Mitarbeitenden.
In diesem Prozess kann Supervision helfen, Transparenz herzustellen, Mitarbeitende auf dem Weg zur Veränderung mitzunehmen, Konfliktkosten zu reduzieren. Supervision kann aber auch als unmittelbare Unterstützung für die Leitung wirksam werden, um eigene Ambivalenzen, Überforderungen, sogenannte blinde Flecken in der Wahrnehmung und Einschätzung der Situation zu erkennen und sich zu entlasten, um Ohnmachts- und Inkompetenzgefühle zu bearbeiten oder um die notwendige Klarheit von Entscheidungen zu fördern. Leitende können so ihre eigene Gesundheit nachhaltig schützen und zugleich helfen, die Balance der Organisation zwischen kurzfristigen flexiblen Entscheidungen und langfristigen Planungen stabil zu halten (vgl. K. Weiss 2005).

3. Leitungen auf mittleren Ebenen geraten in Krisenzeiten leicht in eine sogenannte Sandwich-Position – zwischen der vorgesetzten Leitung einerseits und den Mitarbeitenden andererseits. Dabei bestimmen Loyalitätsprobleme nach beiden Seiten ihren Alltag; dies bedeutet, dauerhaft Spannungszustände auszuhalten, die Konkurrenz mit ebenfalls bedrohten Einrichtungen zu ertragen und mit der von Ängsten geschürten Konkurrenz zwischen den Mitarbeitenden bis auf ein realistisches Maß entgegen zu steuern. Dem in solchen Situationen häufig wachsenden Misstrauen, versucht man als Leitung durch Standfestigkeit und Verlässlichkeit in der Erledigung der eigenen Aufgaben und durch Herstellen von Transparenz – soweit möglich und erlaubt – zu begegnen. Gleichzeitig muss jedoch die Abhängigkeit von den Vorgesetzten sowie eventuell wechselnden Vorgaben ertragen werden – eine alles andere als leichte Aufgabe, da sie die eigenen Handlungsspielräume vielfach begrenzen.

In diesem Prozess kann Supervision eine klärende, Halt gebende Funktion übernehmen – indem sie die Einsicht in die eigenen begrenzten Möglichkeiten sowie in die damit verbundene Abhängigkeit fördert. Sie kann die Leitung darin stärken, das jeweilige Team zu »befrieden«; auf diese Weise wird auch – ob intendiert oder sozusagen nebenbei – ein Teil der Aufgabe oberer Leitungsebenen mit bewältigt bzw. deren erfolgreiche Bewältigung vorbereitet.

Schluss: Eine persönliche Erwartung an Supervision

Als Leiterin wünsche ich mir, dass Supervision – ganz gleich, auf welcher Ebene ich arbeite – hilft, wieder an den positiven Erfahrungen der 1990er-Jahre anzuknüpfen. Verknappung von Ressourcen stellen schließlich auch eine konstruktive und kreative Herausforderung dar – in deren Veränderungsprozessen es gilt, auszufegen, in Ecken und Nischen zu schauen, sich von Überholtem zu trennen und Neues an dessen Stelle entstehen und wachsen zu lassen. Dabei geht es längst nicht allein darum, Geld zu sparen, sondern – entsprechend veränderter gesellschaftlicher Rahmenbedingungen – Inhalte neu zu bestimmen, Schwerpunkte neu zu setzen, sich zu konzentrieren, nach vorne zu schauen – und neu zu entscheiden. Das bedeutet allerdings nicht, sofort Lösungen parat zu haben. Aber eine der grundlegenden Aufgaben von Leitung besteht genau darin: vorwärts zu denken – mit dem Ganzen, den Mitarbeitenden und Klienten, dem Innen und Außen im Blick.

Literatur

epd (Evangelischer Pressedienst): Dokumentation des Evangelischen Pressedienstes (epd) Nr. 18: Aus Fehlern lernen? Scheiternde Projekte in einer lernenden Kirche. Gemeinschaftswerk der Evangelischen Publizistik (Hrsg.). Frankfurt 2006

Weiss, K.: Beweglich und stabil auf schwankendem Boden. Was Führungskräfte gegenwärtig in der Supervision beschäftigt. In: Fröse, M. u.a.: Management sozialer Organisationen. Bern 2005

Eva Szalontai und Roland Kunkel-van Kaldenkerken

»Wir waren 'mal ein Dreamteam ...«

Zur Dynamik dramatisch verknappter Ressourcen am Beispiel einer Einrichtung der beruflichen Weiterbildung

Im August 2002 legte die Kommission »Moderne Dienstleistungen am Arbeitsmarkt« unter der Leitung von Dr. Peter Hartz ihre Vorschläge zur effizienteren Gestaltung der Arbeitsmarktpolitik und zur Reform der Bundesanstalt für Arbeit (BA) vor. Das »Hartz-Konzept« umfasste 13 »Innovationsmodule« und wurde in vier Phasen (Hartz I bis IV) ab Januar 2003 bis Januar 2005 umgesetzt. Kernaufgabe der neuen »Bundesagentur für Arbeit« ist seither die Arbeitsvermittlung; das bisherige Kerninstrument der aktiven Arbeitsmarktpolitik – die berufliche Weiterbildung – wurde im Zuge der »Hartz-Gesetze« auf vermittlungsunterstützende Hilfen beschränkt.

Für die Träger und Einrichtungen der durch die BA geförderten beruflichen Weiterbildung und ihre Kund/innen stellte sich dieser kurzfristige Systemwechsel in der Arbeitsmarktpolitik dar als »... eine extrem riskante Strategie ohne Übergangsphase ..., welche ruinöse Konsequenzen für die Einrichtungen und ihr Personal provoziert hat und langfristig notwendige Angebote von Lernmöglichkeiten zerschlägt« (Faulstich/Gnahs/Sauter 2004, S. 9).

Welche Dynamik dieser Systemwechsel – verbunden mit dem rasanten Entzug von Legitimation und finanziellen Ressourcen – in den operativen Einheiten vor Ort entfalten kann, soll im Folgenden am Beispiel eines Arbeitskonflikts in einer Bildungsstätte beschrieben und analysiert werden. Dabei stehen Fragen im Mittelpunkt wie: Welche Handlungsmöglichkeiten hat in dieser Situation eine zentral angesiedelte Konfliktbearbeitungsinstanz? Das heißt hier: Was kann eine zentrale Konfliktschlichtungsstelle, die auf Basis einer Konzernbetriebsvereinbarung bei Konflikten am Arbeitsplatz tätig wird, im zu schildernden Konflikt leisten? Wie kann bei dramatischen Werteverletzungen verhindert werden, dass Konflikte dauerhaft personalisiert und in Form von individuellen Schuldzuweisungen (Selbstvorwürfe, Versagensgefühle und Beschuldigungen von außen) ausgetragen werden? Oder anders ausgedrückt: Wie können Selbstverantwortung der Akteure vor Ort und institutionelle Verantwortung kooperieren?

Der Konfliktkontext
Als Kontextbedingungen des Konfliktgeschehens (es handelt sich um einen komplexen Arbeitskonflikt, der in seinem Verlauf dahingehend eskalierte, dass die direkt Beteiligten die Arbeitssituation als unerträglich erlebten und die Funktionsfähigkeit einer Betriebseinheit erheblich litt) sind vor allem folgende Aspekte relevant:
— Die genannten arbeitsmarktpolitischen Veränderungen, die sich im völligen Wegfall eines Marktes konkretisierten, haben in der Branche der beruflichen Weiterbildung zu massivem Personalabbau geführt. Auch die Bildungsstätte in unserem Fallbeispiel war ab 2003 stark davon betroffen.
— Seit 2000 hat das bundesweit agierende Bildungsunternehmen, zu dem die Bildungsstätte gehört, bereits interne Veränderungs- und Entwicklungsprozesse gestartet, um mit veränderten Markterfordernissen zukünftig Schritt halten zu können. So wurde etwa zum 1.1.2004 die frühere Zweigniederlassungsstruktur in eine kleinteiligere Geschäftsstellenstruktur umgewandelt. Die Hierachieebenen wurden auf diese Weise reduziert und neues Führungspersonal als Geschäftstellenleiter/innen eingesetzt.

— Im Jahr 2004 wurde ein Qualitätsmanagementsystem eingeführt, d.h. erstmals wurden bundesweit einheitliche Geschäfts-, Führungs- und Unterstützungsprozesse für alle Geschäftsstellen und die Konzernzentrale beschrieben. Nach der unternehmensweiten Einführung dieses Systems wurde das Gesamtunternehmen nach DIN EN ISO 9001: 2000 auf der Grundlage von Stichproben zertifiziert.
— Seit Mai 2002 existiert eine Konzernbetriebsvereinbarung zum internen Konfliktmanagement, die das Verfahren zur Einsetzung einer »Konfliktschlichtungsgruppe« definiert. Der beschriebene Konflikt stellt einen Fall dar, in dem diese Konfliktschlichtungsgruppe tätig wurde. Die Leiterin des Konfliktschlichtungsteams war Eva Szalontai. Roland Kunkel-van Kaldenkerken begleitete den Fall supervisorisch.

Die Konfliktbeschreibung

Mit allen Konfliktbeteiligten, d.h. der Geschäftsstellenleitung (GSL), der Ausbildungsleitung (ABL), der Fachbereichsleitung (FBL), der Lehrgangsorganisation (LO) und der Betriebsräte (BR) wurden jeweils einstündige Einzelinterviews geführt; diese wurden verschriftlicht und vor der Diskussion im Konfliktschlichtungsteam von den Interviewpartner/innen gegengelesen und gegebenenfalls korrigiert. Anhand der Aufzeichnungen lassen sich der Konflikt und seine Rahmenbedingungen wie folgt beschreiben:

Das Team der betroffenen Bildungsstätte ist in Folge der Unternehmenskrise von fast 30 Beschäftigten auf drei Beschäftigte (ABL, FBL und LO) geschrumpft. Um den Arbeitsplatz der LO zu erhalten, wurde die LO zeitweilig in zwei Bildungsstätten eingesetzt. An ihrem zweiten Einsatzort konnte die LO mit großem Engagement und Erfolg einen neuen Arbeitsbereich auf- und ausbauen. Mit dem Ausbau dieses Bereichs wuchs auch das Arbeitsvolumen, sodass die LO an die Grenzen ihrer Leistungsfähigkeit stieß und zunehmend Überlastung beklagte.

Alle Interviewpartner/innen beschreiben eine hohe Arbeitsverdichtung und -belastung; sie standen und stehen unter starkem Druck. Die GSL fasst die Situation so zusammen: »Die Nerven liegen oft blank. Die gute alte Zeit ist vorbei.«

Die LO wird von GSL, ABL und FBL übereinstimmend als kompetent, zuverlässig, loyal und langjährig weit über das übliche Maß hinaus engagiert beschrieben. Alle heben hervor, dass sich die LO bis zum Ausbruch des Konflikts neuen Aufgaben und zusätzlichen Belastungen stets stellte und auch schwierigste Situationen und Herausforderungen meisterte. Von allen werden ihr eine hohe Dienstleistungsorientierung sowie ausgeprägte organisatorische Fähigkeiten bescheinigt. Die GSL bezeichnet sie als den »Star unter den LOs«.

Die Rücknahme der geteilten Stelle der LO wurde zum Auslöser des akuten Konflikts. Zu ihrer Entlastung – so die Überlegungen und Absichten der GSL und der ABL – wurde die LO wieder mit voller Stelle am ursprünglichen Arbeitsort eingesetzt. Die LO erlebte und bezeichnete diese Rückversetzung als »Degradierung« und befindet sich seither im offenen Konflikt mit GSL, ABL und FBL.

In dem früher von außen, d.h. von den Mitarbeiter/innen der anderen Bildungsstätten und der GSL als »Dreamteam« wahrgenommenen Trio ABL, FBL und LO funktioniert seither nur noch die Zusammenarbeit zwischen ABL und FBL; die Arbeitsbeziehungen zwischen der ABL und LO, der FBL und LO werden jeweils beiderseitig als heftig gestört und belastet beschrieben. Gleiches gilt für die Arbeitsbeziehung zwischen GSL und LO.

Insbesondere zwischen der ABL und LO sowie der FBL und LO wird mit »harten Bandagen« gekämpft: gegenseitige Abwertung, Psychopathologisierung der jeweils anderen Person und unbeabsichtigte wie absichtliche Kränkungen, z.B. in Form unflätiger Bemerkungen, werden in den Interviews beschrieben.

Als strukturelle Aspekte des Konflikts werden mangelnde Strukturen sichtbar – was darauf verweist, dass die neuen Strukturen noch »ungeübt« und mit hoher Rollenunsicherheit verbunden sind; zugleich sind neue Rollen, insbesondere die der FBL, nicht kommuniziert und – ein weiterer Aspekt – der extreme Ressourcenmangel ist unübersehbar. Zudem werden strategische Unklarheiten deutlich: GSL und ABL scheinen unterschiedlicher Auffassung darüber zu sein, ob die Geschäftsstelle sich auf die Kernkompetenzen, d.h. Qualifizierungsmaßnahmen im gewerblichen

Bereich beschränken oder akquirieren sollte, was zu akquirieren ist. Zu den umstrittenen neuen Feldern gehörte auch der Einsatz von Ein-Euro-Jobbern und damit das Arbeitsfeld, das von der LO mit viel Engagement und weitgehend eigenständig aufgebaut wurde. Während die GSL die Marktpräsenz hoch gewichtet und deshalb auch weniger profitable Aufträge für strategisch bedeutsam hält, ist die ABL der Meinung, dass sich die Übernahme dieser Aufträge letzten Endes nicht auszahlt.

Die Konfliktbearbeitung
1. Initialschritte
Angesichts der geschilderten Situation diagnostiziert das Schlichtungsteam einen hoch eskalierten Konflikt, der zumindest zwischen ABL und LO sowie zwischen FBL und LO die Qualität einer »Katastrophe« im Sinne der Konfliktdiagnosekriterien von Kunkel-van Kaldenkerken/van Kaldenkerken entwickelt hat:

»*Hoher Handlungsdruck tritt gleichzeitig mit der Erfahrung des Scheiterns auf ...*

Die Verantwortung für die Steuerung des Konfliktgeschehens wird nicht (mehr) gemeinsam wahrgenommen. Das Konfliktmanagement ist zusammengebrochen oder konnte überhaupt nicht entwickelt werden. Der Konflikt ist mindestens einem der Akteure über den Kopf gewachsen, das Geschehen wird von den Konfliktkosten (Zeit, Informationsverzerrungen, Gesundheit, Reputation ...) und von negativen Erfahrungen aus der Vergangenheit beherrscht. Belastende Emotionen wie schroffe Schuldzuweisungen, Resignation, Hass, Kränkung, tiefe Enttäuschung und Misstrauen haben sich verselbstständigt. Es herrschen möglicherweise Panik und Rücksichtslosigkeit. Die Akteure leiden unter den Schäden der Auseinandersetzung, machen sich das aber gegenseitig zum Vorwurf – und bleiben deshalb aneinander gebunden. Sie bewegen sich zunehmend in völlig verschiedenen subjektiven Wirklichkeiten, haben also den Kontakt zueinander verloren. Statt dem Einhalten gemeinsamer Regeln wird Privatrecht reklamiert, das Verhalten des anderen wird als völlig unverhältnismäßig erlebt« (Kunkel-van Kaldenkerken/ van Kaldenkerken, 2006, S. 228).

Auf der Ebene der Arbeitsbeziehungen wäre in dieser Situation vieles zu klären, aber für eine Beziehungsklärung im früheren »Dreamteam« fehlt derzeit die Basis. Offenbar wurden wesentliche Beziehungen innerlich aufgekündigt.

Lediglich die Arbeitsbeziehung zwischen GSL und LO scheint noch einigermaßen belastbar, sodass hier Klärungen möglich sind.

Basierend auf diesen Überlegungen plante die Schlichtungsgruppe als ersten Schritt ein Mediationsgespräch mit GSL und LO, um den Klärungsprozess dieser Arbeitsbeziehung zu initiieren und Konfliktlösungen zu erarbeiten.

Als zweiter Schritt wurde ein Treffen mit allen Konfliktbeteiligten anberaumt, um die Konfliktbeschreibung des Schlichtungsteams und seine Einschätzung der zu berücksichtigenden Hintergründe zu präsentieren und die daraus abgeleiteten Empfehlungen zu diskutieren. Ziel dieser Intervention war es, die Aufmerksamkeit der Beteiligten auf strukturelle Klärungen zu lenken und für die Dauer des Klärungsprozesses eine »Friedenspflicht« zu vereinbaren, um einer weiteren Eskalation Einhalt zu gebieten.

2. Mediationsgespräch

In dem Mediationsgespräch mit der GSL und der LO konnten die individuellen Sichtweisen, Motive, Gefühle und Wünsche besprochen werden. Im Laufe des Gesprächs entspannte sich die Situation zwischen den beiden Konfliktbeteiligten sichtlich. Es wurden konkrete Vereinbarungen getroffen, u.a. dass der Handlungsspielraum der LO innerhalb des Organisationsrahmens des Unternehmens bis zu einem bestimmten Termin explizit definiert wird. In der Schlussrunde benannte die LO allerdings weitere Konflikte und konfrontierte die GSL mit Forderungen. Damit stand die Spannung der Anfangssequenz wieder im Raum. Unser zeitlicher Rahmen war zu diesem Zeitpunkt bereits ausgeschöpft, so dass ein weiterer Termin für die neuen Konfliktthemen für die zweite Phase des Schlichtungsverfahrens ins Auge gefasst wurde.

3. Konfliktanalyse

Das Schlichtungsteam stellte in seiner Konfliktanalyse zunächst die anerkannt gute Arbeit der LO und die bisherige gute Zusammenarbeit in den Mittelpunkt. Daran schloss sich die Beschreibung des Konfliktauslösers und der Störungen in den Arbeitsbeziehungen an.

Als zentrale Kontextbedingung des Arbeitskonflikts wurde die Krise des Weiterbildungsmarktes, in deren Folge das Unternehmen in eine existenzielle Krise geriet, gedeutet. Die strategischen und strukturellen Aspekte des Konfliktgeschehens in der Bildungsstätte sind ebenfalls in diesem Zusammenhang zu verstehen.

Biografische Aspekte wurden in der Konfliktdynamik lediglich als Einflussfaktoren benannt, aber nicht individuell thematisiert und im Einzelnen bearbeitet.

Die Präsentation der Konfliktanalyse schloss mit folgenden Thesen:
— Im Konfliktgeschehen spiegelt sich die Dynamik einer durch den Wegfall des Marktes existenziell bedrohten Organisation: Die Bildungsstätte/die Geschäftsstelle/der Konzern kämpft ums Überleben und die verbliebenen Menschen kämpfen gleichfalls ums Überleben.
— Die Organisation löst die Rollenverwirrung der LO aus und fördert sie durch Scheinfreiräume: Sie ermutigt und verführt zur Grenzüberschreitung.
— Der Konflikt ist als Hinweis auf eine dringend anzugehende Aufgabe der Organisation anzusehen: Wie können bei extrem knappen Ressourcen und in einem unsicheren Rahmen engagierte und kompetente Menschen effektiv eingesetzt werden, ohne ihre Motivation zu vernichten?
— Eine weitere Entwicklungsaufgabe lautet: Wie lässt sich eine gute Strategie entwickeln und effektiv kommunizieren?

Die Konfliktbeteiligten finden sich daraufhin in der Konfliktbeschreibung wieder und scheinen durch die Erläuterung des Kontextes entlastet.

Die Empfehlungen des Schlichtungsteams werden nach kurzer Diskussion angenommen und in folgenden Vereinbarungen konkretisiert:

— Bis Ende Juli werden die Strukturen auf der Grundlage der Aufgabenmatrix, die parallel zusammengestellt wird, geklärt und beschrieben.
— Bis Ende Juli wird die strategische Ausrichtung der neuen Geschäftsbereiche sowie des Kerngeschäfts entwickelt und die Ziele der Bildungsstätte definiert.
— Zur Verbesserung der Umgangsformen besteht eine Friedenspflicht für die Teamsitzungen, Eskalationen und Kränkungen werden vermieden, es gilt insgesamt das Gebot einer sprachlichen Zurückhaltung. Dissenspunkte werden im Protokoll festgehalten, nötige Entscheidungen trifft die jeweils zuständige Ebene.

Für den weiteren Fortgang des Schlichtungsverfahrens wird vereinbart, dass im Anschluss an den strategischen und strukturellen Klärungsprozess die Arbeitsbeziehungen bearbeitet werden sollen. Zur Vorbereitung dieses Termins wird die Schlichtungsgruppe leitfragengestützte Telefoninterviews mit allen führen und bittet die GSL um Zusendung der Ergebnisse der strategischen und strukturellen Klärung.

Weiterer Verlauf
Wenige Wochen später erfolgt eine positive Rückmeldung des Betriebsrats, der vor Ort eine deutlich gelöste Atmosphäre wahrnimmt. Aber schon kurze Zeit darauf häufen sich erneute Hinweise auf eine weitere Eskalation. Diese Situation spiegelte sich auch in den terminvorbereitenden Telefoninterviews wider, sodass die Schlichtungsgruppe weiterhin keine Basis für die Bearbeitung der Arbeitsbeziehungen sieht.

Nach Supervision und eingehender Beratung beschließt das Schlichtungsteam, den Fokus auf die Beratung der Führungskräfte zu richten. Ziel ist dabei, die Führungskräfte in ihrer Rollenübernahme zu unterstützen und zu stabilisieren, damit sie
— die weitere Klärung der Strukturen als zentrale Aufgabe annehmen und angehen;
— auf der Basis geklärter Strukturen klar und eindeutig führen und selbstschädigendes Verhalten der Mitarbeiter/innen eindämmen;

— klare strategische Ziele für die Bildungsstätte erarbeiten, um damit auch einen klaren strategischen Rahmen für FBL und LO zu definieren.

Das Resümee

Wenn wir es mit Katastrophen zu tun haben, sind die meisten zu treffenden Entscheidungen sehr hart und schmerzhaft für die Beteiligten. In dieser Situation fair miteinander umzugehen und sich den Respekt voreinander zu bewahren ist schwer, aber möglich, wenn die Wahrheit der Situation klar benannt werden kann. »Nach Antonovsky (dem Begründer des Salutogenesekonzeptes: Was hält bzw. macht uns gesund?) besteht das Geheimnis der Gesundheit darin, dass man sich die Welt auch in schwierigen Situationen erklären kann, dass man überzeugt davon ist, die Anforderungen des Lebens durch eigene Kraft und/oder fremde Hilfe bewältigen zu können, und dass man die Auseinandersetzung mit diesen Lebensanforderungen als sinnvoll erlebt. Eine solche Weltsicht unterstützt die Bewältigung auch schwerer Belastungen und schützt vor den gesundheitsschädlichen Auswirkungen lang anhaltender körperlicher Stressreaktionen« (Kaluza 2005, S. 46).

Infolge des schnellen Systemwechsels in der Arbeitsmarktpolitik konnten sich die Beteiligten zumindest temporär ihre Arbeitswelt nicht mehr erklären. Der Glaube an die eigene Handlungsfähigkeit und an den Sinn des eigenen Tuns und der damit verbundenen Anstrengung wurde tief erschüttert. Alle Hierachieebenen erlebten im Zuge der »Hartz-Gesetze« eine massive Entwertung ihrer Arbeit.

Veränderungsprozesse, die als entwertend erlebt werden, lösen häufig Prozesse der Selbstentwertung aus, die sehr (selbst-)destruktiv verlaufen können. Deshalb galt – im Sinne des Gesundheitsverständnisses von Antonovsky – für alle, das Desaster zu sehen und emotionale Distanz dazu zu gewinnen. Das komplexe Konfliktgeschehen zu sehen, nimmt nicht den Schmerz, führt aber von der unmittelbaren Betroffenheit in die Distanz. Mithilfe der Konfliktanalyse konnten die Beteiligten dabei unterstützt werden, die Situation besser zu verstehen, Erklärungen jenseits von persönlichen Schuldzuweisungen zu entwickeln und ihre eigene Verantwortung genauer zu definieren.

Auch die Autorin musste sich, zusammen mit dem Schlichtungsteam, dieser Aufgabe stellen. Als Vertretung der Organisation bestand eine wichtige Aufgabe dieser internen Instanz darin, Mitverantwortung für das, was die Organisation in ihrem Ringen um die Bewältigung der Krise anrichtete, zu übernehmen; das bedeutete, die Situation möglichst genau zu schildern und zu analysieren, auch die Werteverletzungen durch die Organisation zu benennen, und nicht selbst in die Falle der persönlichen Schuldzuweisung zu laufen. Organisationale Werteverletzungen werden auch von den Vertreter/innen der Organisation, also auch von den Mitgliedern des Schlichtungsteams, als persönliche Werteverletzung erlebt, wobei das Gefühl »Täter« und »Opfer« zugleich zu sein, einen schwierigen Balanceakt hinsichtlich der eigenen Werte und der eigenen Selbstentwertungstendenz und deren Abwehr durch Schuldzuweisungen erfordert.

Zu einem früheren Zeitpunkt im Konfliktverlauf wäre eine Unterstützung der Betroffenen bei der Verarbeitung der von ihnen weder verursachten noch gewünschten gravierenden beruflichen Veränderung – z.B. in Form von Supervision (und der möglichen Vereinbarung eines Dreiecksvertrags, um damit dem Thema Mobbing vorzubeugen) gewiss hilfreich gewesen. Wahrscheinlich hätte die Eskalation durch eine individuelle Unterstützung gebremst, wenn nicht gar verhindert werden können.

Zur Vermeidung solch eskalierender Verläufe – aber auch in bereits eskalierten Situationen – ist ein eindeutiges und gleichzeitig respektvolles Führungsverhalten erforderlich. Da in Veränderungsprozessen häufig auch Führungskräfte als »Täter« und »Opfer« Werteverletzungen verüben und erfahren, benötigen sie Hilfe, um solche Situationen rechtzeitig zu erkennen und die »ungeschminkte Realität« wahrzunehmen. Ein schonungsloser Blick auf die reale Situation der Organisation und zugleich auf die eigene Betroffenheit erweisen sich als unverzichtbare Basis für ein klares und respektvolles Führungsverhalten.

In dem beschriebenen Konfliktgeschehen konnte die zentrale Konfliktbearbeitungsstelle angesichts der erreichten Eskalationsstufe den Schaden lediglich begrenzen.

Literatur

Faulstich, P./Gnahs, D./Sauter, E.: Systemqualität in der beruflichen Weiterbildung. Fragestellungen, Konsequenzen und Alternativen nach Hartz. Bonn 2004

Kaluza, G.: Stressbewältigung. Heidelberg 2005

Kunkel-van Kaldenkerken, R./van Kaldenkerken, C.: Erfahrungen aus der Mediation für die Unternehmensberatung. In: Bamberg, E./Schmidt, J./Hänel, K.: Beratung – Counseling – Consulting. Göttingen 2006, S. 281–303

Christiane Schöner

Weil nur zählt, was Geld einbringt?!

Zur Dynamik knapper Ressourcen und den Folgen: Umbrüche in Großunternehmen. Personalentwicklung und interne Supervision

Der Ausgangspunkt: Zur Person, Organisation, Perspektive
Vor dem Hintergrund meiner beruflichen Praxis als Industriekauffrau und Lehrerin sowie weiteren Berufserfahrungen in der Sozialpädagogik und Arbeitsverwaltung hatte ich im Jahr 1993 gute Chancen, in der Personalentwicklung (PE) der Wirtschaft Fuß zu fassen. Seither arbeite ich als »interne« Personalentwicklerin für die Karstadt Warenhaus GmbH, ein bundesweit tätiges Handels- und Dienstleistungsunternehmen, das seit 1994 aufgrund rückläufiger Konjunktur und nachlassender Konsumneigung der Verbraucher einen permanenten Anpassungsprozess durchlebt. 2004 konnte bei Karstadt mit einer komplexen Sanierung eine umfassende Neuausrichtung eingeleitet und in den folgenden Jahren erfolgreich abschlossen werden. Umbrüche, Veränderungen und Anpassungen an aktuelle wirtschaftliche Entwicklungen begleiten daher seit meinem Eintritt in das Unternehmen meine Arbeit in der Personalentwicklung. Einer meiner Leitgedanken war von Anfang an: Antizyklisch vorgehen und versuchen, z.B. durch Mitarbeiterqualifikation Wettbewerbsvorteile wiederzuerlangen.

Seit 2002 leite ich ein, seit 2007 zwei regionale Teams von PE-Referentinnen in der Region Berlin/Ost und in der Region Nord. Mit derzeit 18 Kräften sind wir für 45 Betriebsstellen mit rund 12.000 Mitarbeitern (ca. 40 Prozent der Gesamt-Vollbeschäftigten im Bundesgebiet) »personalentwicklerisch« tätig.

Zur »Teamleiterin Regionale Personalentwicklung (RPE)« habe ich mich nicht zuletzt durch kontinuierliche Zusatzaus- und -fortbildungen qualifiziert – hier insbesondere zur Supervisorin (DGSv) und Organisationsberaterin. Als Leiterin mit supervisorischem Blick fällt es gerade in scheinbar nicht enden wollenden turbulenten Zeiten leichter, immer wieder professionelle Distanz einzunehmen und zwischen verschiedenen beruflichen Rollen und den damit verbundenen Erwartungen zu wechseln. Die komplexen Prozesse in ihren Wirkungen wahrzunehmen und konzeptionell, strukturell und beratend darauf zu reagieren, stellt so seit einigen Jahren eine der Herausforderungen in meinem beruflichen Alltag dar.

In meiner Eigenschaft als Referentin Personalentwicklung[1] liegen meine augenblicklichen, persönlichen Arbeitsschwerpunkte in den Angebotsformen Coaching/Supervision, Karriereberatung, Trainings für Führungs- und Führungsnachwuchskräfte, Team- und Organisationsentwicklung sowie Konfliktlösung. In dieser Arbeit lasse ich mich von einem integrativen Ansatz leiten, der seine Begründung in einem ganzheitlichen Menschenbild und in der Beschreibung der Organisation als Miniaturgesellschaft in lebenslanger zyklischer Entwicklung findet. Kennzeichnend für diesen Ansatz sind eine interdisziplinäre Vorgehensweise sowie Methodenvielfalt mit Anleihen aus der Erlebnispädagogik und der Gruppendynamik, dem Psychodrama, der Arbeit mit kreativen Medien und - last but not least - aus der Politischen Bildung, einem meiner Fächer aus dem aktiven Schuldienst.

---

1 Die Position Teamleiterin RPE besteht etwa jeweils zur Hälfte aus »Managementaufgaben« (Personalführung, Koordination der PE in der Region, Organisation und Prozesssteuerung der RPE, ...) und »Sachaufgaben«/Tätigkeiten als PE-Referentin (konzeptionelle Arbeit, Marketing der PE-Seviceleistungen, Ausbildung, Aufstiegs- und Anpassungsqualifizierung usw.).

Im Folgenden möchte ich das Thema aus verschiedenen Perspektiven aufzeigen.

Als »Teamleiterin« und »Referentin Personalentwicklung« eines Großunternehmens, das 2004/2005 der drohenden Insolvenz entkam und anschließend eine tief greifende Sanierung absolvierte,
— zähle ich zu einer Abteilung, die von der Rationalisierung selbst betroffen ist. In den fünf Regionalen Personalentwicklungen wurde der Personalbestand im Jahr 2005 erheblich reduziert.
— Zu meinen Aufgaben als Führungskraft gehört es, die mit der Sanierung verbundenen Rationalisierungsmaßnahmen im eigenen Verantwortungsbereich umzusetzen und dafür Sorge zu tragen, dass mit Unterstützung der verbleibenden Mitarbeiterinnen in »meiner RPE der Betrieb aufrechterhalten wird«, d.h. ...
— ... »zielgerichtete, unaufwendige, effektive und kostengünstige Lösungen«[2] von Expertinnen entwickelt und angeboten werden, die im Sinne eines »PE-Support« für die Umstrukturierung und Neuorientierung des Unternehmens absolut notwendig sind.

Zur Personalentwicklung in Großunternehmen

Personalentwicklung in Großunternehmen kann unterschiedlichen Strukturen und Konzepten folgen. Die Bandbreite reicht vom firmeneigenen Institut und ausgelagerten Akademien über eine eigenständige PE-Abteilung bis hin zu solchen Strukturen, die Personalentwicklung den Führungskräften im Unternehmen überlassen oder solchen, in denen PE in keiner Weise vorhanden ist oder aber nur bei Bedarf eingekauft wird.

In den Jahren seit 1993 gab es in dem Großunternehmen, in dem ich arbeite, recht unterschiedliche Rahmenbedingungen für den Bereich Personalentwicklung. Sucht man nach Gemeinsamkeiten dieser verschiedenen Ansätze, lässt sich aus meiner Sicht Folgendes feststellen:
— Personal- und Organisationsentwicklung spielt bis dato eine so bedeu-

---

2 Vgl. Leuschner, G. (2007): Supervision – Eine Kunst der Beziehung. In: supervision 2.2007, S. 14-22.

tende Rolle bei Karstadt, dass neben dem Einkauf entsprechender externer Leistungen stets auch ein zentraler und filialinterner bzw. regionaler Pool von Ausbildungsleitern/PE-Referenten usw. beibehalten wird, und zwar vorwiegend in den Anwendungsfeldern
  - berufliche Ausbildung,
  - Fort- bzw. Weiterbildung im Sinne der Entwicklung von Führungs- und Führungsnachwuchskräften (Aufstiegsqualifizierung),
  - Anpassungsqualifizierung, d.h. Entwicklung der Kompetenzen von Mitarbeitern und Führungskräften entsprechend der fortschreitenden arbeitsplatzbezogenen Anforderungen,
  - Management-Development.
— Die Tätigkeiten der Experten aus der Personalentwicklung in diesen Anwendungsfeldern umfassen vor allem:
  - Unterstützung bei der Akquisition und Rekrutierung von geeigneten Auszubildenden, Mitarbeitern, Führungskräften,
  - fachliche Unterweisungen und Schulungen, insbesondere für Auszubildende,
  - Durchführung von verhaltensorientierten Seminaren und Trainings für verschiedene Zielgruppen (Azubis, MA, FK, ...) und Branchen (Verkauf, Reisen, Gastronomie, Schauwerbung, Verwaltungs- und Hilfsbetriebe, Einkauf,...),
  - Moderation von Workshops, Tagungen usw.,
  - Teamentwicklung,
  - Prozessbegleitung (bei Filialprojekten, Rollenveränderungen usw.),
  - Beratung, Coaching, Supervision,
  - Bedarfermittlung, Entwicklung von Instrumenten und Konzepten im Rahmen der strategischen und operativen Personal- und Organisationsentwicklung[3], Bildungscontrolling/Evaluation.

---

3 Qualifizierungskonzepte, Trainerleitfäden, Auswahlverfahren, Positionsbeschreibungen, Zielvereinbarungs- und Beurteilungssysteme, Potenzialanalysen, Informationsbroschüren, Selbstlern-Materialien usw. für MA, FK usw.

— Ein Motiv für die Bewahrung von internen, auf Personalentwicklung spezialisierten Mitarbeitern besteht darin, das Konzept »Nachhaltigkeit durch gute Führung, Ausbildung und Qualifizierung« zu sichern. In einem »Mission Statement« der Arcandor AG, unserem Mutterkonzern, heißt es explizit: »Wir fordern und fördern unsere Mitarbeiter auf dem Weg zur Professionalität, unternehmerischer Verantwortung und Kundenorientierung«.[4]
— Auf dem Weg der eigenen und der Mitarbeiter-Professionalisierung wird die »interne« Personalentwicklung kontinuierlich als eigenständige »Serviceleister/Supporter«-Organisation neben und für den eigentlichen Profit-Bereich etabliert. Dem Aspekt »eigene Positionierung/angemessene Autonomie« wird dabei in den letzten fünfzehn Jahren zunehmend Aufmerksamkeit gewidmet.
— Die Ursachen für die verschiedenen strukturellen und inhaltlichen Ausprägungen der internen Personalentwicklung in den letzten Jahren liegen in der Regel in Bestrebungen wie:
  – optimale Anpassung an die sich ändernden, neuen Vertriebsstrukturen und -strategien,
  – zuverlässige Orientierung an den Zielen sowie am Bedarf des Unternehmens wie seiner Auftraggeber und Kunden,
  – schnelles Aufgreifen von aktuellen Themen, Methoden, Trends,
  – Erbringen marktfähiger Leistungen, d.h. insbesondere Steigerung von Qualität und Produktivität.
— Im Verhältnis zu den sich ändernden Strukturen und Rollen der Personalentwicklung bei Karstadt wie auch zu deren konkreten Zielen und Aufträgen differieren die Anzahl der entsprechenden internen und externen Dienstleister/ Dienstleistungen sowie deren Inhalte und Budgets. Je nach Struktur/ Bedarf sind darüber hinaus phasenweise eher Generalisten und/oder Spezialisten von innen und von außen gefragt.
— Bei Anfragen im Kontext strategischer und operativer Personal- und Organisationsentwicklung wird in der Regel auch vom Kunden über-

---

4 Vgl. http://www.arcandor.de/4727.asp

prüft, ob eine interne Vergabe des Auftrags möglich ist. Der Hauptgrund dafür liegt im schonenden Umgang mit knappen Ressourcen wie z.B.

- *Zeit:* Interne Berater, PE-Referenten usw., die einen festen Platz im Unternehmen haben, sind vergleichsweise schnell verfügbar. Aufgrund ihrer direkten Erreichbarkeit und ihrer Organisationskenntnis wird seitens des Auftraggebers/Kunden zum einen ein kurzfristig möglicher und praxisnaher Einsatz unterstellt – auch wenn die Auftragsbücher voll sind! Zum anderen wird eine flexible, kostenneutrale Prozessbegleitung über den eigentlichen Auftrag hinaus erwartet.[5]
- *Geld:* Ein interner »Mann«-Tag kostet im derzeitigen Umlageverfahren weniger als der von außen eingekaufte. Geld für externe PE-/OE-Leistungen wird daher eher in Ausnahmefällen ausgegeben, z.B.
    - bei mangelnden internen Kapazitäten,
    - bei zu hohem (internen) Aufwand, der mit der erforderlichen Maßnahme verbunden ist,
    - bei ausgesuchter Spezialausrichtung, die nicht den Kernkompetenzen der internen Personalentwickler entspricht,
    - in Fällen, in denen die Kompetenz oder »Aura« des Externen besondere Wirkung verspricht,
    - wenn die internen Experten aus professionellen Gründen einen Auftrag nicht annehmen können, z.B.
    - weil der Blick und die Rückmeldung »von ganz außen« erforderlich ist. Das bietet sich hierarchisch bedingt aufgrund der internen Abhängigkeiten vor allem im Bereich »Management-Development« an.
    - Interne Beratung spart darüber hinaus Kosten durch die Übernahme einer »Clearingfunktion« in Form von Beratung über die

---

5 Vgl. hierzu: Deutsche Gesellschaft für Supervision e.V. (DGSv) (2004): Erfolge sichern, Krisen meistern, Mitarbeiter/innen voranbringen – Organisationsinterne Supervision in der Praxis, Köln, Broschüre, erhältlich unter: http://www.dgsv.de/down/Org_intern.pdf.

verschiedenen Angebotsformate, prozessualer Auftragsklärung und Evaluation sowie durch Koordination von Maßnahmen und Beratern.[6]
- *Personal*: Den direkten Anfragen an »Interne« liegen vor allem ihr Bekanntheitsgrad im Unternehmen und ihrer Reputation zugrunde – und damit ihre Einschätzbarkeit; Auftraggeber und Kunden wollen in der Regel die »richtigen Personen zum richtigen Zeitpunkt am richtigen Ort ...« und nicht lange experimentieren.

Supervision/Coaching als Teil der Personalentwicklung in turbulenten Zeiten

Beratung für konkrete Rollenveränderungen von Mitarbeitern und Führungskräften sowie zur Kompetenzerweiterung und Leistungssteigerung (Performance) ist in Umbruchzeiten im besonderen Maße gefragt. Coaching im Sinne von Supervision[7] wurde in dem Großunternehmen, in dem ich arbeite, als Instrument der Personalentwicklung in der Phase des permanenten Anpassungsprozesses ausgeweitet und strukturell verankert. Skizzieren lässt sich diese Entwicklung wie folgt.

Einen auf »Beratung, Coaching, Supervision« spezialisierten Profi hat es intern bei Karstadt bis Anfang der 1990er-Jahre vereinzelt und angesie-

---

6 Siehe hierzu auch die Ausführungen von Rappe-Giesecke, K. (2004): Supervision – effektive Unterstützung für Organisationen in Veränderung. Konferenz: Organisationsinterne Supervision, Vortrag bei der DGSv in Köln am 28. September 2004, download unter: http://www.rappe-giesecke.de/Publikationen.

7 Hier und im Folgenden betrachte ich die Leistungen »Interne Beratung, Coaching, Supervision« als prozessorientierte, personenbezogene berufliche Beratungsformen sowie als Instrumente der Personal- und Organisationsentwicklung weitgehend als deckungsgleich. Auch, was Charakter und Anwendungsbereiche, angewandte Settings sowie die aktuellen Anlässe und Ziele, die Kommunikationsmodi und die Gestaltung des Arbeitsbündnisses betrifft, ist ein Unterschied zwischen diesen Beratungsleistungen nur noch graduell festzustellen. Vgl. hierzu weiterführend: Pühl, H. (2000): Einzel-Supervision – Coaching – Leitungsberatung: Drei Begriffe für dieselbe Sache? In: Handbuch der Supervision 2, Edition Marhold bei Spiess, Berlin, 2. Auflage, S. 100 ff; Rauen, C. (2001): Coaching. Hogrefe, Göttingen, S. 65 ff.

delt in der Zentralen Personalentwicklung in Essen (ZPE) gegeben. Wurden bis 1992 solche Dienstleistungen bei Bedarf aber eher »extern« eingekauft, erschien es danach – vor allem hinsichtlich der Entwicklung von Führungskräften und aus Gründen der Effizienz sowie der Lösungs- und Ergebnisorientierung – sinnvoll, 15 Ausbildungsleiterinnen in großen Verkaufsfilialen als »Interne Beraterinnen« durch anerkannte Trainer für Gruppendynamik (DAGG) und Supervisoren (DGSv) zu qualifizieren. In den letzten Jahren professionalisierten sich darüber hinaus weitere Mitarbeiterinnen der RPE als Supervisorinnen und/oder als Organisationsberaterinnen, andere als Coaches; zahlreiche weitere fachliche und methodische Qualifizierungen nicht mitgerechnet.

Coaching im Sinne von Leitungsberatung/Supervision hat sich u.a. aufgrund dieser Professionalisierungen und des Networkings der entsprechend spezialisierten PE-Referentinnen innerhalb des Unternehmens zunehmend etabliert. Das zeigt sich heute in der Nachfrage wie in der Struktur innerhalb des Unternehmens: Im Februar 2007 wurde im Rahmen eines »Unternehmer-Cockpits (UCO)« für alle Filialgeschäftsführer der Warenhaus GmbH »Coaching bei Karstadt« als Instrument der Personalentwicklung klar positioniert, indem allgemeingültige Coaching-Grundsätze für die Mitarbeiter, Führungskräfte, internen und externen Coaches bei Karstadt eingeführt wurden. Damit wurde Coaching im Sinne von Leitungsberatung/Supervision institutionalisiert und folgende Aspekte unternehmensintern geklärt und geregelt[8]:

---

8 Benchmark-Grundlagen für die im Februar 2007 erstellte interne Broschüre »Coaching bei Karstadt« als auch für die damit verbundenen »Grundsätze« sind im Wesentlichen folgende:
- Zentrum für Organisationsentwicklung und Supervision (ZOS) in der EKHN (ohne Jahresangabe): Grundsätze für die Supervision von haupt-, neben- und ehrenamtlichen kirchlichen Mitarbeiterinnen und Mitarbeitern der Evangelischen Kirche in Hessen und Nassau.
- Deutsche Gesellschaft für Supervision e.V. (DGSv) (2003): Entscheidungshilfen für Kundinnen und Kunden. Supervision – Fragen, Antworten, Anlässe, Zielsetzungen, Köln, Broschüre, erhältlich unter: http://www.dgsv.de/ service_fachmedien.php.

- Aufgabenbereiche und Möglichkeiten von Coaching
  - Was ist Coaching?
  - Einsatzfelder, Anlässe und Zielsetzungen von Coaching
  - Wer nimmt Coaching in Anspruch?
- Arbeitsformen und Qualitätskriterien von Coaching
  - Arbeitsformen des Coachings
  - Qualitätsanforderungen an den Coach
- Rahmenbedingungen für Coaching
  - Anmeldung und Vermittlung
  - Kontrakt
  - Auswertung
  - Ansprechpartner/innen der regionalen/zentralen Personalentwicklung
  - Anmeldeformular.

Interne Personalentwicklung und externe Dienstleistungen: Einsatzfelder, Anlässe, Ziele, Qualitätsanforderungen und Erwartungen usw. an Coaching und Supervision

Die möglichen Gründe für den Einsatz von internen Beratern bzw. für den Einkauf von externen Coaches und Supervisoren bei Karstadt lassen sich am besten in der folgenden Tabelle erfassen, die Bestandteil der Grundsätze von »Coaching bei Karstadt« ist. Die Kriterien basieren auf den von der DGSv herausgegebenen Entscheidungshilfen für Kundinnen und Kunden zum Format Coaching und Supervision.

Die DGSv und ihre Standards für die Profession »Supervisor/Supervisorin« sind heute (nicht nur) bei Karstadt mit dem Merkmal eines Gütesiegels verbunden. Und – wie Ursula Lauterbach von der Gesellschaft

---

- Deutsche Gesellschaft für Supervision e.V. (DGSv) (2005): Coaching. Entscheidungshilfen für Kundinnen und Kunden, Köln, Broschüre, erhältlich unter http://www.dgsv.de/service_fachmedien.php.
- Ahrends, B. (2006): Supervision als Instrument der Personalentwicklung, download unter: http://www.dgsv.de/pdf/Vortrag_Ahrends.pdf

Einsatzfelder/Anlässe von Coaching	Zielsetzungen
Führungsberatung Wenn Sie in Führungsfragen kurzfristig Antworten suchen und adäquate Handlungsstrategien und -optionen erarbeiten wollen, ... Wenn Sie mit knappen Ressourcen wie Zeit, Geld, Personal, Kraft, Aufmerksamkeit sinnvoll umgehen wollen, ... Wenn Sie produktiver und entspannter leiten wollen, ...	... zielt Coaching auf die effektivere Durchführung von Führungsaufgaben.
Förderung der Kompetenz und Performance Wenn Sie Ihre Fähigkeiten und Kompetenzen fördern und entwickeln wollen, ... Wenn Sie in der Entwicklung Ihrer Karriere bisherige Grenzen überprüfen möchten, ... Wenn Sie in ein neues Arbeitsfeld wechseln, ...	... zielt Coaching auf die Entwicklung der Berufsrolle und unterstützt Sie bei Ihrer persönlichen und beruflichen Standortbestimmung.
Unterstützung von Führungskräften und Mitarbeitern Wenn Sie in einer neuen Aufgabe oder Position konkrete Hilfestellung für Ihr Handeln benötigen, ... Wenn erwartet wird, dass Sie in kurzer Zeit gute Ergebnisse produzieren und erzielen,... Wenn die Ergebnisse Ihrer Arbeit für Sie nicht zufriedenstellend sind, ...	... zielt Coaching auf die Optimierung Ihrer fachlichen Arbeitsqualität.
Teamfindung und -entwicklung Wenn in Ihrem Arbeitsfeld mehr übereinander als miteinander geredet wird, ... Wenn die Mitarbeiter mit Konflikten genauso intensiv beschäftigt sind wie mit der eigentlichen Arbeit, ... Wenn Sie die Kompetenzen Ihres Teams erweitern möchten und neue Handlungsperspektiven entwickeln wollen, ...	... zielt Coaching auf die Verbesserung der Kommunikation, Kooperation und Leistungssteigerung am Arbeitsplatz.

Einsatzfelder/Anlässe von Coaching	Zielsetzungen
Begleitung in Veränderungs- und Qualifizierungsprozessen Wenn die Organisationsstrukturen nicht mehr den Erwartungen der Kunden entsprechen, ... Wenn in Ihrem Arbeitsfeld Umstrukturierungen vorgenommen werden, ... Wenn die Vision und Strategie der Organisation im Widerspruch zu den Haltungen der Mitarbeiter stehen, ...	... zielt Coaching auf die Verbesserung von Information, Arbeitszufriedenheit und Organisationsentwicklung.

für Technische Zusammenarbeit (GTZ) auf einer Fachtagung 2005 formulierte – Supervisor/innen können die Super-Coachs für den Profit-Bereich sein, wenn sie neben den professionellen Standards auch spezifische Wirtschafts- Erwartungen erfüllen[9], nämlich:
— eine fundierte, umfangreiche fachliche Ausbildung (anerkannte Beraterprofession),
— ein professionelles Selbstverständnis und Auftreten,
— einschlägige Weiterbildungen und die Beteiligung am Fachdiskurs,
— langjährige, umfangreiche Beratungserfahrung in verschiedenen Tätigkeitsfeldern,

---

9 Vgl. für die folgenden Ausführungen sowie weiterführend:
- Lauterbach, U. (2005): SupervisorInnen als Coaches oder sind SupervisorInnen auch die Super-Coaches? Präsentation für die Fachtagung der DGSv am 22. Oktober 2005 in Köln, download unter: http://www.dgsv.de/pdf/Vortrag_Lauterbach.pdf.
- Karstadt Warenhaus GmbH. Personalentwicklung (2007): Coaching bei Karstadt (unveröffentlicht).
- Schöner, C. und Hennig, R. (2007): Supervisorische Angebotsformate, Methoden/Werkzeuge im Übergang. Workshop beim Verbändeforum Supervision am 03. März 2007, download unter: http://www.supervisionstagung.de/ nachtrag/ Henning.pdf.

- die eigene Qualitätssicherung sowie kontinuierliche Überprüfung der eigenen Kompetenzen,
- die professionelle Arbeitsbeziehung im Dreiecks- bzw. Vierecks-Kontrakt,
- Arbeitserfahrung in Unternehmen, insbesondere Führungserfahrung,
- Coaching-Erfahrung im Profit-Bereich,
- coaching-relevante fachliche Kompetenzen, z.B. kaufmännische Ausbildung, betriebswirtschaftliches Studium, spezielle Business- bzw. Branchenerfahrung,
- fachliche und methodische Mehrfachqualifikationen und die Kompetenz, die verschiedenen eigenen Angebotsformate, Methoden/Werkzeuge bei Bedarf flexibel einsetzen zu können,
- überprüfbare Zielformulierungen in Supervisions- und Coachingprozessen: etwa in Form der Beschreibung von Aufgaben, Themen und Zielen zu Beginn der Maßnahme als auch in Form einer systematischen Auswertung am Ende und gegebenenfalls als Zwischenbilanz darüber, ob und inwieweit die vereinbarten Themen besprochen und die Ziele erreicht wurden. Der Vorgesetzte/Auftraggeber wird dabei in der Regel in die Zwischen- und/oder Abschlussauswertung einbezogen, um Transparenz und Nachhaltigkeit zu sichern.

Personalentwicklung und Coaching/Supervision: ihre Aufgaben in Zeiten des Umbruchs

Personalentwicklung hat zum Ziel, Menschen, Teams und Organisationen entsprechend der Unternehmensziele dazu zu befähigen, ihre Aufgaben in betrieblichen Arbeitssystemen erfolgreich und effizient zu bewältigen und sich neuen Herausforderungen selbstbewusst und motiviert zu stellen.[10] Bei Umbrüchen in Großunternehmen ist dies allerdings leichter gesagt als getan – denn Umbruchzeiten sind oftmals Krisenzeiten: Bei Karstadt ging es in den Jahren 2004 und folgende vor allem darum, das

---

10 Definitionen von »Personalentwicklung« finden sich unter: http://de.wikipedia.org/wiki/Personalentwicklung

Unternehmen «aus dem existenzbedrohenden Zustand wieder nach vorn zu bringen». Es galt, die Kosten drastisch zu reduzieren, Liquidität zu schaffen, sich am Markt neu, glaubhaft und nachhaltig zu positionieren. Immobilienverkäufe und die Veräußerung kleiner, außerhalb des Kerngeschäfts liegender Fachmarktketten und Warenhäuser waren das eine. Personalabbau das andere. Die besondere Schwierigkeit zur Bewältigung der erforderlichen Aufgaben lag darin, dass das Verkaufspersonal nicht weiter reduziert werden konnte – denn hier war bereits in den vorangegangenen Jahren der Rezession die Mitarbeiteranzahl verringert worden. Sollte die Präsenz und Beratung am Point of Sale gesichert sein, konnte nur noch in den verkaufsfernen Bereichen eingespart werden, wie in der Personalentwicklung, in der Schauwerbung, im Lager, an der Rampe, im Einkauf, in der Verwaltung. Das bedeutete jedoch keinesfalls, dass der Verkauf oder generell alle, die nicht von Stellenstreichung betroffen waren, quasi »ungeschoren« davonkamen. Denn es hieß die Aufgaben der Mitarbeiter, die gehen, zumindest in den unverzichtbaren Teilen mit zu übernehmen. Das bedeutete: umverteilen, strukturelle Veränderungen bewältigen, physische und psychische Belastungen aushalten , ohne dass im Einzelfall von vornherein immer klar gemacht werden konnte, wie dies zu bewerkstelligen sei bzw. welche konkreten zusätzlichen Aufgaben sich für den Einzelnen im Arbeitskontext daraus ableiten ließen.

Signifikant für diese »heiße« Phase bei Karstadt war, dass die Anzahl der Nachfragen speziell nach Coaching/Supervision nicht stiegen. Das scheint – den Schilderungen von Kollegen in meinem Netzwerk und in der Kontrollsupervision nach – auch bei anderen Organisationen in vergleichbaren Situationen der Fall zu sein. Es gibt für Menschen in tief greifenden beruflichen Übergängen auch andere Formen der »Bearbeitung« oder »Entlastung«: Freunde, Partner, Familie, Sport, Wellness ...! Wir als »Interne« empfanden es seinerzeit eher als befreiend, dass sich keine außerordentliche Nachfrage-Welle nach Coaching/Supervision entwickelte. Für uns stellte sich in dieser Zeit als Vor- wie als Nachteil heraus, selbst betroffen zu sein. Allerdings bewarben sich derzeit auch nicht mehr externe Berater als sonst um dieses Angebotsformat.

In den bereits laufenden Supervisionsprozessen/Führungskräfte-Coa-

chings änderten sich in der heißen Phase gleichsam automatisch und notgedrungen die Anliegen und Themen. In den Vordergrund drängten die nach kurzfristiger Antwort suchenden Fragen:
— Bleibe ich – als Führungskraft oder in einer anderen Position? Kommen ich und mein Team mit den Veränderungen zurecht? Können wir die zunehmenden Aufgaben lösen?
— Wie gehe ich damit um, jenseits der möglichen Belastungsgrenze zu arbeiten? Wie schütze ich mich davor, mich aufgrund von Überforderung »negativ« zu verändern – und wie kann ich gegebenenfalls einer solchen Veränderung entgegen steuern?
— Wenn ich als Führungskraft bleibe, wie bewältige ich emotional die mit der Vorgesetztenfunktion verbundene »undankbare« Aufgabe, Mitarbeiter über den Ernst der Lage aufzuklären? Wie kann ich im Fall eines möglichen Personalabbaus die »richtigen Mitarbeiter« zum Bleiben bewegen, damit die (Teil-)Organisation, trotz Aderlass, weiter überleben und funktionieren kann?
— Wie kann ich die Auswirkungen, die solche Maßnahmen auf mich und das verbleibende Team haben, wahrnehmen und damit auf der Sach- und psychosozialen Ebene umgehen?   Wie kann ich mit noch weniger Ressourcen erfolgreicher als bisher arbeiten, um meinen geforderten Beitrag dazu zu leisten, die Wende im Unternehmen gut zu meistern? Wie gelingt es mir, aus einem Mitarbeiter, der bisher ausschließlich Verwaltungserfahrungen oder keine Branchenkenntnisse hat, bei Versetzung in meinen Bereich, einen guten Verkäufer zu machen? Wie mache ich aus »Problemfällen«, die bleiben, »Leistungsträger« und wie werden in meinem Team »schnelle Pferde noch schneller«?

Neben laufenden Coachings/Supervisionen im Kontext von Führungsberatung, Kompetenzförderung, Veränderungsbegleitung bestand eine weitere Aufgabe darin, Instrumente und Konzepte für die Personengruppen zu entwickeln, deren berufliche Rollen sich durch Umstrukturierungen veränderten, die aber nicht für die prozessorientierte, personenbezogene berufliche Beratung gewonnen werden konnten. Dies wurde durch zielgruppenorientierte, flächendeckende Informationsveranstaltungen (Roll-

Outs) sowie spezifische Seminar- und Trainingsangebote im regionalen Bildungsprogramm erreicht; in einzelnen Fällen auch durch filialindividuelle Maßnahmen. Kennzeichnend für all diese Aktivitäten war die zielorientierte Ausrichtung auf die wichtigsten Bedarfsaspekte des Verkaufs und auf marktstrategische Belange. Das bedeutete zugleich: weniger RPE- und Schulungs-Standorte, größere Gruppen – insbesondere im Bereich Ausbildung –, weniger Mitarbeiter in Förderprogrammen aufgrund von noch stärkerer Bedarfsanpassung (Planstellenverknappung), effizientere Auswahlverfahren und Konzepte für die berufliche Aus- und Weiterbildung, dafür vermehrt bundesweite »Qualifizierungsoffensiven« für alle 25.000 Mitarbeiter im Verkauf nach der so genannten 4+1-Methode, wie sie sonst vor allem in der Automobilindustrie bei schnell einzuführenden, technischen Neuerungen angewendet wird.[11] Was die klassischen, verhaltensorientierten Seminare/Trainings betrifft, setzte sich der schon vor 2004 abzeichnende Trend fort, verstärkt reflexive Sequenzen im Sinne von Team-Fallsupervision bzw. kollegiale Beratung einzubauen und die Konzepte insgesamt prozessoffen zu halten.

Ausgeklügelte, in sich geschlossene Führungsinstrumente wie z.B. der »Karstadt Mitarbeiter-Dialog«, der basierend auf dem Kompetenzmodell und angepassten Positionsbeschreibungen, Zielvereinbarung und Beurteilung bis hin zur Potenzialeinschätzung und Entwicklungsplanung integriert, gewinnen jetzt im Rahmen der strategischen Neuausrichtung[12] Auftrieb und die Chance auf flächendeckende Implementierung. Darüber

---

11 Es handelt sich hier um eine spielerische Variante von Lernen mit Hilfe von sog. »Lernlandkarten«. Diese innovative Trainingsmethode beruht zum einen auf dem Schneeballverfahren und zum anderen darauf, dass pro Mitarbeiter nicht länger als drei Stunden Abwesenheit aus dem Verkauf erforderlich sind.
Weiterführende Informationen: Josef Bauer/Wolfgang Stockhinger: Faszination Warenhaus. In: Einblick – Magazin für Projektmarketing und Unternehmenskommunikation, GFU-Systeme, Am Tiergarten 62, 30559 Hannover, www.gfu-systeme.de, Heft 7/2007, S. 20-24.
http://www.structural-consulting.de/upload/einblick7.pdf (26.05.2008)
12 Vgl. auch http://www.arcandor.de/de/konzern/161.asp

hinaus werden verstärkt Fortbildungs- und Trainingsangebote für Führungskräfte und Mitarbeiter zur Steigerung der verkäuferischen Kompetenz in Auftrag gegeben und entwickelt, die messbaren und auf Wirkung ausgerichteten Kriterien unterliegen. Die Aufgabe der Personalentwicklung wird dabei implizit als »Seismograph« für Veränderungen im Unternehmen anerkannt; und ihr Know-how gilt es, bei der Entwicklung entsprechender Inhalte für Trainings, Instrumente usw. – zusammen mit dem von Führungskräften aus dem Vertrieb – zu nutzen. Schulungen finden daher zunehmend in einem ausgewogenen Verhältnis außerhalb und innerhalb des Kerngeschäfts Verkauf statt. Der Schwerpunkt liegt hier beim Training und Coaching auf der Verkaufsfläche, wobei die Schlüsselposition dem Personalverantwortlichen im Vertrieb zugeschrieben wird – eine Haltung, die von uns internen Personalentwicklern schon seit Langem favorisiert wird. Die Position der Unternehmensleitung dazu wird bei Regionaltagungen für die Oberen Führungskräfte der Karstadt Warenhaus GmbH offen dargelegt: Eine Verhaltensänderung – z.B. im Kontext der Maxime »Kundenorientierung ist eine Lebenseinstellung« – benötigt neben dem zertifizierten Training im Nicht-Verkaufsraum ca. sechs Wochen der Gewöhnung auf der Fläche. Ein (externer) Trainer wird für solche Maßnahmen im Schnitt pro Mitarbeiter drei Tage im Jahr tätig; der Abteilungsleiter Verkauf demgegenüber 240 Tage. Der eigentliche Personalentwickler auf der Fläche ist und bleibt daher der Abteilungsleiter. Ihn gilt es von Tätigkeiten zu befreien, die nicht direkt am Mitarbeiter und/oder Kunden orientiert sind. Er muss in bestimmten Fällen nicht nur wieder das Führen, sondern auch das Verkaufen lernen.

Eine hierzu entwickelte Maßnahme ist das »Verkaufscoaching« im Sinne eines »Coach the Coach«.

Die Führungskräfte werden in Form eines Intensivtrainings zu allen Aspekten des Verkaufscoachings auf ihre Rolle als Coach am Point of Sale durch eine Expertin der Personalentwicklung vorbereitet. Anschließend findet eine Praxisphase im Verkaufsraum statt: Die Führungskraft, je nach Vereinbarung auch die PE-Referentin, nimmt die Verkäufer während realer Verkaufsgespräche wahr und gibt unmittelbar nach jedem Verkaufsgespräch ein systematisches Feedback. Dieses Feedback kann der Verkäufer bei seinen nächsten Verkaufsgesprächen unmittelbar umsetzen. Bei der Umsetzung wird der Verkäufer erneut von der Führungskraft/PE-Referentin begleitet und erhält ein weiterführendes vertiefendes Feedback vom Vorgesetzten. Danach findet ein Gespräch zwischen Führungskraft und PE-Referentin statt, bei dem die Wahrnehmungen beider über das kundenorientierte Verhalten des Mitarbeiters und die Kompetenz des Vorgesetzten, bezogen auf das Thema »Feedback geben«, im Mittelpunkt stehen.

Aufgrund der erhöhten Personalverantwortung im Rahmen der strategischen Neuausrichtung werden auch vermehrt »Führungsseminare« nachgefragt, deren formulierte Nutzen- und Zielorientierung manchmal annehmen lassen, dass es neben »Führung« vor allem um »Teamentwicklung und Veränderungsbegleitung« geht, weil Leitung und Mitarbeiter genauso intensiv mit Konflikten beschäftigt sind wie mit der eigentlichen Arbeit, personelle und strukturelle Umstrukturierungen vorgenommen werden und die neuen Erfordernisse im Widerspruch zu den Haltungen der Mitarbeiter und/oder der Leitung stehen. Ein klassisches Seminar-Design hierfür wäre kontraproduktiv und kaum geeignet. Bei solchen nicht immer klaren Aufträgen arbeiten wir prozessorientiert: Die beauftragten PE-Referentinnen halten zwar verschiedene Theorie-Inputs zu den im Sondierungsgespräch ermittelten Themen bereit (z.B. Führung und Kommunikation, zielorientiertes Handeln und Motivation); allerdings setzen sie sie nur nach explizitem bzw. erkennbarem Bedarf in der Maßnahme ein. Während des »Seminars« werden die Interessen von Leitung/Auftraggebern und Mitarbeitern/Teilnehmern in bestimmten Sequenzen, z.B. beim Einstieg, als Zwischenbilanz am Ende des ersten Tages, sowie zum Abschluss des »Seminars« immer wieder ausgehandelt, d.h. kontraktiert. Großer Raum bleibt hierbei auch der möglichen Arbeit mit Praxisfällen vorbehalten, sei es solchen, die die Teilnehmer aus dem realen Führungsalltag selbst einbringen, oder solchen, die sich aus dem aktuellen Miteinander im »Seminar« ergeben, also etwa Themen wie
— Umgang mit Uneinigkeit in der Gruppe,
— Zufriedenheit mit den eigenen Rollen im Team,
— kommunikativer Umgang miteinander,

— den eigentlichen Konflikt mit der Leitung/dem Auftraggeber austragen und ein gemeinsames Commitment erzielen.

Ein solches Vorgehen bedeutet: innerhalb einer Maßnahme mit Zielkonflikten zwischen den Teilnehmern sowie zwischen Teilnehmern und Auftraggeber umgehen zu können, flexibel zu sein, immer wieder zu eruieren, ob gerade mehr Struktur oder mehr Offenheit benötigt wird, spüren, was aktuell »dran« ist und welches Setting angemessen oder notwendig scheint: eine Unterweisungs- oder eine Trainingseinheit, ein kurzer Ausflug in die Erlebnispädagogik (Outdoor-Part), eine Supervisionseinheit oder aber eine Konfliktmoderation/Mediation, um die anliegenden Konfliktdynamiken bearbeiten zu können.

Resümee und Ausblick
Bei der Neupositionierung des Unternehmens am Markt galt und gilt es, alle Führungskräfte und Mitarbeiter »mitzunehmen« – trotz aller Befürchtungen, Schwierigkeiten und erfahrenen Einschnitte wie Personalabbau, Lohnkürzung, mehr Arbeit. Die entscheidenden Fragen lauteten dabei: Wodurch kann jeder Einzelne Einfluss nehmen? Was ist unser/mein Anteil bei der Neuausrichtung unseres Unternehmens? Woran wird der Kunde das merken? Und woran wird der Mitarbeiter das merken? Eine zentrale Antwort heißt: In schwierigen Zeiten Geld für Personalentwicklung auszugeben, erzeugt das Gefühl: »Es geht weiter! Es geht wieder aufwärts! Es wird wieder investiert! Und zwar in uns Führungskräfte und Mitarbeiter! Wir sind wichtig und wir werden es schaffen!«

Die laufend vorgenommenen Kundenzufriedenheitsmessungen bestätigen diese Entwicklung: In punkto Servicequalität sind sie von 76 Prozent auf 88 Prozent gestiegen!

Christian Rietschel

Im Strudel veränderter Arbeitsmärkte?

Vom Nutzen von Begleitung in Krisenzeiten

Das Thema »Weil nur zählt, was Geld einbringt« könnte auch das Thema jeder Fachbereichskonferenz an jeder Volkshochschule (VHS) sein. Welcher Fachbereich der VHS bekommt Gelder zur Investition, der, der gute Rendite verspricht oder der, der gesellschaftlich notwendige Arbeit leistet, aber immer ein Zuschussbetrieb bleiben wird? Mir geht es in den folgenden Ausführungen darum, die Entwicklung einer Institution nachzuzeichnen, die sich »auf den Weg gemacht hat«.

Bei der Frage, weiterhin ein städtisches Amt zu bleiben und damit allen Kürzungsbegehrlichkeiten und Umstrukturierungsmöglichkeiten anheimzufallen, hat sich die VHS stattdessen dazu entschlossen, sich als Eigenbetrieb mit größerer Autonomie in finanziellen und organisatorischen Fragen neu zu gründen.

Die Entscheidung zu größerer Selbstständigkeit bedeutet allerdings mehr individuelle Verantwortung, stärkerer Konkurrenzdruck, mehr individuellen Arbeitsdruck. Interne Konfliktlinien, die diese Veränderungen bei Personal und der Organisation hervorgerufen haben, werden im Folgenden nachgezeichnet. Die Rolle und Bedeutung professioneller Begleitung durch Supervision bei der Bearbeitung wird anhand mehrerer

Beispiele aus einem Team der Abteilung beruflicher Bildung beschrieben.

Zunächst wird die Institution vorgestellt und die Veränderung der externen und internen Arbeitsmärkte sowie deren Auswirkungen auf die Institution beschrieben. Im Anschluss daran wird erörtert, welche Auswirkungen die beschriebenen Faktoren auf ein neues Projekt im Rahmen der beruflichen Bildung hat; dabei sollen der Prozess einer Neuformierung des Teams sowie die hilfreiche und klärende Rolle der Supervision in diesem Prozess im Mittelpunkt stehen.

Die Neuordnung der Institution Volkshochschule

Ein Auszug aus dem Leitbild des VHS-Programms 2006/2007 formuliert den Kern des aktuellen institutionellen Selbstverständnisses der Volkshochschule in Hessen (um einer ihrer Einrichtungen geht es im nachfolgenden Beispiel): »Die VHS ist die zentrale öffentliche Dienstleistungsinstitution für Erwachsenenbildung und Weiterbildung in der Kommune. Sie gründet in der Tradition der Aufklärung. Daher betrachtet sie den Menschen als aktives Wesen, dem Lernen und solidarisches Handeln ein elementares Bedürfnis ist.«

Der Weg der VHS zur »zentralen öffentlichen Dienstleistungsinstitution« vollzog sich in mehreren Etappen. Ausgehend von dem Selbstverständnis einer Behörde, die quasi hoheitsrechtliche Aufgaben zu erfüllen hatte, bis zur kundenorientierten Dienstleistungsinstitution, die nicht ihre oben formulierte Ansprüche aber ihre Produkte, nämlich Weiterbildungsangebote unterschiedlicher Art verkauft, war es ein weiter Weg. Zu Beginn der Veränderung arbeitete die VHS vor allem in institutionellen Fesseln: Langsame Entscheidungsverläufe der verschiedenen beteiligten Ämter und Institutionen wie Personalamt, Stadtkämmerei, ab einer gewissen Gehaltsstufe Magistrat machten etwa Neueinstellungen zu einer Angelegenheit, die bis zu sechs Monate dauern konnte. Der Haushalt war nach dem kameralistischen System aufgebaut. Jede Haushaltsstelle wurde am Anfang des Jahres festgelegt und musste bis Ende des Jahres ausgegeben werden. War das Geld nicht ausgegeben, drohte im nächsten Haushaltsjahr eine Kürzung. Um dieses Problem zu umgehen, wurden und werden im Dezember z.B. die unsinnigsten technischen Geräte angeschafft (»Dezemberfieber«). Finanzielle Kürzungen wurden nicht nach inhaltlichen Kriterien, sondern nach dem Rasenmäherprinzip durchgeführt. Die inhaltlichen Folgen solcher Kürzungen konnten kontraproduktiv sein, sie zu lösen war Aufgabe des Amtes. In zwei Beispielen wird es deutlich: Nach der Pensionierung eines wichtigen Mitarbeiters aufgrund einer 20 Prozent Haushaltskürzung war kein Geld für eine Neueinstellung vorhanden. Die Haushaltsstelle für Neubeschaffung von technischen Geräten hätte es aber möglich gemacht, den neuen Mitarbeiter einzustellen und dafür auf die Anschaffung technischer Geräte zu verzichten. Dem Fachbereich mit den meisten Teilnehmern wurden ebenso 10 Prozent Personalmittel gestrichen wie dem defizitären Fachbereich, in dem auch Inhalte verkümmerten. Inhaltliche Kriterien wie notwendige Ressourcen für konzeptionelle Neuentwicklungen blieben bei Kürzungsentscheidungen ebenso unberücksichtigt wie die Frage, ob der Fachbereich mit den meisten Teilnehmern sich nicht selber trägt.

Bisher lohnte es sich für Volkshochschulen kaum, sich als Anbieter von Bildung auf dem freien Markt zu bewegen, vor allem wegen der oben genannten kameralistischen Buchführung. Das hat sich seit dem Eigenbetriebsgesetz von 1989 geändert, da seitdem für städtische Ämter die Möglichkeit besteht, sich in einen Eigenbetrieb umzuwandeln. Seither sind Austausch und Verschiebungen von Haushaltsstellen und Mitteln möglich, Personaleinstellungen können schneller und unbürokratisch durchgeführt und damit auf Anforderungen von außen flexibel reagiert werden.

Die Umstellung auf einen Eigenbetrieb wurde in unserem Betrieb seit 1999 durchgeführt. Diese Umstellung hatte mannigfaltige Auswirkungen auf das Personal. Um den Anforderungen der neuen Strukturen gerecht zu werden, wurden Funktionen auf der Leitungs- und der mittleren Führungsebene sowie auf der Verwaltungsebene neu geordnet. Diese Neuordnung zog weitreichende Konsequenzen nach sich:

So übernahm etwa das Team der Fachbereichsleiter/innen zusätzlich die Gesamtleitung der VHS-Einrichtung und teilten sich die Bereiche Personal, Finanzen, Gebäudemanagement und Öffentlichkeitsarbeit untereinander auf. Dieser Prozess der Umstrukturierung wurde durch Supervision begleitet.

Die Projektleitungen wurden zentralisiert, d.h. einem Team von drei Kolleg/innen wurde die Beantragung, Planung und Durchführung der etwa 25 Projekte der beruflichen Bildung übertragen. Auch hier begleitete Supervision den Umstrukturierungsprozess.

Die Kolleg/innen in der Verwaltung erhielten nun klar umgrenzte Sachzuständigkeiten und wurden häufig mit Sachbearbeitungsaufgaben betraut. Nur vereinzelnd gab es auf dieser Ebene finanzielle Höhergruppierungen. Erst als diese Umorientierung ins Stocken geriet, und zum Beispiel von Teilen des Verwaltungspersonals den Zeiten als die VHS ein Amt war, nachgetrauert wurde und der Leitung die Umstrukturierungsprozesse nicht schnell genug in die Köpfe der Mitarbeiter kam, wurde – nachdem die Eigenbetriebsstruktur bereits zwei Jahre bestand – eine gemeinsame Supervision zwischen Leitungsteam und Verwaltungsmitarbeiter/innen anberaumt.

Für alle Kolleg/innen hatte die Eigenbetriebsstruktur der VHS-Einrichtung eine völlige Veränderung und eine Verdichtung der Arbeitsbereiche zur Folge. Die Eigenverantwortlichkeit und Selbstständigkeit der Einzelnen waren weitaus stärker als bisher gefordert. Auch eine größere Kundenorientierung war gefragt, um mehr Teilnehmer zu werben und dazu zu bringen, unser freies Angebot (offenes Programm mit den in VHS üblichen Bildungsangeboten wie Sprach- und Computerkursen), aber auch unsere Maßnahmen der beruflichen Bildung zu nutzen.

Noch eingreifender wirkte sich die Veränderung auf die Arbeitshaltung der Kolleg/innen aus: Erstmals war es zum Beispiel den Kolleg/innen der Verwaltung ebenso wichtig wie den Kolleg/innen der Leitung, dass das Betriebsergebnis am Ende des Jahres positiv ausfiel – schließlich hing ihr Arbeitsplatz unmittelbar davon ab, ob Projekte der beruflichen Bildung weiterliefen oder nicht.

Die genannten Veränderungen führten außerdem dazu, dass die VHS-Einrichtung in den sechs Jahren seit Gründung des Eigenbetriebs zwölf neue Kolleg/innen einstellte.

Die Veränderung der Arbeitsmärkte und ihre Auswirkungen auf die VHS

Die Ressource Arbeit wird zunehmend knapper. Die Rationalisierung im produzierenden Gewerbe durch erhöhte Technisierung hat zu einer eklatanten Vernichtung von sogenannten Anlerntätigkeiten geführt.

In unserem Betrieb hat das Auswirkungen auf drei Ebenen:

Die Teilnehmenden aus unseren Berufsbildungsmaßnahmen müssen sich mit immer schlechteren – und schlechter bezahlten – Arbeitsmöglichkeiten auseinandersetzen.

Die Teilnehmenden werden in immer prekäreren Beschäftigungsverhältnissen arbeiten. Prekär heißt: mit Probearbeitszeiten von einem halben Jahr oder Monatsverträgen, mit Bezahlungen von 6,- Euro oder weniger, in Firmen ohne Personalvertretung usw.

Die Institution VHS muss sich in zunehmendem Maß politischen Forderungen nach Einsparung stellen und reagiert in der akuten Situation, indem sie den finanziellen Druck vor allem durch die Auftragsmaßnahmen der Agentur für Arbeit in Form von prekären Beschäftigungsverhältnissen an die Beschäftigten weitergibt. Im Folgenden will ich die Parallelen und die Auswirkungen der sogenannten prekären Beschäftigungsverhältnissen auf die Arbeit der VHS beschreiben.

Extern / VHS-Klientel

Die Besucher/innen unserer Berufsbildungsmaßnahmen haben in der Regel folgende Merkmale gemeinsam: Sie kommen aus bildungsfernen Schichten und haben häufig keine beruflichen Qualifikationen; ihre Familien haben einen Migrationshintergrund. Das Zielproblem dieser VHS-Kursteilnehmer besteht darin, dass kaum Arbeitsplätze für Menschen existieren, die zuvor im industriellen Produktionsbereich freigesetzt wurden. Zwar bietet die Dienstleistungsbranche neue Arbeitsplätze an, jedoch auf niedrigerem Lohnniveau und nur in weithin ungesicherten Arbeitsverhältnissen.

Intern/VHS-Mitarbeiter

Die VHS beschäftigt im Beispielzeitraum 16 fest angestellte und 19 befristete Mitarbeiter/innen; das sind zwar mehr Angestellte mit Arbeitsvertrag als noch vor sechs Jahren; allerdings haben sich die Vertragsbedingungen seither spürbar verschlechtert.

Verträge werden nur noch mit Laufzeiten von fünf Monaten bis zu einem Jahr abgeschlossen; die Bezahlung für die neuen Kollegen nach dem neuen Tarifrecht (TVÖD) ist zudem um ein Drittel niedriger als für Kolleg/innen, deren langjährige Verträge auf BAT-Basis fest verlängert werden.

Um die Einstellung eines neuen hauptamtlichen Mitarbeiters/einer Mitarbeiterin zu umgehen, werden Verträge angeboten, die der Laufzeit der Projekte entsprechen (zwei bis neun Monate).

Kolleg/innen mit bis zu 30 Stunden Unterrichtsverpflichtung hatten noch vor zehn Jahren durchaus die Möglichkeit, mit einem BAT-Vertrag zu arbeiten. Gegenwärtig arbeiten dieselben Kolleg/innen nebenamtlich, häufig 25–30 Stunden; das hat zur Folge, dass sie nach jedem Semester sozial nicht abgesichert und nach jedem Semester kündbar sind. Es gehört zum Alltag in unseren Teams, dass Kolleginnen und Kollegen mit unterschiedlichsten Arbeitsverträgen und mit den unterschiedlichsten Einstellungen zusammen arbeiten. Hier entstehen Neid, Begehrlichkeiten sowie die Gefahr sich abzugrenzen – die gleichzeitig aber auch eine Notwendigkeit darstellt.

Soll, will oder kann eine Honorarkraft ein Beratungsgespräch mit Teilnehmenden führen, wenn sie von Teilnehmenden angesprochen wird? Solche Prozesse müssen von den Teamleitungen gesteuert werden. Es geht also darum, in einem Team mit völlig unterschiedlichen Beschäftigungsverhältnissen der einzelnen Mitglieder um so genauer darum, die Arbeitsbereiche und die Kompetenzen festzulegen, die Arbeitsressourcen, die einer Teamleitung zur Verfügung stehen, nach Kompetenz, Arbeitsverhältnis aber auch Neigung einzusetzen.

Die Institution VHS
Auf ihren jährlichen Verlustausgleich angewiesen, ist die Institution trotz ihrer neuen Rechtsform von kommunalen politischen Entscheidungsträgern abhängig, die angesichts zunehmend leerer kommunaler Kassen auch die VHS nicht ungeschoren lassen. Für das folgende Haushaltsjahr schwe-

ben Kürzungsvorschläge von bis zu 200.000,- Euro im Raum – bei einer bisherigen Zuschusshöhe von 980.000,- Euro. Die betroffene Kommune lebt von einem einzigen Großbetrieb am Ort; durch die erst vor Kurzem erfolgte Freisetzung von 3.500 Mitarbeiter/innen wurde die Kaufkraft von gut 10.000 Bewohnern der Region spürbar beeinträchtigt.

Aufgrund dieser finanziellen Rahmenbedingungen kommt es der VHS entgegen, wenn sich die Tarifverträge verschlechtern und in der Folge Kolleg/innen bereit sind, sich auch auf kurzfristige Arbeitsverträge einzulassen. Die Gratwanderung angesichts der knapperen Ressourcen verläuft zwischen dem Anspruch auf Kontinuität und damit Qualität in der Arbeit einerseits und schlechteren finanziellen Bedingungen andererseits. Als Frage nach den Möglichkeiten und Grenzen der Bildungsinstitution VHS formuliert: Lassen sich unter diesen Bedingungen Mitarbeiter/innen für längerfristige Projekte ans Haus binden und damit Bedingungen für einen Raum aufrechterhalten, in dem sich Erfahrungen schrittweise, nachhaltig und zielorientiert aufeinander aufbauen und entwickeln lassen – oder ist die VHS dazu verdammt, zukünftig nur noch eine kurzfristige Schwellenpädagogik anbieten zu können?

Anlass der Supervision: Die Umsetzung von Teammitgliedern
Die Rahmenbedingungen der Neuordnung

Im Jahr 2003 wurde eine öffentliche Debatte über den Sinn der Finanzierung von beruflicher Bildung geführt, Evaluationen und Trägerüberprüfungen hatten zuvor bundesweit ergeben, dass zu wenig Menschen in Arbeit vermittelt wurden und die Bildungsträger weit an den Richtlinien für ihre Arbeit vorbei die Finanzierung ihrer Maßnahmen zur Deckung ihrer Overheadkosten missbrauchten. Die Bundesagentur reagierte und stellte ihre Angebotsstruktur um. Im Bereich des Angebots für Jugendliche wurden die Maßnahmen der Agentur für die Zielgruppe bundesländerweit ausgeschrieben und ein kompliziertes System von Inhaltsbewertung und Niedrigpreisanforderung entwickelt, das zur Zuschlagvergabe herangezogen wurde. Die VHS erhielt den Zuschlag – und sollte daraufhin für ihre angebotene Maßnahme ein Projektteam zusammenstellen.

Die Kürzung der Gelder hatte gleichzeitig innerhalb unserer Institution zur Folge, dass drei bisherige Projekte eingestellt werden mussten und zwei Teilprojekte zusammengelegt wurden. Die Projektleiter/innen wurden in eine neue Projektstruktur versetzt. In dieser neuen Struktur waren sie nun nicht mehr Projektleiter, sondern Mitarbeiter (bei Herabstufung ihres Gehalts um eine Stufe); ein Nicht-Akzeptieren der neuen Bedingungen hätte für sie jedoch drohende Arbeitslosigkeit bedeutet. Die Projektleitung wurde einer Kollegin, die zuvor eines der Teilprojekte leitete, und einem Kollegen (dem Autor), dessen Projekt im Erwachsenenbereich der Umstrukturierung zum Opfer fiel, angetragen. Um in dieser Gemengelage von Interessen, Ängsten, Wut und Statusverlust ein arbeitsfähiges und zuverlässiges Team zu bilden und die neue Struktur und das neue Konzept damit in Übereinstimmung zu bringen, wurde – wie allen Beteiligten schnell deutlich war – Supervision dringend notwendig.

Vom Wert der Supervision
Der Geschäftsleitung fällt die Entscheidung, eine Supervision zu bewilligen, nicht schwer; sie weiß aus eigener Erfahrung, dass Teambildung durch Supervisionsunterstützung leichter vonstatten geht. Das neue Projektteam wird aufgrund äußerer Zwänge zusammengestellt und die Geschäftsleitung erkennt realistisch die inhomogenen, von unterschiedlichen Interessen geleiteten Arbeitsweisen, die hier zusammentrafen ebenso wie die Verschiedenheit der Persönlichkeiten. Im Interesse einer produktiven Arbeit bewilligt sie daher die Supervision.

Die neue Projektleitung begrüßt die Supervision sehr. Für beide betroffenen Personen stellt es eine neue Erfahrung dar, ein solch komplexes Projekt zu leiten. Eine beinahe 30-jährige Berufserfahrung beider Personen prägt zudem die Zusammenarbeit, mit allen entsprechenden Höhen und Tiefen. Beide sollen zunächst ein Führungsverständnis für sich entwickeln, das dann gemeinsam diskutiert und umgesetzt werden soll. Unter der kritischen Beobachtung der vier abgesetzten Projektleiter verstärkt sich der Druck bei der Suche nach einem eigenen Führungsverständnis erheblich.

Für die ehemaligen Projektleiter gilt es zudem, die Wut, den Ärger über die »Degradierung« zu verarbeiten, sich produktiv mit dem neuen Konzept auseinanderzusetzen, mit der neuen Arbeitsrolle auszusöhnen und eine tragfähige Form der Zusammenarbeit zu entwickeln.

Für das Klientel – in diesem Fall arbeitslose Jugendliche – ist es von außerordentlicher Bedeutung, einem Kollegium von Lehrern, Sozialbetreuern, Sozialarbeitern gegenüberzustehen, das in wichtigen pädagogischen Entscheidungen einer Meinung ist und sich nicht gegeneinander ausspielen lässt.

Die Wahl der Supervisorin und der Auftrag

Nachdem die Betriebsleitung der Supervision zugestimmt hat, müssen die Betroffenen sich auf eine Supervisorin/einen Supervisor einigen. Der Vorschlag, das Zentrum für Organisation und Supervision der Evangelischen Kirche Hessen-Nassau (ZOS) als qualifizierte Vermittlungsstelle für Supervision anzurufen, wird angenommen und 14 Tage später findet die Vorstellungsstunde mit »unserer« Supervisorin statt. Wir einigen uns sofort und ohne Differenzen auf sie. Mit der Supervisorin werden folgende Ziele vereinbart: »Weiterentwicklung des Konzepts; Überprüfung des Konzepts hinsichtlich der Praxisanforderungen und der Anforderungen des Auftraggebers; Auseinandersetzung mit den unterschiedlichen Ansprüchen an die inhaltliche Arbeit und die Teamentwicklung unter den Aspekten der Kooperation, Rollen, Aufgaben, Verantwortung und Befugnisse sowie Klärung der vorangegangenen Prozesse zur Teamzusammensetzung« (Auszug aus dem Vertrag mit dem ZOS).

Verlauf der Supervision

In einer der ersten Stunden bittet die Supervisorin um Einsicht in das Konzept der Maßnahme, mit dem wir den Zuschlag der Agentur für Arbeit erhielten. Ihre Begründung ist durchaus einsichtig: Die Supervisorin möchte sich mit den Inhalten unserer Arbeit vertraut machen. In der darauf folgenden Supervisionsstunde begründen wir ihr gegenüber die Ablehnung ihrer Bitte, die auf einer Teamsitzung einstimmig beschlossen wurde, mit dem Risiko der Betriebsspionage. Die Supervisorin kann sich notwendige Informationen im Laufe der Supervision natürlich beschaffen – und bewirkt mit ihrem Wunsch nach dem Konzept im Team zunächst eine Solidarisierung und damit die Rückbesinnung auf gemeinsam Geschaffenes, das von allen Kolleg/innen mitgeschrieben wurde.

Von den insgesamt anschließenden 20 Supervisionsstunden sollen im Folgenden drei exemplarisch beschrieben werden:

1. Der Schulenstreit
In unserem Projekt gibt es die Funktion des Bildungsbegleiters – mit der Aufgabe, den dieser Funktion anvertrauten Jugendlichen durch den Dschungel der Berufswahl, der Praktikumsakquise, der Lehrstellenbewerbung zu begleiten. Zwei Kollegen nehmen diese Aufgabe diametral unterschiedlich wahr. Der eine (A) appelliert an die Selbstständigkeit der Jugendlichen, lässt sie möglichst viel selbst bei Praktikumsstellen anrufen und agiert innerhalb eines straffen Regelkorsetts, d.h. er gibt klare Vorgaben, bis wann ein Praktikumsvertrag abgegeben werden muss, bei wie viel Firmen der Jugendliche pro Tag bei der Praktikumssuche nachfragen muss, er lässt sich jeden Besuch bescheinigen und er besteht auf der strikten Einhaltung seiner Regeln, unabhängig welchen Jugendlichen, mit welcher Persönlichkeitsstruktur er vor sich hat, mit ihnen; er käme nie auf die Idee, einen Jugendlichen zu einem Vorstellungsgespräch zu begleiten.

Der andere Kollege (B) hingegen steht den Jugendlichen weitaus näher; er nimmt ihre Ängste und Widerstände wahr und ist bereit, diese so ernst zu nehmen, dass er die Jugendlichen auf Vorstellungsgesprächen begleitet. Er holt sie ab, wo sie stehen und versucht herauszubekommen, wohin sie wollen und dorthin begleitet er sie.

Die Jugendlichen favorisieren den Arbeitsstil des Kollegen B und tragen damit zu einer nicht ausgesprochenen Konkurrenz zwischen den Kollegen bei. Ein Leitungsmitglied nimmt diesen eklatanten Unterschied vor allem als ein Problem der Außendarstellung wahr und fordert vehement (und mit guten Argumenten) eine Angleichung der Herangehensweisen der beiden Kollegen. In der Supervision geht es zu diesem Zeitpunkt jedoch um andere Themen; die Supervisorin geht daher nicht auf den Konflikt ein, sondern lässt ihn zunächst als ein in einer späteren Sitzung zu bearbeitendes Thema stehen. Einige Stunden später soll jede(r) Supervisionsteilnehmer/in darstellen, was er/sie nach eigenem Empfinden in seinem früheren Projekt besonders gut konnte. Damit schafft die Supervisorin ein gemeinsames Forum für eine Reihe ganz unterschiedlicher, aber allesamt positiv bewerteter Arbeits- und Herangehensweisen – und führt über diesen Weg vor Augen, dass jede(r) etwas Wertvolles in das neue Projekt einbringt, dass Unterschiede sein dürfen und dass jede(r) Einzelne mit seinem/ihrem Beitrag akzeptiert ist. Auf diese Weise verhilft uns die Supervisorin dazu, den Konflikt zunächst auszuhalten.

2. Das Budget

In der Teamsitzung wird über die Durchführung einer Projektwoche diskutiert; diese kostet zusätzlich Geld. Das Leitungsmitglied, dem die Budgetverwaltung obliegt, wendet ein: »Mein Geld reicht nicht, um die Woche zu bezahlen.« Diese Bemerkung sorgt im Team für böses Blut. Zum einen wird den gehörten Worten unverzüglich damit widersprochen, es handele sich keineswegs nicht um das eigene, private Geld; zum anderen fordert das Team Einsicht in die Budgetplanung – d.h. von der Projektleitung wird Transparenz eingefordert. Die Projektleitung sieht die Intervention ein, zumal die Supervisorin Folgendes deutlich macht:

Transparenz kann im Strudel des täglichen Geschäfts untergehen, ist aber gerade in den Zeiten knapper werdender Mittel eine unabdingbare Forderung, um inhaltlich glaubwürdig agieren zu können. Wer möchte, dass finanzielle Einschnitte in der Projektplanung zumindest akzeptiert oder sogar mitgetragen werden, muss die finanzielle Situation und ihre Bedingungen offen auf den Tisch legen.

Auch hier löst die Supervisorin den Konflikt nicht auf, sondern verhilft uns zu einer Situation, in der für alle offenbar wird, dass mangelnde Transparenz Spekulationen und Ärger erzeugt.

3. Die Palastrevolution

Bereits zu Beginn der Supervision möchten die Kolleg/innen mit der Betriebsleitung klären, ob die neue Projektleitung die Dienst- und Fachaufsicht über sie hat. Dazu wird ein Gespräch mit der Geschäftsleitung gefordert. Diese sagt zu und die Supervisorin schlägt vor, den Termin gemeinsam vorzubereiten. Die Projektleitung erklärt, man könne sich das Gespräch sparen, da die Dienst- und Fachaufsicht eindeutig bei der Projektleitung liege. Die Kolleg/innen sehen das jedoch anders und fordern eine stärkere Unabhängigkeit der Bildungsbegleiter und begründen das mit dem von der Bundesagentur für Arbeit vorgegebenen Fachkonzept. Die Projektleitungskollegin und der Autor reagieren unterschiedlich auf das Ansinnen der Teammitglieder. Zwar erwächst in uns beiden zunächst Ärger und das Gefühl, in unserer Leitungsfunktion nicht ernst genommen und akzeptiert zu werden. Darüber hinaus ist die Kollegin besorgt, ob sich die Geschäftsleitung hinter uns stellt, während ich mir dessen sicher bin und den Konflikt auch als Chance sehe, die Kompetenzen und Entscheidungsbefugnisse formal zu klären. Für uns beide aber ist der Konflikt von Bedeutung, weil er aufzeigt, dass wir die Anerkennung als Leitung von den anderen Teammitgliedern, aber auch von der Leitung nur erhalten, wenn es uns gelingt, gemeinsam zu agieren. Die Geschäftsleitung erscheint zum Supervisionstermin und bestätigt die Kompetenzen der Projektleitung.

Die Supervisorin enthält sich auch hier jeder Wertung zum Inhalt des Konfliktgeschehens und überlässt der Projektleitung die Situation, um sich im Team als Leitung zu definieren und sie gibt der Geschäftsleitung (als vorgesetzter Ebene) die Möglichkeit, der Projektleitung sozusagen öffentlich, vor den Augen des Teams, den Rücken zu stärken. Damit unterstützt die Supervisorin den Prozess, Aufgaben und Befugnisse im Rahmen der neuen Leitungsstruktur zu klären und für alle Beteiligten transparent zu machen.

Resümee
Die Supervision war für alle Handlungsakteure ein Erfolg. Von Kollegen im Team bis zur Projektleitung wurden die auch durchs Konzept vorgeschriebenen Funktionen geklärt und akzeptiert. Die Projektleitung wurde angenommen, sowohl von der Betriebsleitung als auch von den Kolleg/innen.

Unterschiedliche Arbeitsstile wurden nicht mehr als Makel betrachtet, sondern als Chance. Die Kolleg/innen konnten den Wert ihrer individuellen Arbeitsweisen erkennen und nahmen damit auch den Wert der anderen Arbeitsweisen realistischer in ihren Möglichkeiten, aber auch in ihren Grenzen wahr.

Supervision half auch, die Kollegin, den Kollegen besser kennenzulernen, genauer einzuschätzen, besser zu verstehen. Damit entstand in unserem Projekt eine entspannte produktive Arbeitsatmosphäre. Damit hatte die Supervision den Auftrag und die individuellen Erwartungen der Teilnehmenden erfüllt. Eine andere Spielart von Supervision wäre vielleicht möglich gewesen, wie dies ein Kollege am Ende der Supervision formuliert hat.

Alternativ: Die Supervision stellt den Verlust der Projektleiterstellen und den Zusammenhang mit den Kürzungen in den Vordergrund. Die Kolleg/innen werden bei Strategien zur Wiedergewinnung alter Positionen unterstützt. In der Supervision werden Strategien besprochen, wie man den Konflikt öffentlich macht. Fragen innerer und äußerer Kündigungen werden relevant. Die Supervision übernimmt die Funktion der Kündigungsbegleitung. Auch so werden Rollen und Verantwortungen geklärt. Die Kritik am Konzept bestimmt den Diskussionszusammenhang (Überprüfung der Praxisanforderungen ist hiermit auch gegeben).

Mit dem Szenario ist auf der einen Seite ein Pol beschrieben, mit dem Verlauf der Supervision die andere Seite des Pols. Wie verortet sich die Supervisorin? Unsere Supervisorin hat sich für die Anerkennung, Stützung und den Respekt von Differenz entschieden.

Meine Kolleg/innen und ich sind zumindest mit dem Verlauf und dem Ergebnis der Supervision zufrieden. Über die Nachhaltigkeit und die Folgen für das Team und die Projektleitung wird die Zeit entscheiden.

Manuela Kuchenbecker

Alte Rollen – Neue Rollen

Supervision in Veränderungsprozessen

Im Folgenden wird ein Supervisionsprozess, wie er nach einer institutionellen Veränderung stattfand, aus der Perspektive der Supervisorin beschrieben. Im Mittelpunkt soll dabei die Betrachtung der Veränderung der beruflichen Rolle und des erforderlichen Rollenfindungsprozesses stehen.

Zunächst seien die Konturen des hier vorgestellten Supervisionsverlaufs und meine zentrale Ausgangsannahmen hierfür grob skizziert:

Im Rahmen meiner Tätigkeit für das Zentrum für Supervision der Evangelischen Kirche Hessen-Nassau (ZOS) habe ich u.a. Mitarbeiterinnen und Mitarbeiter einer kommunalen Bildungseinrichtung nach einem Veränderungsprozess begleitet.

Das neue Projekt der kommunalen Bildungseinrichtung soll Jugendliche und junge Erwachsene zu einem Hauptschulabschluss führen und für die Klientel eine Hinführung in den ersten Arbeitsmarkt bewirken.

Die Vermittlung schulisch bedeutsamer Lerninhalte sowie gleichzeitig die Hinführung in den Arbeitsalltag waren Aufgabe der Projektmitarbeiterinnen und -mitarbeiter. Die neue Projektgruppe bestand aus einem Leitungsteam, Bildungsbegleitern und Lehrkräften. Die Honorarkräfte, die als Lehrkräfte den Unterricht mitgestalten, nahmen an der Supervision nicht teil. Die Mitarbeiterinnen und Mitarbeiter waren bislang als Projektleitungen in anderen Projekten tätig bzw. eine Stelle wurde von außen neu besetzt. Das Leitungsteam hatte bisher keine derartige Personalverantwortung und als Team bislang nicht zusammengearbeitet.

In meiner Arbeit mit ihnen nutzte ich eine Metapher, um den Prozess, um den es ging, zu veranschaulichen und damit für die betroffenen Personen begreifbar zu machen: Ich sprach von dem »Wechseln des beruflichen Rollenkostüms«, auch um damit zu benennen, dass das Ausziehen der beruflichen Kleidung (der beruflichen Rolle) in verschiedenen Phasen unseres Arbeitslebens möglich und notwendig ist.

Die zentralen Sitzungen, die für den Prozess der Wahrnehmung eines neuen Rollenkostüms und der Entwicklung der neuen Rollen maßgeblich sind, sollen nachfolgend beispielhaft beschrieben werden.

Einleitung

In Veränderungsprozessen von Organisationen ist stets die innere und äußere Beweglichkeit aller Beteiligten gefordert: Der Gesamtrahmen verschiebt sich; auf der strukturellen bzw. der strategischen Ebene wird substanziell umgebaut; auch das innere Gerüst wird verschoben oder neu aufgestellt: Funktionsrollen werden neu besetzt oder bestehende Rollen mit neuen Aufgaben und Befugnissen versehen.

Für sämtliche Mitarbeiterinnen und Mitarbeiter – unabhängig von ihrer Position im internen Hierarchiegefüge – ist es in solchen Prozessen von Bedeutung,
— den Unterschied den Anforderungen zwischen der alten und neuen Rolle zu (er)kennen,
— die eigene neue Rolle mit ihren Aufgaben, der Verantwortung und den Befugnissen zu verstehen,
— in dieser Rolle neu mit anderen in Kommunikation zu treten,
— die komplementären Rollenbeziehungen zu kennen und zu beachten,
— durch adäquates Rollenverhalten den Arbeitsprozess gestalten zu können.

Für die meisten Rollenträger ist dieser Prozess wie ein Besuch bei einer

Änderungs-schneiderei. Für ihr berufliches Rollenkostüm wird etwas neu entworfen. Manchmal passt der alte Stoff noch gut, nur die Länge – z.B. die eines Ärmels – muss verändert, eine neue Knopfleiste oder ein weiteres Stück Stoff passend eingefügt werden.

Die Projektleitungen machen den Anfang

Im Erstgespräch macht das neu zusammengestellte Team deutlich, dass es nicht mehr als eine »zusammengewürfelte Gruppe« ist: Jede Person hat vor dem aktuellen Projekt andere Projekte eigenständig geleitet; diese Projekte wurden jedoch aufgrund fehlender Zuschüsse nicht weitergeführt. Die Projektmitglieder treffen seit kurzem als Gruppe zusammen, um in einem neuen Projekt zu arbeiten. Ihre Aufgabe soll es zukünftig sein, nach einem neu und von ihnen bereits erarbeitetem Konzept Jugendliche zum Hauptschulabschluss und in den ersten Arbeitsmarkt zu führen.

Bei der Vorstellung erklären die Supervisanden, dass sie »zwangsweise« – aufgrund der Veränderungen in die Projektgruppe – versetzt wurden und verdeutlichen ihre Unzufriedenheit mit dem vorangegangenen Prozess.

Meinem Eindruck nach führen die Mitarbeiterinnen und Mitarbeiter das Gespräch mit mir größtenteils aus der alten Rolle der *ehemaligen Projektleitungen*. Hinter ihrem Anliegen, ein »Team« zu werden, stehen auch Befürchtungen; so schwang etwa die Angst, Autonomie und Selbstverantwortung der alten Rolle »Projektleitung« aufgeben zu müssen – ohne zu wissen, ob und wenn ja, welchen Gewinn die neue Rolle »Teammitglied« mit sich bringt, in vielen Aussagen mit.

Im Erstgespräch werden als Auftrag an mich folgende Themen formuliert und im Kontrakt vereinbart:
— *»Weiterentwicklung des Konzepts, Überprüfung des Konzepts hinsichtlich der Praxisanforderungen (Klientel) und den Anforderungen des Auftraggebers*
— *Auseinandersetzung mit den unterschiedlichen Ansprüchen an die inhaltliche Arbeit*
— *Teamentwicklung besonders unter den Aspekten Kooperationen, Rollen, Aufgaben, Verantwortung und Befugnisse*

— *Klärung der vorangegangenen Prozesse zur Teamzusammensetzung«*
(Auszüge aus dem Kontrakt)

Die Aufgabe der Supervision sehe ich in diesem Zusammenhang vor allem darin, die Loslösung von den alten und das Sich-Einfinden in die neuen Rollen sowie die Rollenentwicklung in den Fokus der Betrachtung zu stellen. Mein Ziel ist es daher, Hilfestellungen und Anregungen zu erarbeiten, um die jeweils neue Rolle gestalten und in ihr wirksam arbeiten zu können.

Die Supervisorin tritt an
Nach der Kontraktvereinbarung bitte ich zunächst um das Konzept des Projekts, um mich eingehender darüber zu informieren. Der Teamleiter antwortet mir daraufhin, er wolle diese Bitte zunächst mit dem Team besprechen.

In der ersten Sitzung erfahre ich – zu meinem Erstaunen –, dass das Team beschlossen hat, mir das Konzept nicht zur Verfügung zu stellen – aus der Befürchtung, daraus könne »Betriebsspionage« erfolgen.

In dieser Situation scheint die Thematisierung der mir zugedachten Rolle »Spionin« möglicherweise notwendig und – als für die Beziehung zwischen Supervisanden und Supervisorin klärend – vorrangig zu sein; dennoch ist mir in dieser Situation zunächst wichtiger, die im Erstgespräch erlebten Projektleitungen zu ihrer alten Rolle und den Übergang in dieses Projekt zu befragen. Das Rollenangebot, die Spionin zu sein, lehnte ich also für diese Sitzung ab.

Ich beginne die Anfangssituation mit folgenden Fragen: Wie kamen Sie in dieses Projekt? Wie war Ihr Prozess und was mussten Sie aufgeben? Was wissen Sie von den anderen? Was möchten Sie wissen?

Die Supervisanden berichten von dem Vorgehen der Gesamtleitung zur Auswahl der Mitarbeiter/innen für das Projekt. Sie erzählen von ihrem eigenen Prozess, der Abklärung, ob sie den Wechsel von der Rolle der Projektleitung in die Rolle des Teammitglieds vollziehen möchten und welche Fragen und Gefühle damit verbunden sind. Dabei werden auch die entstandenen Verärgerungen, Kränkungen, Unsicherheiten –

auch den bereits gekündigten Kolleginnen und Kollegen gegenüber – thematisiert.

Am Ende der Sitzung ist offenbar, dass die Kolleginnen und Kollegen nur wenig von den Auswahlgesprächen der anderen gewusst haben; diesbezügliche Vermutungen und Annahmen können geklärt und aufgelöst werden.

Der Sitzungsverlauf bestätigt mir, dass meine Entscheidung, mir die Geschichte der einzelnen Supervisanden erzählen zu lassen und sie durch Fragen zu ermutigen, ihrem Ärger und ihren Kränkungen Ausdruck zu verschaffen, der für diese Sitzung angemessene und förderliche Weg war. Denn die Mitglieder des Teams konnten die Rolle der Supervisanden einnehmen, erhielten Raum und Zeit zu erzählen, nachzufragen, aufzuklären und zu verstehen.

Die Rolle »Kollegen und Kolleginnen« formiert sich

Für die sechste Sitzung habe ich eine Positionsmatrix vorbereitet. Nachdem sich wiederholt die Frage nach dem unterschiedlichen Verständnis des Konzepts und den inhaltlichen Positionen gestellt hat, steht eine Konkretisierung dieses Themas an:

Die Positionsmatrix – eine Tabelle – enthält die Namen aller Teammitglieder und der Leitung sowohl in der Horizontalen als auch in der Vertikalen.

Ich bitte jede Person, die Tabelle an der Stelle des eigenen Namens in der Horizontalen auszufüllen. Der folgende Auftrag besteht aus zwei Teilen: 1. für die anderen Kolleginnen/Kollegen jeweils einen markanten Satz zu finden, der die Beziehung der Kolleginnen/Kollegen zum Konzept ausdrückt, und 2. aus einem Kästchen einen passenden Knopf als Symbol für die Kollegin/den Kollegen zu wählen.

Die Konzentration und auch die Spannung steigen während der Arbeit und die Aufmerksamkeit ist enorm. Die ausgefüllten Tabellen werden nacheinander vorgestellt; dabei können die prägnanten Sätze/Wörter mitgeschrieben werden.

Durch Rückfragen kann jedes Teammitglied die Fremdwahrnehmung überprüfen; hierbei werden Übereinstimmungen wie auch die Differenzen der jeweiligen Feedbacks deutlich. Visualisiert durch die »Symbolknöpfe« kommt zudem für jede Person ein buntes Bild zustande – das in seinen Aussagen Korrekturen oder Bestätigungen des jeweils eigenen Selbstbilds bewirkt.

Der Umgang miteinander während dieser Sitzung ist wertschätzend und kollegial. Die Feedbacks sind offen und werden authentisch formuliert.

Das Leitungsteam wird eingerollt

In etlichen weiteren Sitzungen formulieren die Mitarbeiter/innen Unklarheiten bezüglich ihrer Befugnisse und Aufgaben.

Nachdem sich die Leitung bisher nicht eindeutig erklärt hat, entscheide ich mich dafür, *das Leitungsteam* um eine Sitzung zu bitten. Ich habe den Eindruck, dass die Gruppen noch nicht eindeutig ihre Rolle untereinander geklärt haben und unterschiedliche Ideen und Auffassungen über das Rollenhandeln existieren.

Meine Fragen nach dem gemeinsamen Leitungskonzept, der eigenen Leitungsidentität, der Leitungsbiografie und den Zielen ihrer Leitung konfrontiert das Leitungsteam mit ihren Rollen und ihren Aufgaben.

Die Zusammenarbeit als Leitungsteam in dieser Form ist für die Teilnehmer und Teilnehmerinnen dieser Sitzung neu. Als Team müssen sie sich erst noch konstituieren. Meine Fragen zur Leitungsrolle ermöglichen hier den Austausch über Unterschiede und Übereinstimmungen. Erste Verabredungen als Leitungsteam werden getroffen und die neue Rolle wird zunehmend deutlicher.

Die Mitarbeiter/innen benötigen Klarheit

Nach dieser Sitzung mit der Leitung fordern die Mitarbeiter/innen eine Sitzung für sich – ohne die Leitung. Diesem Wunsch stimmt die Leitung zu.

Neugierig und gespannt auf die Themen dieser Sitzung erfahre ich, dass die Supervisanden in ihren jeweiligen Gesprächen mit der Gesamtleitung vor Beginn des Projekts unterschiedliche Informationen zu den folgenden Fragen erhalten haben: Wer leitet das Projekt? Gab es überhaupt die Teamleitung? Und haben diese die Dienst- und Fachaufsicht inne? Sind nicht alle der Gesamtleitung unterstellt? Kann die Teamleitung ihnen bindende Termine setzen?

Die Supervisanden können die komplementäre Rolle zur Teamleitung bisher nicht einnehmen; sie bleiben in ihrem Rollenverständnis der sich selbst leitenden Projektleitungen haften.

Die Aufgaben und die Verantwortung der Teamleitung hingegen werden von ihnen akzeptiert. Was aber fehlt, ist eine Klarheit über die Befugnisse der Teamleitung.

Die Supervisanden entscheiden daraufhin, ein Gespräch mit der Gesamtleitung zum Thema Dienst- und Fachaufsicht und Befugnisse vorbereitend zu planen. Gemeinsam wird dabei der Umgang mit Vorgesetzten diskutiert und Handlungsschritte entwickelt und vorbereitet.

Die Mitarbeiterinnen und Mitarbeiter erwarten von der Gesamtleitung Auskunft und Orientierung über ihre Rolle im Projekt.

Das Gespräch findet gemeinsam mit der Teamleitung statt. Die Gesamtleitung teilt darin mit, dass das Leitungsteam von den Mitarbeiterinnen und Mitarbeitern des Projekts als direkte Vorgesetzte zu betrachten ist.

Die Bildungsbegleiter differenzieren sich
Fragen der unterschiedlichen Aufgaben und Rollen im Projekt sind ein immer wiederkehrendes Thema. Einige Supervisanden haben im Projekt Doppelfunktionen inne. So übernahm z.B. das Leitungsteam teilweise auch Aufgaben als Lehrende und ein Bildungsbegleiter war zugleich Lehrender.

In den folgenden Supervisionssitzungen konfrontieren *die Bildungsbegleiter* das Team und die Leitung mit ihrem Verständnis ihrer Aufgaben und ihrer Rollen: Sie verstehen sich als unabhängig von den Verpflichtungen des Projekts bezüglich der Kooperation mit dem Auftraggeber sowie den Vertretern der Praktikumsstellen. Ihre Arbeits- und Zeiteinteilung möchten sie stattdessen autonom gestalten.

Gleichzeitig blitzte in diesen Sitzungen das unterschiedliche pädagogische Verständnis bezüglich der Haltung gegenüber den Jugendlichen immer wieder auf. Der nicht deutlich formulierte Wunsch und Anspruch, es möge eine »richtige« Haltung geben, auf die sich alle Projektmitglieder beziehen können, bleibt über eine längere Zeit hinweg unbearbeitet und ungeklärt.

Ich greife diese Kontroverse zunächst nicht auf; in einer Sitzung aber, in der es um gelungene Situationen aus der Praxis geht, kann ich mit den Supervisanden die unterschiedlichen Herangehensweisen vor dem Hintergrund der Entwicklungsbegriffe »Regression« und »Progression« beleuchten. Die Bildungsbegleiter verstehen nun wechselseitig die unterschiedlichen Konzepte besser und können ihr eigenes entsprechend zuordnen. Die zuvor undeutlich erhobenen Vorwürfe in Form von Aussagen wie »Du lässt die Jugendlichen im Stich und mutest ihnen zuviel zu!« oder »Du bist zu rücksichtsvoll und begleitest die Jugendlichen sogar nach Frankfurt!«, können daraufhin explizit formuliert und begründet werden. Die Handlungsweisen der einzelnen Projektmitglieder werden besprechbar und erste auf den Einzelfall bezogene diagnostische Fragen tauchen auf. Dabei entsteht die Erkenntnis, dass sowohl der Einzelfall mit seinen Herausforderungen gesehen werden muss als auch die jeweiligen Interventionsbegründungen der Mitarbeiterin/des Mitarbeiters.

Das berufliche Rollenkostüm ist verändert und angezogen!

Eine erste Abrundung der Rollenentwicklung findet in einer Fallbesprechung statt: Ein Bildungsbegleiter bringt einen Fall ein, in dem es um den Verdacht der Ausübung sexualisierter Gewalt eines »seiner« Jugendlichen geht. Die Fallgeschichte ist einigermaßen kompliziert und vielschichtig.

Während dieser Fallbesprechung verhalten sich alle Gesprächsteilnehmer ihren neuen Rollen entsprechend klar und eindeutig:

Die Leitung stellt dar, das Projektteam müsse gemeinsam den Klärungsprozess bewältigen. Sie übernimmt deutlich die Verantwortung und bietet ihre Mithilfe – bezogen auf die Gespräche mit den Kooperationspartnern – an. Durch ihre Haltung unterstützte sie besonders den falleinbringenden Bildungsbegleiter und gaben damit den Mitarbeiterinnen und Mitarbeitern ein deutliches Signal.

Die Lehrenden helfen, das Bild des Jugendlichen im Klassenverband zu vervollständigen und teilen ihre Einschätzungen zu seinem Verhalten mit.

Die weiteren *Bildungsbegleiter* tragen ihre Informationen und Eindrücke über den Jugendlichen vor.

Der falleinbringende Bildungsbegleiter erfährt dabei viel kollegiale Unterstützung von allen *Kolleginnen und Kollegen*.

Allen Teammitgliedern gelingt es, im Verlauf dieser Sitzung, das neue berufliche Rollenkostüm anzuziehen: Alle Supervisanden verhalten sich rollenadäquat. Trotz des schwierigen Themas können die Supervisanden – ohne eine Polarisierung (in »Täter« bzw. »Opfer«) – ein Vorgehen verabreden. Gemeinsam wird konstruktiv nach Wegen gesucht, den Fall angemessen zu beleuchten und mit allen Beteiligten weiter zu bearbeiten.

Fazit

Die Supervision begleitet den Rollenentwicklungsprozess und kann die Supervisanden im Umgang mit neuen Rollenkostümen konstruktiv unterstützen. Ich betrachte die Rolle des Supervisors/der Supervisorin in diesem Zusammenhang als eine Art »Kostümberater/in«, der/die verdeutlichen kann, dass ein Rollenkostüm Bewegungsfreiheit benötigt und auch abgelegt werden kann und muss.

Übrigens: Das Konzept des Projektes habe ich nie gelesen ...

Kersti Weiß

Wege in und aus Krisen

Zur Sozio- und Psychodynamik bei knappen Ressourcen

Ob knappe Ressourcen zu Krisensituationen führen oder nicht, hängt von vielerlei Umständen ab: von dem Ausmaß des Mangels, von der Ausstattung mit eigener und sozialer Sicherheit, von der Einschränkung der Handlungsfreiheit – vor allem aber davon, ob eine freiwillige Entscheidung zur Knappheit führte oder nicht.

Vor diesem Hintergrund sollen hier zunächst einige Aspekte von Sicherheit, Entscheidungsfreiheit und Krisen beschrieben und ihr Zusammenspiel bei Krisenentwicklung und Krisenbewältigung dargestellt werden.

Es gibt politische, ökonomische, ökologische, soziale und persönliche Krisen, manche davon greifen ineinander, in allen Fällen handelt es sich jedoch um eine länger anhaltende massive Störung des jeweiligen Gleichgewichts. Krisen sind schwierige Perioden, geprägt von Unsicherheit und Handlungsdruck, die sich häufig erst im Nachhinein als produktive Wendepunkte einer Entwicklung wahrnehmen lassen.

»Die Chance einer Krise besteht darin, dass unser Leben auf einen Punkt zustrebt, wo man neu denken und alte Einstellungen verlernen muss. Eine Krise habe ich ja dann, wenn die Anforderungen des Lebens in keinem Verhältnis mehr stehen zu meinen Bewältigungsmöglichkeiten. Dadurch entsteht eine große Einengung, verbunden mit Angst« (Kast in: Deutsches Allgemeines Sonntagsblatt 2000).

Krisen, die nicht verarbeitet werden können, werden zu Katastrophen.

Bei Krisen im großen (gesellschaftlichen, internationalen usw.) Maßstab werden sogenannte Krisenstäbe eingerichtet. Sie beraten, entscheiden und planen Lösungen; sie geben die notwendige Struktur und den Halt im Hintergrund (zumindest versuchen sie es) und ersetzen oder ergänzen die eingeschränkte Handlungsfähigkeit vor Ort. Krisenstäbe vermitteln und geben gefühlte oder reale Sicherheit.

Im Folgenden geht es um den Zusammenhang von ökonomischen, sozialen und persönlichen Krisen im beruflichen Alltag sowie um die Bedingungen ihrer Bewältigung; darin wird beschrieben, welche Bedeutung Sicherheit und Freiheit hierbei spielen und wie eine produktive Handlungsfähigkeit wiedererlangt werden kann.

Es gibt im Leben verschiedene Dinge, aus denen Menschen das Gefühl von Sicherheit beziehen. Ausreichend Geld ist eine der wesentlichen Voraussetzungen dafür; eine Wohnung, ein Mindestmaß an sozialen Beziehungen, Gesundheit und eine ausreichende Gestaltungsmöglichkeit des eigenen Lebensraums sind weitere – die aber häufig genug mit der ersten zusammenhängen.

Was für einen Menschen ausreichend ist bzw. als solches empfunden wird, ist – je nach gesellschaftlichem Status und Herkunft, nach Vorerfahrungen und kulturellem Hintergrund – durchaus unterschiedlich.

Für die Wirkung auf eine Person und ihre Umwelt macht es einen wesentlichen Unterschied, vielleicht den wesentlichsten, ob ein Leben unter Bedingungen knapper Ressourcen, mit wenig Geld, wenigen Beziehungen und kaum gesellschaftlichem Einfluss von ihr selbst gewählt ist oder, von außen ausgelöst, erlitten wird. Hier offenbart sich der Unterschied ums Ganze: zu hungern, weil es kein Essen gibt – oder als Prozedur aus dem Überfluss (z.B. an Pfunden), als Fasten; ohne Geld um die Welt zu ziehen, als gewählte Schlüsselerfahrung (die sich anschließend eventuell sogar gut vermarkten lässt) – oder arm, ohne Obdach, leben zu müssen; und gleichfalls: als Eremit zu leben, d.h. aus freiem Entschluss aus sozialen und gesellschaftlichen Zusammenhängen »auszusteigen« – oder, etwa im Alter, zu vereinsamen und (aus vielerlei Gründen: Tod der Vertrauten, zunehmender Mangel an geistiger und körperlicher Beweglichkeit u.a.) an sozialen Beziehungen zu verarmen; aber zum Beispiel auch, weil Arbeitszusammenhänge (oder gerade ihr Fehlen) einen Umzug an einen Ort erfordern, an dem noch keine soziale Beziehungen gewachsen sind, die Zeit, neue aufzubauen, jedoch fehlt ...

Eine selbst gewählte – und von vornherein begrenzte! – Zeit mit wenigem auszukommen, kann als lohnende Übung und Erfahrung betrachtet werden, um Kompetenzen für nicht selbst bestimmte »Zeiten der Knappheit« zu entwickeln, welche dann Sicherheit vermitteln. In Zeiten wie den aktuellen, die von vielen als Umbruch- und unsichere Zeiten erlebt werden, mag das Verlangen nach solchen Erfahrungen einer der Gründe sein, warum es derzeit »modern« ist, etwa auf Jakobswegen zu wandern (oder andere, die Askese propagierende Pfade einzuschlagen).

Lebensgeschichtlich erfahrener »emotionaler Wohlstand« – aus welchen Quellen auch immer – sowie die Kompetenz, sich in schwierigen Situationen zu bewegen, stellen eine Basis an Selbstsicherheit und Selbstbewusstsein bereit; in Krisen jedoch erweisen sich diese Reservoire und Ressourcen zur Produktion von »Sicherheit« allerdings als begrenzt.

Menschen, die in diesem Bereich nicht so gut ausgestattet sind, bringen in schwierigen Lebenssituationen erfahrungsgemäß weniger Grundvoraussetzungen für eine aktive Bewältigung mit – oder aber die Krisenbewältigung ist mit sehr hohen »Kosten« auf verschiedenen Ebenen verbunden. Gesundheit, Reputation, soziale Beziehungen werden aufs Spiel gesetzt.

Geraten einzelne Personen oder Organisationen im Rahmen ihrer Tätigkeiten in Krisen (aufgrund knapper Ressourcen an Geld und Zeit), so werden immer auch lebensgeschichtliche Aspekte mit aufgerührt. Je nachdem, über welches Maß die Betroffenen an Reserven emotionaler Sicherheit, Zuversicht und Vertrauen in ihr selbstverständliches Auf-der-Welt-Sein sie verfügen, werden tiefgreifende emotionale (bisweilen archaische) Prozesse des Selbstschutzes, aber auch der Selbstzerstörung – als scheinbar einzige Handlungsoption – aktiviert.

Im Folgenden soll es daher um die unfreiwillige, schleichende bzw. abrupte Verschlechterung finanzieller Ressourcen bis zur drohenden oder tatsächlichen Insolvenz von Personen und Organisationen gehen – sowie um die Folgen für die betreffenden Personen, ihre Kommunikation und Interaktion. Desgleichen werden die psychischen und sozialen Folgen solcher Prozesse beschrieben. Als Leitfragen für die Begleitung solcher krisenhafter Prozesse – ob als Supervisor/in oder als Organisationsmitarbeiter/in mit Leitungsfunktion – erweisen sich, neben anderen, die folgenden dienlich:

— Welche Bewältigungsformen werden in solchen Situationen gewählt und wann kommen externe Berater/innen sinnvoll ins Spiel?
— Welche Berater sind »richtig«, und wie sehen mögliche Settings und Vorgehensweisen aus?
— Worin bestehen die Möglichkeiten, die Formen- aber auch die Grenzen einer Begleitung?
— Wie gestaltet sich der Weg in die Krise – und wie der Weg aus ihr heraus?
— Wie gestalten sich supervisorische Interventionen und Settings als sinnvolle Begleitung und welche Rolle kann eine Person in Leitungsfunktion dabei übernehmen?

Begleitung in Krisensituationen
Praxisbeispiel I:
Vorgeschichte: Die Besitzerin eines erfolgreichen Unternehmens mit rentablen internationalen Aufträgen hat eine gute finanzielle Basis ihrer Existenz und ihres Unternehmens aufgebaut. Sie hat fünf Angestellte, die sehr selbständig arbeiten und die sie mit Vertrauensvorschuss führt.

Finanzausstattung und Reputation des Unternehmens sind ebenso gefestigt wie die Verbindung im sozialen Gefüge der Stadt. Die Unternehmerin wird für Spezialaufträge angefragt und bringt sowohl ein ausgewiesenes Expertenwissen als auch eine breite und aktuelle Allgemeinbildung in ihre Tätigkeit mit ein. Kulturell neugierig, mit viel Charme und stabiler Gesundheit ausgestattet, gelingt ihr mühelos die Kommunikation mit verschiedenen Kulturen und Gesellschaftsschichten (auch einflussreichen).

Ihre Arbeit ist mit häufigen Reisetätigkeiten verbunden; aufgrund ihrer familiären Situation entscheidet sie sich an einem bestimmten Punkt, diese zu reduzieren und das Geschäftsfeld dementsprechend zu verändern. Sie tut dies erfolgreich und nimmt dabei finanzielle Einbußen in Kauf.

Nach ca. einjähriger Umstellung ihres Unternehmens kommt sie in die Supervision, um die Veränderungen und die neuen Kundenkontakte zu reflektieren. Diese werden aufmerksam und engagiert aufgearbeitet, und die Supervisandin kann die Ergebnisse fachlich konstruktiv umsetzen.

Aufgrund eines aufgedeckten und strafrechtlich relevanten Betruges eines angestellten Mitarbeiters gerät die Firma in dieser Zeit abrupt in eine finanzielle Krise. Als Firmeninhaberin haftet die Supervisandin in vollem Umfang für die entstandenen Schäden gegenüber Dritten.

Sie reagiert mit Schock, Starre und Verleugnung. In der Supervison spricht sie zunächst über längere Zeit nicht davon. Nur in Nebensätzen tauchen Aspekte des Themas auf – als scheinbar relativ problemlos zu klärende Konfliktfelder. Erst auf Umwegen erfährt die Supervisorin vom Ausmaß der Bedrohung. Das, was zunächst als ein kalkulierbarer finanzieller Einbruch erscheint, erweist sich durch verschiedene hinzukommende Faktoren als eine zerstörerische und unaufhaltsame Dynamik. Banken verweigern Kredite, Finanzamtsforderungen und Konflikte mit dem Berufsverband führen im Weiteren zu dramatischen Entwicklungen. Eine Insolvenzanmeldung ist aus verschiedenen Gründen unmöglich.

Die Supervisandin versucht zunächst, den Geschäftsalltag aufrechtzuerhalten. Sie geht dabei nur die Probleme an, die ihr bewältigbar erscheinen; alles andere lässt sie liegen. In der Folge türmen sich Berge von Unerledigtem. Konflikte nehmen zu, die Handlungsfähigkeit der Firmeninhaberin nimmt ab. Unternehmen und Inhaberin geraten in eine existenzielle Krise. Der Alltag kann nun nicht mehr bewältigt werden; Schlafstörungen, Krankheit, Scham und Schuldgefühle werden übermächtig. Die Supervisandin meidet gesellschaftliche Kontakte, fürchtet zunehmend um ihren professionellen Ruf und dementsprechenden Auftragsrückgang, verliert sich im Alltag in Einzelheiten und versinkt in Depression. Innerhalb weniger Wochen steht die anerkannte Unternehmerin mit ihrem blühenden Unternehmen kurz vor dem Ruin.

Zur Dynamik in der Supervision: Was zunächst als eine feldspezifisch äußerst interessante, gleichwohl gängige Fallsupervision begann, entwickelte sich in eine Supervision der Chefinnenrolle eines Unternehmens und in eine Strategieberatung bei Konflikten und Katastrophen (vgl. Kunkel-van Kaldenkerken 2006) für akute Krisenintervention.

Die Supervisandin berichtet in der Beratung nur in vereinzelten Bruchstücken von ihrer Alltagsrealität. Diese Einzelaspekte lassen sich zunächst anscheinend produktiv reflektieren und verarbeiten. Die Supervisandin versucht durch Reflexion von Teilaspekten und konfliktreichen Situationen, ihre Kompetenz und Handlungsfähigkeit zurückzuerlangen.

Dies gelingt partiell und hält vorübergehend die destruktive Spirale auf – in der sie sich gleichwohl bereits bewegt. Erst massive Gesundheitsprobleme und Schlafstörungen bringen die Supervisandin dazu, der Supervisorin das tatsächliche Ausmaß der Finanz- und Strukturkrise mitzuteilen. Die Situation ist zu diesem Zeitpunkt bereits so sehr zugespitzt, dass die Supervisandin keine Handlungsmöglichkeiten mehr sieht – außer in Richtung Selbstdestruktion. Es treten Phänomene ein, die üblicherweise eher bei sozial desintegrierten Personen zu beobachten sind und die als Klientel in der Sozialarbeit bekannt sind: Post wird nicht mehr geöffnet, dringende Termingeschäfte werden nicht mehr erledigt usw.; Kundennachfragen bleiben ebenso unbeantwortet wie Hilfsangebote aus dem sozialen Netz. Als Folge häufen sich Reklamationen, Freund/innen und Kolleg/innen wenden sich ab. Das Chaos scheint unübersehbar zu werden, alle persönlichen (oben beschriebenen) Ressourcen erschienen erschöpft. Die Supervisandin erinnert in dieser Situation eine Reihe frühkindlicher Situationen in der Familie, in denen ihr die Lebensberechtigung wiederholt abgesprochen wurde. Die akute Berufssituation erlebt sie nun gleichsam als Erfüllung des so erinnerten und erlebten Vernichtungswunsches durch einen Elternteil.

Diese Psychodynamik – die Verweigerung der Supervisandin, Alltagsdinge zu bewältigen – erscheint der Supervisorin nahezu unlösbar. Die

Angst beherrscht in dieser Situation alles. Reflexion und Verstehen der Zusammenhänge sowie das Aufdecken der Konflikte führen nicht aus der Abwärtsspirale heraus: Es besteht akuter Handlungsbedarf. Die Firma, die Arbeitsplätze der verbleibenden Angestellten – und nicht zuletzt die Supervisandin und ihre Familie – stehen auf dem Spiel.

Eine akute Intervention auf zwei Ebenen wird in diesem Stadium notwendig: einerseits eine präzise kurze Bearbeitung des lebensgeschichtlichen »Fluches« und andererseits konkrete Anleitungen auf alltagspraktischer Ebene. Die Supervisorin übernimmt daher kurzzeitig die Kontrollfunktion über die scheinbar unbeherrschbare, lähmende Situation – und über die Angst der Supervisandin: Briefe werden in der Supervisionsstunde geöffnet, sortiert und nach Priorität im Büro der Supervisorin von der Supervisandin beantwortet. Seit Wochen aufgeschobene – und einigen »Sprengstoff« bergende – Telefonanrufe werden von der Supervisandin im Beisein der Supervisorin getätigt usw.

Auf diese Weise wird in der Supervision sozialtherapeutisches und psychotherapeutisches Kriseninterventionsinstrumentarium genutzt. In der akuten Gefahr der Lähmung – der Handlungsunfähigkeit die akute Krise zu bewältigen – werden strukturgebende Maßnahmen ergriffen. Gleichzeitig aber werden die Ressourcen, über die die Supervisandin noch verfügt, gestärkt – auch wenn diese zeitweise kaum aufzuspüren sind. In der beschriebenen Akutsituation einzig auf Reflexion und Selbstheilungskräfte zu setzen, käme einer Überforderung gleich, die – so zeigen ähnlich gelagerte Fälle – in der akuten Krise mit großer Wahrscheinlichkeit die Wirkung eines Brandbeschleunigers hätten.

Die Kunst besteht in solchen Situationen darin, als Supervisor/in nicht dauerhaft in einer Form der Krisenbewältigungsstrategie steckenzubleiben, sondern das in akuten Krisensituationen unmittelbar Notwendige zu tun – d.h. das entsprechende als Rollenrepertoire sowie Aufgaben- und Interventionsinventar zur Verfügung zu haben und wie – in diesem Fall – der Supervisandin zur Verfügung zu stellen. Sobald die akute Situation eingegrenzt ist, kann der handlungsorientierten Reflexion im Rahmen der Supervision wieder schrittweise das angemessene Feld eingeräumt werden.

Nun ist bei solchen dramatischen Situationen mit einer einzigen Intervention nicht auf Anhieb alles wieder im Lot. Akutsituationen machen sich in Wellen bemerkbar, in denen dann in entsprechender Weise vorgegangen werden muss. Der Drang zur Wiederbelebung der Abwärtsspirale wird im geschilderten Fall – sowohl durch die lebensgeschichtliche Prägung wie auch durch die äußeren Bedingungen – wiederholt ausgelöst, allerdings in zunehmend abgeschwächter Form.

Die Supervisandin fasst in den folgenden Wochen langsam wieder Fuß: Sie wird auf Anraten sowohl einen Therapieplatz annehmen als auch eine kostenfreie sachkompetente Finanzberatung ihres Fachverbandes in Anspruch nehmen. Die Supervision kann daraufhin nach einer etwa drei Monate andauernden Phase der Akutbegleitung – mit mehreren Sitzungen pro Woche – auf ein übliches Maß an Begleitung reduziert werden: zunächst wöchentlich, dann 14-tägig, später monatlich.

Die berufliche Handlungsfähigkeit der Firmenbesitzerin konnte auf diese Weise wiederhergestellt werden; zudem gelang es ihr, an die vormalige fachliche und gesellschaftliche Reputation aktiv wieder anzuknüpfen. Die Schulden wurden in Schritten abgetragen und die Konflikte mit Banken, Kunden, Mitarbeitenden und in ihrem sozialen Umfeld reduzierten sich in der Folgezeit deutlich und auf ein gewöhnliches Maß.

Praxisbeispiel II:
Zwei ambitionierte und erfolgreiche Unternehmen im Bereich der sozialen Arbeit, die jeweils als Verein organisiert sind, fusionierten unter supervisorischer Begleitung. Nach anfänglichen Schwierigkeiten wurde allen Mitarbeitenden der Zugewinn an Ansehen in der Öffentlichkeit, an Arbeitsplatz-Sicherheit sowie an materieller Ausstattung und Wissensressourcen deutlich. Das wog die Anstrengung der Umorientierung im Fusionsprozess auf.

Bis zu einem bestimmten Zeitpunkt waren alle Mitarbeitenden in den Prozess der Begleitung miteinbezogen; anschließend nahm die Geschäftsführung, bestehend aus drei Geschäftsführern, weitergehende supervisorische Begleitung in Anspruch.

Die Integration der verschiedenen Organisationskulturen, der Leitungsstile, die Verhandlung neuer Aufgabenzuschnitte und der Umgang mit einzelnen schwierigen Mitarbeitenden wurden in der Folgesupervision ebenso besprochen wie Konflikte untereinander. Das insgesamt erfolgreiche Unternehmen und die Bedingungen des Gelingens wurden seinerzeit von der Autorin beschrieben, in: Übergänge gestalten. Varianten einer Prozessbegleitung. Forum Supervision Oktober 2004. Dies geschah in einer Zeit, in der die Fachöffentlichkeit viel über misslungene Fusionen – 90 Prozent scheitern – diskutierte.

Die Situation änderte sich abrupt, als sich wesentliche staatliche Zuschussgeber aus der Förderung dieses und weiterer gleichgelagerter Projekte herauszogen und sich damit die Rahmenbedingungen völlig veränderten.

Das, was bisher als Kooperation der drei Geschäftsführer/innen eingespielt und verabredet war, stand von heute auf morgen infrage: Werte wurden massiv verletzt, Mitarbeitende mussten kurzfristig entlassen werden, das Unternehmen – fachlich mit hoher Reputation und zugleich mit guten Beziehungen zu politischen Entscheidungsträgern ausgestattet – geriet in eine akute Finanzierungskrise.

Die Leitungskolleginnen mussten sich über gemeinsame strategische Neuausrichtung verständigen. Dabei kam es zu heftigen Spaltungsprozessen: Ähnlich wie im ersten Beispiel wurde eine Strategie vertreten, die Wirklichkeit zu leugnen und so zu arbeiten, als sei nichts oder wenig geschehen. Diese Position hatte eine der Geschäftsführenden inne. Eine andere – die Schwierigkeiten stets akut und prognostisch überdeutlich sah – wurde von Ängsten vor der Zukunft geleitet und war darauf bedacht, weit im Voraus der Realität angepasste Strategien zu entwickeln um sich auf die drastischen Veränderungen blitzschnell einzustellen. Dieser Unterschied führte zu heftigen Konflikten. In dieser Situation wurde die dritte Person (die »Pragmatikerin«) durch einen Unfall und entsprechend längere Krankheit ihrer aktuellen Handlungsfähigkeit beraubt.

Obwohl alle drei Personen gewohnt waren, mit wenigen institutionellen Mitteln vieles auf die Beine zu stellen (gleichzeitig aber völlig ungeübt im Management solcher radikalen Veränderungen), trugen die egalitär entwickelten Leitungsstrukturen durch diese Krise nicht. Die Aufspaltung der Wahrnehmung der Realität auf zwei Personen konnte nur vorübergehend durch gemeinsame Reflexion aufgehoben werden. In der Stresssituation griffen die Beteiligten auf jeweils lebensgeschichtlich vielseitig genutzte, aber zur Lösung nur bedingt geeignete Krisenbewältigungsstrategien zurück. Dort, wo noch vor Kurzem eine herzliche, emotional zugewandte, produktive Konflikt- und Kooperationskultur herrschte, regierte nun Abschottung, Misstrauen, Angst und Angstabwehr. Der Druck der Mitarbeitenden und des Betriebsrats, klare Leitungsentscheidungen zu fällen, zu denen die Geschäftsführenden gemeinsam immer weniger in der Lage waren, wuchs. Alleingänge Einzelner kamen immer häufiger vor – und damit die entsprechenden Konfliktkosten. Schwierigkeiten wurden auf das persönliche Konto der jeweiligen Gegnerin verbucht.

Auf diese Weise wurden die Konflikte intern zunehmend als Personenkonflikte behandelt. Die Zeit, die in der Supervision zur Klärung zur Verfügung steht, reichte nicht aus, um die Schäden der Zwischenzeit zu beheben.

Die Supervisorin bestand in dieser Situation auf einem gemeinsamen Gespräch mit dem verantwortlichen ehrenamtlichen Vorstand des Vereins und den Geschäftsführerinnen. In einer gemeinsamen Situationsanalyse konnte über den Vorstand (als dem Leitungsgremium des Unternehmens) die Spaltung zwischen den Geschäftsführenden zeitweilig aufgehoben werden, und neue Handlungsoptionen für den Umgang mit der Krise konnten erarbeitet werden. Vorstandsmitglieder übernahmen klare Führungsverantwortung im Krisenmanagement. Sie setzten präzise Rahmen und Strukturen als Handlungsanweisungen für die Geschäftsführung, sie erkannten das finanzielle Risiko der Haftung in Millionenhöhe und übernahmen schließlich für die Organisation die Verantwortung, indem sie – auch gegen zum Teil heftigen Protest der Mitarbeitenden und von Teilen der Geschäftsführung – das Insolvenzverfahren einleiteten. Mit einer Insolvenzverwalterin, der am Erhalt der eigentlichen Aufgabe des Vereins sehr gelegen war, wurden zunächst die finanziellen Verpflichtungen geregelt. Eine Strukturierung der Situation ergab eine klare Einschätzung darüber, welche Betriebsteile zu erhalten waren und welche nicht und welche Mitarbeitenden für die zukünftige Arbeit weiterbeschäftigt werden konnten. Geleitet durch den Vorstand, gab es für diejenigen, die ihren Arbeitsplatz verloren, eine gute Art des Abschieds von der engagierten Arbeit – trotz des zuvor dramatischen Krisenverlaufs.

Nach der Insolvenzphase fand der Verein zu einer neuen Form – und zu einer veränderten Leitungsstruktur. Auch eine der geschäftsführenden Kolleginnen schied vorzeitig aus dem Betrieb aus – interessanterweise diejenige, die das Unheil hatte frühzeitig kommen sehen.

Auch hier konnte nach durchgestandener Krise an dem ursprünglichen Erfolg der Organisation angeknüpft werden.

Grundlegende Aspekte von Krisenprozessen bei knappen Ressourcen

Wege in die Krise:
Veränderungen sind alltäglich und mit der Spannung zwischen Neugier, Lust und Unsicherheit, Angst bis Panik verbunden. Ob eine Situation als Herausforderung oder Überforderung erlebt wird, hängt von vielen Faktoren ab – vor allem von den Ressourcen, die zur Bewältigung des Umbruchs eingesetzt werden können. Als Ressourcen fungieren in diesem Sinne die finanzielle Ausstattung, die Kreditfähigkeit bei Banken, Wissen und Kenntnisse, Reputation, berufliche und persönliche Verbindungen und Netzwerke, genügend Unterstützer und wenig explizite Feinde sowie Rollenvielfalt, Selbstbewusstsein und gebändigte Selbstzerstörung und – nicht zuletzt – emotionale Reserven, um Unsicherheiten zu ertragen. Gesundheit und allgemeine Lebenserfahrung stellen ebensolche Quellen zur Bewältigung dar wie die konkrete Erfahrung, schwierige Situationen überlebt und gemeistert zu haben.

Ob Menschen und Unternehmen, in denen sie arbeiten, ihre Ressourcen nach und nach bis zum Ruin der Firma – und häufig genug auch des Privaten – einsetzen, hängt auch von der Identifikation der Mitarbeitenden aller Ebenen mit dem jeweiligen Unternehmen ab. Eindrucksvoll beschreiben Sabine Smentek und Dörte Behrmann diese Prozesse in ihrem Buch »Erste Hilfe für Kleinunternehmen und Selbstständige. Wie Sie auch schwierige Zeiten überleben«: Firmenbesitzer setzen z.B. Haus und Hof, ihre Altersvorsorge und die Betriebsrenten der Mitarbeitenden ein, um eine drohende Insolvenz abzuwenden. Sie manövrieren sich damit, z.B. gegenüber Banken, vollends ins Abseits. Der fehlende Überblick der Betroffenen wird in verschiedenen Aspekten beschrieben und die Autorinnen geben praktische Hinweise für den Umgang mit solchen Situationen und die notwendigen strukturierenden Hinweise.

Erscheint eine Situation trotz vielfältiger Anstrengungen nicht mehr steuerbar, lösen sich Strukturen auf und die Menschen gewinnen den Eindruck, im Chaos zu versinken; häufig genug tun sie es auch. Sie reagieren dann mit körperlichen und psychischen Stresssymptomen, verlieren zeitweilig viele ihrer ansonsten vorhandenen Kompetenzen – vor allem aber den Überblick über die Situation und damit eine angemessene Handlungsfähigkeit. Ihre Arbeit, ihr Unternehmen und sie selbst geraten bzw. sind in einer Krise.

»Krise« – das meint zunächst ganz allgemein eine »schwierige Situation, Zeit, die den Höhe- und Wendepunkt einer gefährlichen Entwicklung darstellt« (Duden). Vielfach besteht in solchen Situationen keine klare Aussicht darauf, ob die Entwicklung sich zum Guten oder zum Schlechten hin wenden wird – und manchmal ist selbst nicht zu erkennen, worin denn ein »guter Ausgang« bestünde. Auch sind Wendepunkte oftmals erst im Nachhinein als solche identifizierbar.

Krisendynamiken entwickeln zudem häufig die Tendenz zur Abwärtsspirale – etwa, wenn das Vertrauen in die Bewältigungsmöglichkeiten eines relevant Beteiligten verloren geht. Dazu zählen Banken, Zuschussgeber, Kunden, Mitarbeitende, das fachliche Umfeld sowie die privaten Beziehungen und, nicht zuletzt, die Person/den Personen selbst. Dann geht ein essentieller Stützpfeiler zu Bruch. Vor allem das (strukturell wirksame) Misstrauen der Banken hat einen brisanten Effekt: Es macht besonders Klein- und mittleren Unternehmern die Überbrückung kurzzeitiger Finanzierungsschwierigkeiten (etwa aufgrund schlechter Zahlungsmoral von Kunden) beinahe unmöglich.

Nicht zu wissen, wie die Krankenkasse, das Finanzamt, die Mitarbeitenden und der eigene Lebensunterhalt im Minimalstandard im kommenden Monat bezahlt werden kann, lässt auch Menschen, die mit reichlich Selbstvertrauen ausgestattet sind, in psychische Krisen geraten, die – je nach Intensität – zur massiven weiteren Destabilisierung der Situation beitragen können. Allgemeine, d.h. starre, ungefilterte und ungerichtete Aggression, Rückzug in körperliche Krankheiten, Depression, Sucht usw. – die Liste vermeintlicher Auswege aus der unerträglichen Situation ließe sich leicht fortsetzen. Eine dauerhafte Überforderung von Personen und Systemen führt – in dem Versuch, doch noch alles zu schaffen, gleichwohl mit partieller Verweigerung und ohne die Möglichkeit zur strukturellen Veränderung der Situation – über kurz oder lang zum Kollaps.

In den zwei genannten Beispielen werden akute Unternehmenskrisen aus der Sicht einzelner – gleichfalls in die Krise geratende – Leitungspersonen betrachtet. Unter massivem ökonomischem Veränderungsdruck in Unternehmen werden vergleichbare Phänomene und Strategien auch bei einzelnen Mitarbeitenden und Betriebsteilen wirksam.

Wege aus der Krise – Wege zur Unterstützung

Die Aufgaben einer offiziellen Leitungsverantwortung in einem Betrieb unterscheiden sich in der Bewältigung von Krisen selbstverständlich in vielem von denen einer begleitenden Rolle und Aufgabe – wie etwa der Supervision. Allerdings bestehen einige Gemeinsamkeiten – denn auf der Suche nach Auswegen aus der Krise sind beide Rollenträger (Leitungspersonen und Supervisor/innen) mit der Erwartung konfrontiert, Antworten auf zentrale Fragen erarbeiten und daraus Umsetzungskonsequenzen entwickeln zu können – etwa:

— Wodurch kennzeichnet sich die akute Situation?
— Was wird benötigt, um die Organisation/den Betrieb aufrecht und funktionsfähig zu erhalten?
— Welche Ressourcen sind aktuell, mittelfristig, langfristig vorhanden oder müssen gefunden/geschaffen werden?
— Das Fehlen welcher Ressourcen wirkt sich aktuell existenzbedrohend aus – und welche sind zur Bewältigung der Krise zu aktivieren? Welche Ressourcen müssen kurzfristig bzw. übergangsweise ersetzt werden?
— Welche Notfallmaßnahmen werden benötigt? Wer ist für deren Ausführung verantwortlich bzw. wer kann diese übernehmen?
— Welche Rolle sollen Führungskräfte, welche beratende Begleiter/innen spielen?

— Kann auf ein erprobtes firmeninternes oder externes Krisenmanagement zurückgegriffen werden?

...

Die Fülle der hier keineswegs erschöpfend aufgeworfenen Fragen scheint zunächst einen langen gründlichen Rechercheprozess zu erfordern. In akuten Krisen jedoch ist dafür meist erst nach den Erste-Hilfe-Maßnahmen Raum – und muss selbst dann in einem begrenzten engen Zeitkorridor erfolgen.

Führungskräfte geraten in diesen Situationen vielfach selbst in heftige innere Turbulenzen. Sie, die Orientierung und Sicherheit für die Mitarbeitenden geben sollten, suchen dann ebenfalls händeringend nach Orientierung. Hier wittern vielfach einschlägig bekannte große Organisationsberatungsfirmen ihre Chance – sie versprechen Sicherheit und Verantwortungsentlastung; vielfältige Erfahrungen mit ihren Interventionen zeigen gleichwohl, dass diese Versprechen in der Realität kaum eingelöst werden.

Das Vertrauen auf Experten von außen fördert zunächst die akute Entlastung; sie macht insofern auch Sinn, da die Führungskräfte so Atem holen können, um sich einen neuen Überblick zu erarbeiten. Hierfür ist allerdings, wie oben beschrieben, eine sorgfältige Analyse der Krisenprozesse vonnöten, um zu ermitteln, welche fehlenden Ressourcen akut tatsächlich ersetzt werden müssen, um die Führungskräfte effektiv zu stärken, damit sie wieder aktuell entscheidungs- und handlungsfähig werden. Die Führungskräfte benötigen etwa Hilfestellung, um der Dynamik eines zunehmenden Chaos und den (selbst-)destruktiven Kräften (einzelner Personen wie innerhalb der Organisation) Einhalt zu gebieten. Dazu dienen vor allem stabile und tragfähige Strukturen – aber auch Bereiche, in denen vieles bleiben darf, wie es ist.

Supervision von Führungskräften in der Krise übernimmt so vorrangig Aufgaben einer Feuerwehr, die gleichzeitig Brände löscht und die jeweilige Führungskraft zu aktivem Krisenmanagement anleitet – im Betrieb wie bei sich selbst.

In der Supervision ist daher die zeitweise Übernahme von Ich-stabilisierenden Funktionen notwendig, damit selbstdestruktive Zirkeldynamiken oder -aktionen durchbrochen werden. Wurden lebensgeschichtlich selbstdestruktive Kerne (Vorerfahrungen) bereits reaktiviert, wird ihre prägnante und explizite Identifizierung ebenso vorrangig wie ihre Bearbeitung – zumindest in dem Maße, wie es einer ersten Stabilisierung der Person dient. Weitergehende Bearbeitungen früher Erlebnisse sollten allerdings in einem von der Supervision getrennten psychotherapeutischen Prozess und auch unabhängig von der aktuellen Krisenbewältigung bearbeitet werden. Hilfreich – wenn nicht gar notwendig – erscheint dabei eine punktuelle Kooperation von Supervisor/in, Psychotherapeut/in und Supervisand/in.

Sobald grundlegende vitale Funktionen wieder vorhanden sind, kann der/die Supervisor/in schrittweise aus der Rolle des Ersatzes für fehlende Ressourcen heraustreten und die Person auf dem Weg der Wiedererlangung von Autonomie und Selbst-Bestimmung und -verantwortung begleiten – und sich an dieser Entwicklung freuen. Vor allem Letzteres müssen beide Seiten wieder gründlich lernen; andernfalls bleiben beide dem Krisenmodus verhaftet: Der/die Supervisor/in gefällt sich darin, immer weiter zu strukturieren und Verantwortung zu übernehmen. Es lockt die Macht, dort mit der akuten Intervention noch fortzufahren, wenn noch kleine »Brandherde« vorhanden sind, auch wenn die Führungskraft selbst schon wieder in der Lage ist, solche zu identifizieren und zu löschen.

Leitungskräfte neigen dazu auch nach Krisen – in denen die Führung der Mitarbeitenden eher straff und direktiv erfolgen muss –, diesen Stil aufrechtzuerhalten. Das hat langfristig die Unselbstständigkeit von Mitarbeitenden zur Folge und produziert gerade bei äußerst engagierten Fachkräften heftige Widerstände. Manche verlassen das eben »gerettete« Unternehmen und lösen damit gerade in kleinen und mittelständischen Unternehmen die Gefahr einer neuen krisenhaften Entwicklung aus.

Da mit zunehmender Krise die Handlungs- und Reflexionsmöglichkeit bei Leitungspersonen/Supervisand/innen und ihren Organisationen tendenziell abnimmt, kann es in akuten Krisen nötig und fachlich geboten sein, dass Supervisor/innen strukturgebende Maßnahmen ergreifen und für bestimmte Aufgaben – gleichsam als Ersatz für fehlende Ressourcen bzw. als »Springer« – direkt und aktiv in das Betriebsgeschehen eingreifen – um die Handlungsfähigkeit Einzelner wie auch bestimmter Betriebsabteilungen wiederherzustellen.

Mit der schrittweise Überwindung der Krise verändern sich anschließend auch wieder die Kernaufgaben und damit die Rolle des/der Supervisor/in.

Für die Rolle von Führungskräften gilt Ähnliches. Ist in Krisenzeiten eine sehr präsente, Vertrauen, Sicherheit und Orientierung stiftende starke Führung vonnöten, wird nach Überwindung der Akutsituation die Wahrnehmung und Stützung aller Selbstregulationsmechanismen vordringlich – damit nicht durch fortwährend unselbstständig gehaltene Mitarbeitende eine Folgekrise entfacht wird.

Für Führungskräfte und Supervisor/innen kommt es daher darauf an, neben der eigenen Kompetenz auch die Grenzen der jeweiligen Rolle und Profession wie auch persönlicher Fähigkeiten wahrzunehmen.

Das Hinzuziehen fehlender Fachressourcen – wie Rechtsanwälte, Ökonomen, Insolvenzverwalter, Bankfachleute usw. – ist in manchen Situationen unabdingbar. Ihr Einsatz ist umso effektiver, je entscheidungs- und handlungsfähiger die Organisation/die Person (= der Kunde) bereits ist, um eine bestmögliche Beraterwahl zu treffen und die Koordination der Hilfesysteme optimal (d.h. im Sinne der eigenen Zielinteressen) zu gewährleisten. Im Zustand der Panik hingegen werden Experten vielfach nach den umfassendsten Sicherheitsversprechen ausgewählt, die dadurch jedoch keineswegs garantiert das Wohl der Firma – vielmehr häufig genug eigene Interessen – im Auge haben.

Zusammenfassend können folgende *Handlungsschritte* für Supervisor/innen wie für Führungskräfte gleichermaßen beschrieben werden, die Wege aus Krisen weisen:
— erste Krisenanzeichen wahrnehmen und sich Klarheit über deren Ursachen und einzelnen Aspekte verschaffen,
— die eigenen Angstgefühle und Handlungsimpulse reflektieren und die eigenen Kompetenzen und Grenzen in der Begleitung wahrnehmen und anerkennen,

- klare Entscheidungen darüber treffen, eine Begleitung weiter zu verfolgen oder auch abzulehnen,
- gemeinsam (Supervisor/in und Supervisand/in) einen Überblick über die Situation erarbeiten (Ist-Zustand): Welcher »Geschäftsteil« befindet sich in welchem Zustand: Welche Bereiche sind voll funktionsfähig, welche sind mit internen Ressourcen gut zu bearbeiten, welche stecken in Konflikten, Krisen und Katastrophen?
  - Identifikation der notwendigen Ressourcen (Geld, Wissen, Macht, Ausstattung, Strukturen, Aktualität am Markt (Nutzen), Reputation, Kompetenz der Mitarbeitenden, soziale Einbindung, persönliche Fähigkeiten und sozialer Rückhalt, Gesundheit, Werte usw.),
  - Identifikation der aktuell vorhandenen und der aktuell zu ersetzenden Ressourcen,
  - Identifikation der kurz-, mittel-, langfristigen Ressourcen,
  - Entscheidung über Ausstieg aus oder Verbleib in der Gesamtsituation wie z.B. Betriebsaufgabe oder Weiterführung des Unternehmens
  - Klärung der Folgekosten der zu treffenden Entscheidungen,
- die aktuelle Krisendynamik eindämmen und die Dynamik der Selbstdestruktion anhalten, um einen geordneten Ausstieg daraus vorzubereiten oder veränderte Möglichkeiten zur Krisenbewältigung in der Situation wahrzunehmen,
- notwendige Ressourcen aktivieren,
- n einem gezielten Ressourceneinsatz arbeiten,
- die Krise auch in ihrem spiralförmigen Verlauf bewältigen, Unsicherheiten und Spannungen halten und aushalten,
- Abschied nehmen von der Krisenstimmung – mithilfe entsprechender Interventionstechniken,
- bei neu gewonnener Stabilität von Unternehmen und Person die Sicherung des erreichten Status vorbereiten, inklusive der Veränderungen und veränderten Haltungen zur flexiblen Weiterarbeit,
- zum »Dauerlauf« der Reflexion übergehen und damit die Rückkehr zur Normalität als Führungskraft und als Supervisor/in einleiten – mithilfe entsprechender Interventionen; dabei der Erschöpfung und Zufriedenheit Raum geben – und die Veränderung gegenüber vorangegan-

gener Aussichtslosigkeit und Verzweiflung wahrnehmen; außerdem erfolgreiche Zwischenetappen feiern – und Erholung zulassen.

Für die Begleitung solcher Prozesse bestehen Aspekte der Herausforderung darin,
— über lange Zeit akute Spannungszustände zu halten;
— partiell Verantwortung für personale und betriebliche Prozesse zu übernehmen – und dabei bisweilen Zweifel und Unsicherheiten darüber, ob das, was man tut, das Richtige ist, auszuhalten;
— die übertragenen Insuffizienzgefühle weder in eigene Lähmung noch in Überaktivität münden zu lassen und
— die Rolle des stabilisierenden Faktors mit der nötigen Kraft und erforderlicher Bescheidenheit auszuüben.

Um sich als Supervisor/in zu vertrauen und Vertrauen und Stabilität auszustrahlen, bedarf es der Reflexion solcher Prozesse von Begleitung im Kollegenkreis – nicht zuletzt, um immer wieder Distanz zum Geschehen wie zur eigenen Rolle und eigenem Verhalten zu schaffen und damit stets aufs Neue Überblick(e) zu gewinnen.

Für Führungskräfte, die Krisen ohne Begleitung bewältigen, sind die einzelnen Phasen und Handlungsschritte im Rahmen der Auseinandersetzung mit sich und Kolleg/innen in der Führungsetage sowie mit Mitarbeitenden in gleicher Weise beschreibbar – mit einem Unterschied: Alle von Leitungspersonen getroffenen Entscheidungen haben unmittelbare Wirkung, und er/sie trägt – meist allein – ausschließliche Verantwortung für die Folgen.

Schlusswort
Der Umgang mit Krisen bei knappen Ressourcen bedarf auch bei den Begleitpersonen einer besonderen Aufmerksamkeit und Pflege der eigenen »Vorräte« und Grenzen. Die Kooperationen mit Fachleuten anderer Branchen ist häufig existenziell notwendig, dafür sind Zeit, gute Koordination und Fingerspitzengefühl erforderlich – und ebenso die Rückbesinnung auf eigene stabile Grunderfahrungen.

In einem Film über die große Lyrikerin Hilde Domin (»Ich will Dich«, 2007) beschreibt diese eindrucksvoll ihre Grundlagen für die Bewältigung zahlreicher existenzieller Krisen in ihrem Leben: Das war vor allem ein großer Vorrat an Vertrauen, Freiheit und Sicherheit – dies durfte Hilde Domin als Kind in ihrem Elternhaus erleben. Der Film zitiert u.a. Gedichtverse, die dies zum Ausdruck bringen. Zwei dieser Verse seien an dieser Stelle als lichtstiftende Botschaften aller Ratlosigkeit in Krisenzeiten entgegengehalten:

»Nicht müde werden,
sondern dem Wunder
leise
wie einem Vogel
die Hand hinhalten.«

»Ich setzte den Fuß in die Luft,
und sie trug.«

Hilde Domin (1909–2006)

Literatur

Bosselmann, R./Weiß, K.: Auf die Perspektive(n) kommt es an, Rollenwechsel und Rollentausch in der Organisationsentwicklung. In: Zeitschrift für Psychodrama und Soziometrie 1/2003

Deutsches Allgemeines Sonntagsblatt vom 13. Oktober 2000 Nr 41/2000: Verena Kast im Gespräch mit Christine Holch

Engelke, E.: Gerecht austauschen – Silvia Staub-Bernasconi. In: Theorien der sozialen Arbeit. Freiburg 1998

Huber, A.: Existenzgründung für Frauen. Landsberg am Lech 1999

Hutter, Ch.: Psychodrama. Münster 2000

Koark, A.: Insolvent und trotzdem erfolgreich. Göttingen 2004

Kunkel-van Kaldenkerken, R.: Konflikte als Problemlösungsenergie nutzen In: KON:SENS 2/1999

Kunkel-van Kaldenkerken, R.: Betriebsräte und Konfliktpartnerschaft. In: Edding, C./Kraus, W. (Hrsg.): Ist der Gruppe noch zu helfen? Gruppendynamik und Individualisierung. Opladen 2006

Kunkel-van Kaldenkerken, R./van Kaldenkerken, C.: Erfahrungen aus der Mediation für die Unternehmensberatung In: Bamberg, E./Schmidt, J./Hänel, K. (Hrsg): Beratung – Counseling – Consulting. Göttingen 2006

Moreno, J.L.: Das Rollenkonzept, eine Brücke zwischen Psychiatrie und Soziologie. In: Fox (Hrsg.): Psychodrama und Soziometrie. Edition Humanistische Psychologie. Bergisch-Gladbach 1989, S. 103–110

Moreno, J.L.: Psychodrama, Vol. I, 3. Ed. Beacon, New York 1964

Schacht, M.: Spontaneität und Begegnung. München 2003

Schubert, K./Klein, M.: Das Politiklexikon. 4., aktual. Aufl. Bonn 2006

Smentek, S./Behrmann, D.: Das Erste-Hilfe-Handbuch für Kleinunternehmen und Selbstständige. Frankfurt 2003

Weiß, K.: Überblicke (zurück-)gewinnen. Wirkfaktoren in der Supervision. In: Zeitschrift für Psychodrama 2/2007

Weiß, K.: Soziodrama, Soziometrie und Psychodrama als handlungsleitendes Supervisionskonzept. In: DGSv aktuell 2/2006, S. 6-9

Weiß, K.: Beweglich und stabil auf schwankendem Boden. Supervision für Leitungskräfte. In: Fröse, M. (Hrsg.): Management sozialer Organisationen. Bern 2005

Weiß, K.: Blickrichtungswechsel – Soziodrama in der Supervision. In: Wittinger, Th. (Hrsg.): Handbuch für Soziodrama. Wiesbaden 2005

Weiß, K.: Begleitung im Labyrinth – Spiritualität und Supervision. Frasch, G./Weiß, K. In: Zeitschrift Supervision 4/2005, S. 11-18

Weiß, K.: Übergänge gestalten. Variationen der Prozessbegleitung. In: Forum Supervision Heft 24/2004, S. 21-31

Zeintlinger, K.: Kompendium der Psychodramatherapie. Köln 1996

Autorinnen und Autoren

Gabriele Birth
Diplom-Pädagogin, Diplom-Psychologin, ist als Supervisorin sowie, seit 1989, Organisationsberaterin selbstständig tätig und hat die Geschäftsführung der Beratergemeinschaft Birth und Lüffe, Hamburg-Darmstadt, inne.

Vera Blank
selbstständige Unternehmensberaterin in München mit den Schwerpunkten Management-Beratung und -Training, Personalentwicklung und Changemanagement; in diesen Beratungsfeldern unterstützt sie seit 18 Jahren Mittelstandsunternehmen, Bundesbehörden, Finanzdienstleistungs- und Industriekonzerne.

Gerhild Frasch
Diplom-Pädagogin, Supervisorin (DGSv), ist seit über 30 Jahren in unterschiedlichen Arbeitsfeldern im kirchlichen Bereich tätig (Jugendarbeit, Frauenarbeit, Fortbildung, Leitung diverser Einrichtungen); derzeit Schulleiterin an der Pädagogischen Akademie Elisabethenstift in Darmstadt.

Wolfgang Kessler
Dr., ist Wirtschaftswissenschaftler, Buchautor und Chefredakteur der unabhängigen christlichen Zeitschrift Publik-Forum. Er erhielt im November 2007 den Internationalen Bremer Friedenspreis für sein Wirken für »Frieden, Gerechtigkeit und die Bewahrung der Schöpfung«.

Manuela Kuchenbecker
Dipl. Sozialarbeiterin, Psychodramaleiterin (DFP/DAGG), Lehrsupervisorin und Ausbildnerin für Supervision und Psychodrama, Soziometrie und Soziodrama sowie Mediatorin; sie ist als Lehrbeauftragte der Ev. Fachhochschule Darmstadt, als freie Mitarbeiterin im Zentrum für Organisationsentwicklung und Supervision in der EKHN sowie darüber hinaus in den Bereichen Supervision, Coaching, Organisationsentwicklung, Mediation & Training selbstständig tätig.

Roland Kunkel-van Kaldenkerken
Dipl. Volkswirt, Organisationsberater, Mediator und Ausbilder für Mediation (BM), Supervisor (DGSv) und Mitbegründer von »step – Training, Supervision, Organisationsberatung«, Berlin.

Christian Rietschel
Dipl.-Pädagoge, langjähriger leitender Mitarbeiter im Fachbereich »Berufliche Bildung« an der VHS einer mittleren Großstadt, Lehrbeauftragter der Fachhochschule Frankfurt.

Christiane Schöner
Supervisorin (DGSv) und Organisationsberaterin, Berlin, arbeitet seit 1993 »intern« als Personal- und Organisationsentwicklerin bei der Karstadt Warenhaus GmbH. Als Freiberuflerin gehören seit 2003 Organisationen und Personen aus den Bereichen Industrie, Handel, Dienstleistung, Bildung und Beratung zu ihren Auftraggebern und Kunden. Sie ist seit 2005 Mitglied in der AG Organisationsinterne Supervisor/innen der DGSv und seit 2006 im Network Hennig und Partner Consulting Team.

Eva Szalontai
Erziehungswissenschaftlerin, Personal- und Organisationsentwicklerin, ist seit vielen Jahren in verschiedenen Arbeitsfeldern der Jugendhilfe und im zentralen Personalmanagement eines bundesweit agierenden Bildungsunternehmens tätig. Bei ihrer wissenschaftlichen und beratenden Begleitung von Veränderungsprojekten und -prozessen gilt den damit verbundenen Konflikten ihr besonderes Interesse.

Wolfgang Weigand
Prof. Dr., Professor an der FH Bielefeld, Personal- und Orgnisationsentwicklung, Trainer für Gruppendynamik (DAGG), Supervisor (DGSv), Vorsitzender der DGSv von 1992–2001, arbeitet als Supervisor in Kliniken, Stiftungen, Arzt- und Rechtsanwaltspraxen, Wirtschaftsunternehmen; er ist Mitgründer und Herausgeber der Zeitschrift »supervision« und hat zahlreiche Publikationen zum Thema vorgelegt.

Kersti Weiß
Dipl.-Psychologin, approbierte Psychotherapeutin, Gesprächspsychotherapeutin (GwG), Psychodramatherapeutin (DAGG), Supervisorin (DGSv), Lehrsupervision für Supervision, Psychodrama und Organisationsentwicklung, Fortbildung; sie übt vielfältige qualifizierende und beratende Tätigkeiten für Menschen und Organisationen im Sozial-, Wirtschafts- und Politikbereich aus. Seit 2001 ist sie Studienleiterin für Supervision im Zentrum für Organisationsentwicklung und Supervision in der EKHN.